本书由内蒙古大学铸牢中华民族共同体意识研究培育基地资助出版

社会联动与基层治理

内蒙古自治区的社会治理创新

SOCIAL INTERACTION
AND GRASSROOTS GOVERNANCE

INNOVATION OF SOCIAL GOVERNANCE
IN INNER MONGOLIA AUTONOMOUS REGION

吕霄红 —— 著

社会科学文献出版社
SOCIAL SCIENCES ACADEMIC PRESS (CHINA)

前　言

　　中国之所以在建党一百多年、改革开放四十多年的快速发展中依然保持社会秩序的稳定、城市公共安全的巩固以及社会活力的迸发，一个极为重要的原因就是社区成为巩固国家治理的基石，同时是基层治理创新的重点。

　　习近平总书记在主持经济社会领域专家座谈会时，发表重要讲话强调，"要加强和创新基层社会治理，使每个社会细胞都健康活跃，将矛盾纠纷化解在基层，将和谐稳定创建在基层"。这一重要讲话对拓展我国社会发展新局面提出了明确要求，基层是社会治理重心所在，以社区治理创新为重点，与市域社会治理现代化相结合，进一步加强党建引领，在社会建设和基层治理方面，做出更多有益的探索。

　　本书基于联动式治理与资源整合的维度，主要探讨了以内蒙古自治区为代表的联动式基层治理模式，以期为我国社区基层治理创新提供参考和借鉴。全书分为理论篇、方法篇、案例篇三个部分。

　　理论篇以基层治理为主线，对联动治理、社区资源整合及其可持续发展进行了深入的理论探讨、路径探索。

　　方法篇以内蒙古自治区为例，基于社区治理与社会联动、社会组织等关系，对基层治理在不同维度上的创新进行了深入探究和分析。

　　第五章通过对阿拉善盟基层治理联动机制的探索，细致分析了阿拉善盟基层治理联动机制的特殊性及各联动主体的优劣势，全面展示其联动机制的架构、创新应用及信息基础设施建设，旨在揭示社会联动在基层治理创新中所起的重要作用。本章内容来自内蒙古北宸智库发展中心的"阿拉善左旗基层社会治理实践调研课题"的子项目之一"阿拉善左旗城乡基层社会治理联动机制专题报告"，由吕霄红、余炘伦共同完成。

第六章围绕呼和浩特市"三社联动"社区实务模式的设计、实施与前景，对其治理结构与运行机制进行了深入探索，展现了"三社联动"对和谐社区基层治理建设的推动作用，同时也指出了呼和浩特市"三社联动"的发展方向——"五社联动"。本章内容是呼和浩特市民政局"三社联动"小组与呼和浩特市睿联凯舟社会工作发展中心联合课题组的合作研究成果之一《"三社联动"的社区实务模式——以呼和浩特市为例》中关于"三社联动"部分的内容，由吕霄红独立完成。

第七章通过对鄂尔多斯市 C 社会组织"三社联动"项目运行情况的探索分析，既展示出协同治理视角下"三社联动"项目运行特点，又从其项目实际经验出发，对"三社联动"的微观服务模型展开建构，从而为以社会组织为枢纽的"三社联动"社区基层治理提供模型参考。在本书的写作过程中，笔者正在为对内蒙古自治区有代表性地区的研究有所欠缺而感到遗憾，幸运的是笔者在参加 2021 届本科生论文答辩时发现了对内蒙古另一个比较有代表性的地区——鄂尔多斯市进行研究的优秀论文，这篇论文的作者是聂书昕，是内蒙古大学民族学与社会学学院 2017 级社会工作专业的学生，研究功底扎实，该学生这篇论文是对大学生创新创业大赛课题的提升，模型建构严谨，是一篇难得的优秀论文。该学生的指导老师孙丽敏是社会工作系的系主任，从指导选题、开题到最后的完稿，她付出了诸多的时间和精力。

案例篇通过对一个社会工作服务项目案例的介绍，整合了社会工作的理论和方法，把联动与整合的方法和理念带入项目的设计、监测、评估等阶段当中，在实践中检验与反思，进行行动研究。

第八章介绍了"陪读妈妈"社会工作服务项目。本章重点阐述了联动与整合在该项目设计、执行和评估中的核心作用，通过为陪读妈妈在社区建立由专家、社会人士、大学生、社区领袖等组成的志愿者团队，通过研讨会探讨项目可持续发展、陪读妈妈未来发展之路，强化对陪读妈妈的社会资源整合，建立可持续发展的社会支持网络，推动志愿行动向社区服务延伸，为社区外来陪读人口的有效治理提供有益探索。志愿者团队成为推进基层治理能力现代化的重要力量。同时，以该项目为例，对疫情下公益项目的危机与挑战、未来与发展做了探讨和展望。

　　本章中的"项目的调查问卷结果分析"是由内蒙古大学民族学与社会学学院社会工作系的刘强博士完成的，从问卷的设计到问卷的整理、分析，都是他独自完成的，为本项目有效界定问题、确定目标、建立逻辑模型，打好了基础，做出了贡献。

　　本书致力于透过上述内容，展现我国特别是内蒙古自治区基层治理中各种有益的创新性探索，以此为基层治理创新体制机制的建立完善提供有价值的参考，为基层治理提供一定的逻辑。同时，在提供社会服务的过程中，希望社会工作者将社会工作的价值伦理、专业理念和方法与社区建设的实践相结合，通过专业的社会工作服务、突出的项目成效赢得政府和社会的更多承认，推动社会工作扎实且有序的发展。由于各种原因，包括编写时间紧、任务重，我们离这个目标可能还有一定的距离，留下了很多心有余而力不足的遗憾。因此，我们希望各位同人和读者能给予有益的批评和指正，不胜感激！

　　本书的编写和出版工作，得到了多方的关注，在此对给予关心和支持的学院领导，对参与编写和文稿梳理的我的同事及学生，对进行认真、细致、专业编辑的出版社工作人员，一并致以衷心的感谢和诚挚的敬意！

目　录

方法篇　内蒙古自治区基层联动与整合治理实务探索

联动与整合作为基层治理的方法

第一章

导　论

一　研究缘起

（一）联动治理是社会治理体系建设下实现政府治理、社会调节和居民自治良性互动的目标

针对社会治理体系建设，为实现政府治理、社会调节和居民自治良性互动的目标，党的十九大报告进一步陈述了共建共治共享的社会治理格局，透过加强社会治理制度建设，以及预防和化解社会矛盾机制建设，提高社会治理社会化、法治化、智能化、专业化水平，来构建"党建—政府—民间组织（企业、社会组织、社区）—家庭/个人"之间的联动平台，让各类社会力量得以发挥协同作用，共同构成完善的现代社会服务体系。

这也正是英国社会政策学者佩里·希克斯（Perri6）所倡导的"全观型治理"（holistic governance）理念。他认为政府应该以人民的"生活事件"（life event）为思考起点，透过现代互联网、移动资讯科技来建立单一窗口（one-stop shop）的服务机制。也就是说，政府业务的分工应该从民众的"生活事件"角度来加以重组。例如，人的一生其实是由一些事件组成的，找工作、买房子、保护生命安全、预防生活风险等，而这些事件从政府的角度则是就业、住宅、土地利用、医疗保健、金钱救助、社区发展、交通、文化、养老等业务。使政府的功能得以整合，为民众提供整合型服务，而不是使其奔波于各个部门、单位，正是全观型治理追求的目标。

综上，不论国内外，当前社区社会治理的趋势均强调通过整合型的公共服务平台，联动城—乡、党建—社区、政府—社会组织/企业，以回应和满足民众在民主、法治、公平、正义、安全、环境等方面日益增长的需求。

（二）社区资源整合是摆在社区建设和社区服务工作者面前非常紧迫的任务

随着我国现代化进程的不断推进，经济不断发展，城市化进程不断加快。在经济社会的发展过程中，城市社区建设也越来越重要，同时，城市社区居民对社区服务的需求不断增多，要求也越来越高。城市社区资源整合在加快城市社区建设和提高社区服务水平方面所起到的作用至关重要。因此，城市社区资源整合是摆在社区建设和社区服务工作者面前非常紧迫的任务。

社区作为社会的基本单元，对于社会治理有着极大的意义。近年来我国经济建设取得了显著成果，居民需求增多与资源短缺的矛盾在这样的背景下愈加凸显。推动社区资源整合对解决社区资源的供需矛盾、维护社会稳定至关重要。怎样充分发掘、利用社区资源，在很大程度上影响着社区建设，所以社区资源整合是满足居民需求、缓解供需矛盾的核心。

做好社区资源整合，能逐步整合并利用与社区建设和社区服务相关的资金、资源和项目，从而最大限度地降低社会成本，防止社区资源的浪费，并能最大限度地加快社区建设。与此同时，做好社区资源整合工作还能增强社区居民的互助意识，提高居民的精神生活水平，并最终促进和谐社区建设，为和谐社会的建设打下良好的基础。

然而，我国目前的城市社区资源整合工作并不如人意，一方面是社区人力、物力等资源的大量闲置浪费，另一方面却是社区中困难群体对各种资源的渴求得不到满足。同时，随着我国城市化进程的不断推进，农村人口不断进入城市并逐渐定居下来，导致城市社区人口异质性不断增强，从而使社区居民互不认识，生活习性相异，社区凝聚力和互助意识下降。这一现象进一步加大了社区资源整合工作的难度。

社区资源主要包括人力资源、物质资源和组织资源等。相对有限的社区资源与日益多样化的社区服务需求之间存在尖锐的矛盾，极大地制约了社区建设和社区发展。为此，必须加强社区资源整合，将社区内外的各种社会资源整合为社区可以掌握、支配和动员的资源。

综上，社区资源的整合必须坚持内外结合、以内为主，因地制宜、挖掘特色，互利互惠、普遍受益，共驻共建、广泛参与等原则（李伟梁，2010），还必须采取相应的行动策略。

二　研究意义

（一）联动治理，构建"共建共治共享"的社区治理新格局

西方政治学关于中国政策制定过程和治理模式一直存在"分散式威权"（fragmented authoritarianism）的理论解读。该理论认为，在中国政策制定和社会治理的过程中存在分散的权力角逐，有大量分散的部门和利益相关者参与到政策和治理的博弈与妥协中，进而决定了政策的结果和治理的绩效。然而，该理论多聚焦于政策高层和政策制定过程，忽略了近年来中国基层治理及政策执行过程的新变化，特别是在党建引领下各种社会治理力量的整合和联动。

基于前述讨论，透过对我国基层联动治理及其机制的创新研究，可以展示出中国社区治理与西方政治学理论预设的治理模式的不同之处及优势。

当前，中国社区治理模式以党建引领下的"党群联动带动社会联动"为核心机制，整合党的组织力和领导力，整合党政部门、党员干部、基层党组织的资源力和活动力，整合社区社会组织、社会工作者的执行力和专业力，整合群众的参与力和协作力等，联动构建"共建共治共享"的社区治理新格局。

联动治理在中国社会社区治理中呈现极强的有效性，深刻体现出其存在以下优势。

首先，有一个强有力的整合中坚力量，即"执政党"。政党通过自身党组织力量、党员积极行动者力量、党群联动力量来带动和激活社会联动。中国共产党依靠其政治领导力、思想引领力、群众组织力、社会号召力为联动社会治理力量和资源提供政治保障。在治理过程中，党不是政治

利益和社会资源的攫取者，而是政治供给者和治理服务的提供者，是集中力量办大事的组织者。缺少强有力的执政党这个治理中坚力量正是目前很多国家社区治理困境的症结所在。

其次，联动治理强调角色互补而非角色冲突。虽然中国社区治理有一个强有力的中坚力量，但绝非政党一个主体，而是在治理过程中积极培育、动员和吸纳各种社会力量、群众力量来共同参与。这种参与并不是分散的权力博弈和利益角逐，而是各自发挥职能和专业所长，明确分工、通力合作、相互补位、互促联动，在多元主体之间形成"血脉通畅"的治理结构，为了同一个治理目标贡献力量。

最后，联动治理嵌套群众路线。群众路线是中国革命和建设的一大法宝，新时期在基层治理的各个环节中再次焕发生机。各级党政机关在贯彻群众路线的体制机制和方式方法上探索出丰富的创新举措。其中将群众路线与社会治理相结合，并在社会治理具体活动中丰富群众路线的内涵和形式，是当前中国社会治理的一大特色，同时也是社会治理的问题来源于人民、社会治理过程依托于人民、社会治理的成果服务于人民的体制保障。

（二）社区资源整合，对加快社区建设、提升社区服务水平起着至关重要的作用。

随着我国经济的不断发展，城市化进程不断推进，城市社区建设也越来越受到各方面的重视，人们对社区建设的要求越来越高。城市社区资源整合与利用对提升社区服务水平和加快社区建设起着至关重要的作用。

社区是指聚集在一定的地域范围内的人们所组成的社会生活共同体。社区建设离不开社区资源，社区资源是社区赖以存在和发展的基础。由于各种原因，社区中许多资源配置局限于特定的群体，没有面向社会开放从而得到综合利用。各种资源和力量在社区重新整合，特别是随着城市管理的重心下移到社区，大量的社会事务正从企事业单位中剥离出来，向社区空间转移，原来由单位和企业承担的社会服务职能被社区替代，加强社区资源整合是解决因城市人口膨胀造成的社区资源严重不足或匮乏问题的必然要求，是解决城市社会问题的有效途径，社区资源动态性为社区资源整合利用提供了可能性，为社区资源整合提供了理论和实践经验。

总而言之，社区治理是中国国家治理体系现代化的基础层级，一方面为国家治理体系输入权威性和合法性的"多元治理"资源，另一方面也承担着国家治理总体战略部署的落地见效任务。因此，如何在社区治理平台上延续国家治理体系的资源，并进一步通过联动及整合回应跨域问题带来的挑战，便成为各省、自治区、直辖市必须思考的问题，这也正是本书最核心的研究意义。

三　相关研究与评述

相较于西方理论对国家、社会、市场关系的理解，当代中国的国家与社会关系呈现出更为复杂的面向。中国国家与社会关系既与西方国家存在共性，也有自身独特性。在中国，对国家与社会关系最早的解释是邹谠的"全能主义国家"概念，这一概念认为国家深入渗透到经济和社会生活中，权力可以随时随地、无限制地控制社会每一个阶层和领域，从而实现国家支配社会、社会依附国家的状态。改革开放以后，随着单位制的解体和社会流动的松动，与法团主义理论具有亲缘性的"行政吸纳社会"概念成为理解国家与社会关系的主要理论，该理论认为国家通过对社会组织发展的"控制"和"功能替代"，从而形成了政府主导、社会组织有限发育的"分类控制"模式。

（一）联动治理

1. "有领导的合作治理"——"合作治理"的提升

随着社会的发展，中国经历了向"社区国家"转型的过程。与此相适应的是，治理理论开始成为理解社区政治的主要理论。陈家喜（2015）指出，由于社区作为一个新的治理单元的独特性，在社区中形成了一种以"多元合作"为基本特点的新的治理形态。社区作为国家行政管理系统的末梢，作为城市居民的生活空间，决定了社区治理的特定内涵，即基层政府、社会组织、社区居民基于公共利益和社区认同进行互助合作，共同参与管理社区公共事务，满足社区需求、优化社区秩序。因此，与国家治理、地方治理、区域治理等形态相比，社区治理是最接近于"治理"原义的治理形态。

在这一意义上，合作治理成为理解和反思我国城市社区治理形态的一个共识性的概念。相较于理想化的治理理论，合作治理理论具有以下特征：一是合作治理的核心特征是权力分享，强调合作进程中的双向互动；二是合作治理解决的一定是跨部门的公共问题，它是一个相互理解、相互协商和达成共识的过程；三是合作治理理论关注合作的主体及其行为，合作各方包括不同主体，不同主体都具有一定的协商能力、合作意愿等；四是合作治理强调各个合作主体的独立性，尤其强调各个合作主体的平等地位，特别是在公私合作关系中，社会公共服务组织可以与政府保持持续、平等的互动；五是合作治理强调平等协商和集体决策，强调互惠互利关系是合作的基础；六是合作治理要求遵循一定的规则和程序，正式的制度设计和程序正义是实现合作治理的重要保障。

不过，在合作治理的框架中，社区治理也应考虑到中国政治体系中典型的强行政特征。由于中国的发展阶段和社会结构与西方社会有着根本差异，因此必须正视政府部门身处的社会地位及扮演的重要角色。从这一意义上讲，合作治理的概念在中国的社区治理中可能是不完全适用的。一方面，不同社区治理主体之间地位是存在差异的，居民委员会在社区合作网络中居于核心地位，因此平等合作的设想很难实现。另一方面，社区自治主体的社会权力不足，导致各主体缺乏合作能力，从而造成难以形成合作共识、居民认同和参与严重不足的"共同体困境"。

党组织和政府角色的优势地位对社区治理也有诸多的益处。有学者认为，政府可以通过嵌入式的治理形成与社会的良性互动和合作关系。正是由于社区治理中党组织、行政部门和具有行政化趋势的居民委员会处于治理的核心地位，有学者开始用"有领导的合作治理"这一新的概念来修正和发展既有的合作治理理论。张振洋和王哲（2016）指出，在民间社会并未完全发育的情况下，社区中的合作治理存在治理的主导者，即社区党组织和居民委员会，社区治理主导者在整合体制内力量的基础上，通过一系列策略手段动员社区居民形成横向治理网络，继而自发参与社区治理，共同管理社区公共事务。这些策略手段包括示范、绩效合法化、柔性动员、重塑意识形态等多种行动策略。

"有领导的合作治理"承认和关注了社区治理主体间的不均衡关系，从而揭示了中国社区治理的独特性。中国的社区治理除了治理主体间的管理具有"有领导的合作治理"特征外，在现实的治理过程中，不均衡的治理主体之间确实是合作、协商的，治理的方式是整合、互动、联动的，治理的基础是有共识的。

2. "联动治理"——"合作治理"的重塑

从治理的过程来看，中国的社区治理还有着更为丰富的内容。正是基于这一考虑，我们提出联动治理的概念，以进一步发展既有的社区治理理论。

所谓联动治理，指社区治理中的行为主体在重视合作的基础上，通过重塑社区联结的方式，整合社区的各类治理要素，从而达到解决社区难题，更有效实现公共治理的目标。相较于既有的合作治理理论，联动治理有以下六个方面的显著特征。

第一，联动治理既承认社区治理的多元主体合作，也承认不同主体之间的不均衡性。但是，联动治理并不认为合作治理的发起者一定是党组织和居民委员会。在现实治理中，企业和社会组织都有可能成为联动治理的主体和发起者。

第二，联动治理主要关注治理的微观过程，社区治理的主要方式是整合和联动。

第三，联动治理以关联主义为基础，社区治理的核心内容就是在治理中重塑各类联结关系。联动治理并不认为联动的核心内容仅仅是多元主体。社区有效治理的实现，需要社区中多维治理要素的调动和联动。

第四，联动治理依赖社区共识的形成，但是社区共识并非一定通过协商和集体决策的方式产生，许多社区共识是需要被发现的。

第五，联动治理强调有效治理和治理目标的实现，具有明确的行动导向，因此联动治理特别关注社区治理议题的设置和实施。

第六，在治理要素的联动过程中，联动治理不像合作治理一样依赖于正式的规则和程序；相反，联动治理往往需要依靠非正式的制度和规则才能实现。

在既有的研究中，合作治理理论主要关注社区治理的基本结构；"有领导的合作治理"进一步关注到社区治理的主体要素；联动治理则深入治理的具体过程，来揭示中国社区治理的行为策略特征。首先，联动治理要求以关系社区为基础，即必须在社区内重塑一定程度的社区联结；其次，联动治理强调治理行动，因此联动治理有明确治理参与方作为行为主体；

最后，联动治理需要通过一系列有效的路径和机制才能得以实现。

（二）社区资源整合

1. 国外对社区资源整合的研究

国外对于社区资源整合与利用的研究多数集中在微观的层面，最近十年的研究以社区中的微观个体为主要介入研究的对象。相较于国外对社区资源研究的成熟性，我国总体而言对社区资源的研究依旧处于宏观理论研究的阶段，缺乏实践性的经验，这也解释了在研究角度上国内外切入点的差异性。其实，国外研究也经历了一个漫长的从理论到实践不断深化的过程，以美国为例，从20世纪60年代至今，大致呈现出一个"州政府管理下的社区自治—社区自治—企业以及个人捐助模式下的社区自治—社区教育（社区大学）参与下的社区自治"的主流过程。

"社区康复中心"是国外研究社区资源整合与利用的一个关注点。构建一个全面而系统的社区康复中心（社区医院）可以减少社会管理的成本，这主要体现在社区之间健康网络的构建上，社区资源的投入需要融合于一个统一的医疗平台网（Ko & Ponce，2013）。

如何建设一个有效率的社区资源管理机构依旧是国外学者的研究重点，社区资源整合的效率集中体现在社区管理效率上，而CLK（community leader institute，社区领袖学院）的建设为社区管理提供了一个平台。除了必要的社区基础设施，如图书馆、体育场建设外，更离不开社区学院（社区大学）的帮助，其在依托社区的同时也帮助了社区教育的开展，通过一个社区教育体系的构建促进社区资源利用效率的提高（McCloskey et al.，2011）。

其实，也有很多的国外学者把社区资源整合的侧重点放在了"家庭—社区"关系的构建上，社区邻里关系的建设又被提上日程，重新得到重视，学者将社区建设更加微观化，沿着曾经传统的线路予以研究，比如家庭代际关系对社区资源利用率的影响（Alter，2013）。将家庭的代际关系视为一种社区资源来整合本身就彰显出国外现行研究的一个趋势，即抽象化的研究越来越多地被纳入国外社区资源研究之中，在更注重"人"与"资源"相互协调的同时，更是将"人"本身纳入"社区资源"之中。

2. 我国对社区资源整合的研究

随着我国社区建设力度的加大，社区资源整合也逐渐受到重视。许多学者也致力于对社区资源整合进行研究。

第一，对社区资源整合的重要性进行探讨。杨贵华（2010）以社区共同体为出发点，认为只有能够自我整合各种社区资源，社区才能够获得相对的独立性，同时也才能够具备可持续发展的内在动力。

第二，对社区的体制与社区资源整合之间的关系进行探讨。廉书义（2003）认为只有通过体制与机制的创新，把零散的资源转变成为整体的资源，把闲置的资源转变成为效益资源，把社会资源转变成为社区资源，才能真正做到社区资源的整合，并以此提出了三点建议：首先，在思想上需要与时俱进，形成社区资源整合的统一认识；其次，在体制上需要大胆创新，构建社区资源整合的组织网络；最后，在工作上应该因势利导，探索出社区资源整合的有效措施。

第三，对社区资源整合的措施和原则进行探讨。李力、张国桐（2007）对社区资源整合提出了四点措施：一是培育居民的社区意识；二是建立社区资源整合的运行机制；三是社区自身需要有所作为；四是加强社区的信息化建设。

李伟梁（2010）认为社区资源的整合不仅包括对社区现有资源的合理安排与利用，而且包括对社区潜在资源的挖掘与运用，因此他提出了社区资源整合的四点原则，也就是前面我们提到的"内外结合、以内为主，因地制宜、挖掘特色，互利互惠、普遍受益，共驻共建、广泛参与"。

第四，从宏观的角度出发对社区资源整合的可行性方式进行探讨。蒲振雷（2008）从网格化城市管理模式的角度出发，提出可以设计出一种新型的网格化城市管理体系，在这一新型的体系下可以使社区资源得到更好的整合。邱柏生（2006）提出社区资源的主要整合方式有以下三种：一是借助传统型，就是依靠人们习以为常的方式或社会传统习惯整合社区资源；二是交换协调型，就是通过平等交换的方式来进行社区资源的整合，而不是单纯地"获取"或者"给予"；三是行政主导型，就是运用行政的权力进行社区动员，使社区成员提供相关资源。

第五，对社区整合机制的系统进行探讨。钟亭华（2004）提出当代城市社区整合机制由功能性整合系统、制度性整合系统、认同性整合系统、组织性整合系统等四大子系统和资源整合机制、社区服务机制、制度规范机制、自治参与机制、文明创建机制、心理调节机制等六大子机制组成。

城市社区整合机制建设的微观目标是建立社区归属感，宏观目标是实现社区和社会的可持续发展。

综观我国学者对社区资源整合的研究，大多趋向于宏观层面的研究，对社区资源整合的具体实务研究相对较少。

四　研究的主要方法

本书以社区基层治理为主线，以联动治理、资源整合及其可持续发展为主题，遵循理论分析与实证研究相结合、定量方法与定性方法相结合的原则，多角度、多层次、全面系统地开展深入研究。拟采取的研究方法主要包括以下几种。

（一）系统分析方法

社区基层治理的联动和整合是一项系统治理机制，涉及党群、政社、政企、网络等联动以及与社区的再造、居民日常工作生活相关的各个方面，需要用系统分析方法，找出联动治理和资源整合的规律性和共性的因素，对存在的问题提出相应的可行性方案，使社区基层治理的联动机制系统整体达到理想运行状态。

（二）比较分析法

在发达国家社会福利制度改革方兴未艾之际，国外对于社区资源整合与利用的研究多数集中在微观的层面，最近十年的研究以社区中的微观个体为主要介入研究的对象。相较于国外对社区资源研究的成熟性，我国总体而言对社区资源的研究依旧处于宏观理论研究的阶段，缺乏实践性的经验，在全国各地基层治理建设蓬勃发展的大背景下研究内蒙古自治区的社区治理问题，需要我们以国际视角和全局眼光研究社区建设的问题。对比分析国内外其他地区社区建设模式，揭示社区资源整合的效率集中体现在社区管理效率上，借鉴国内外其他地区在把社区资源整合的侧重点放在"家庭—社区"关系的构建上，将家庭的代际关系视为一种社区资源来整合本身就彰显出国外现行研究的一个趋势，即抽象化的研究越来越多地被纳入国外社区资源研究之中，在更注重"人"与"资源"相互协调的同时，更是将"人"本身纳入"社区资源"之中。

（三）定量与定性方法相结合

在案例篇的"陪读妈妈"社会工作服务项目里我们提取了联动与资源整合实践智慧的原则，这些原则能形成可验证的假设。运用定性方法和定量方法结合的三角测量法可以检查定量方法所获得的资料是否有效，以及为项目开发和实际操作层面上的角色调整提供有价值的资料，在该项目中，社会工作者在实践中结合定性方法和定量方法进行项目评估，为了获得"陪读妈妈"社会工作服务项目实践背后所隐藏的知识，在探索联动与资源整合实践所面临的难题和研究者在实践研究中所要解决的难题时，我们必须运用这个实践研究服务的新认识论，不能等到研究方法论的学者发展了应用认识论才去解决，否则社区基层治理就很难创新。

五　基本框架

全书分为理论篇、方法篇、案例篇三个部分。

理论篇，以社区基层治理为主线，对联动治理的多维机制与路径、社区资源整合的机制建构、国内外政府基层治理下的联动与整合的经验进行了深入的理论探讨、路径探索。

方法篇，通过三章内容的论述，以内蒙古自治区为例，基于社区治理与社会联动、社会组织、社会工作等的关系，对开展基层治理在不同维度上的创新进行了深入探究和分析。

案例篇，通过对社会工作服务项目案例的介绍，整合了社会工作的理论和方法，把联动与整合的方法和理念带入项目的设计、监测、评估等阶段当中，从实践中来再回到实践中去检验与反思，进行社会工作的行动研究。

第二章

联动治理的多维机制与路径

经过前述探究，我们可以得出这样一个结论，即社会治理实现的前提在于构建一个让政府、企业、社区及社会组织等多方治理主体共同参与的联动治理模式，它以党建为引领、以政府为核心，在不打破既有的行政组织架构、权力隶属关系和各科室职能分工的前提下，通过联合平台搭建、工作机制创新、网络科技引入、资源/资讯整合共享等方式吸纳更多的社会主体参与治理工作，以更好地回应和满足民众在各方面日益增长的需求。

一 联动治理下的多元主体

无疑，搭建联动平台必然涉及"治理空间"中各项人/人才、事/项目、物/资源的配置重组，通过机制的设计，各项资源得以依现实需要重新整合在一起，形成一种新的联系和运行模式。因此，也可以说，联动治理的建立过程便是一种"空间治理术"，以空间及场域为对象，运用各种制度、组织、论述、知识、技术和程序，让相应的治理主体得以形成政治、经济及各种社会生活的调节与整合结果。

以此观点来看，我们可以将本书欲处理的"社会治理空间"中涉及的主体划分为政府、社区、社会组织、企业四个部分。然而，它们并非独立存在的，其存在必须依赖于其他主体所提供的各项资源及活动场域，并从各自的"平面空间"通过联动形成立体的联动空间。下面，就上述各主体的内容及其与其他主体的关系进行说明。

（一）政府

从一方面来说，政府在社会治理空间中扮演着权力格局和互动网络的主导者与负责者的角色，通过法律所赋予的权力，由下属各专业部门依专业权责及知识制定相关社会政策、推动制度实施，并完善社区自治公共服务及社区各类组织之间的公益服务，为商业服务创造良好的环境，也为社区治理提供合法保障。然而，从另一方面来说，政府有时会受限于组织内的科层制而导致官本位，并因欠缺协调而产生效率不高的问题。因此，在政策的执行及推动上，政府必须更多地依赖与企业和社会组织的联动关系，才能真正扮演好社会治理的创新者、先行者角色。

（二）社区

社区是社会治理的基层场域及对象，是由若干社会群体或社会组织聚集在某一个场域空间里所形成的一个在生活上相互关联的大集体，是社会有机体最基本的内容，也是宏观社会的缩影。居住于社区空间中的各类群体对于住房、医疗、养老、职业训练、民主参与的需求，并没有办法通过社区本身来满足，更多地要依赖政府、企业及社会组织的项目。

（三）社会组织

社会组织是国家和社会之间的一个中介领域，由社会成员自愿结合的组织所构成。这些组织在保有其自主性的同时，也与国家维持合作的关系，以保护或增进此类民间团体的利益或价值。由此可知，社会组织强调的是政府与社区的伙伴关系，政府透过社会组织开展的项目活动，鼓励社区参与公共事务，让公共事务不再只是政府的事。同时，社会组织通过和企业的合作，将社会福利的投资与就业促进、族群融合、性别平权、区域正义、社会团结等价值扣紧，将个人责任、家庭自助、社会互助、国家照顾相结合，促成基层民主的实践。

（四）企业

企业一般以营利为目的，通过提供产品或服务换取收入，并在市场竞争中实现服务模式或产品的创新，推动社会发展。企业是市场经济活动的主要参与者，而市场则是企业运作的空间场域。然而，企业在市场空间中的竞争往往会导致贫富不均、忽视社会价值及非货币化的结果，因此需要政府的规范与社会组织的引导，才能在社区空间中实现社区所期待的价值。

总而言之，如表 1-1 所示，企业、政府、社区、社会组织在社会治理空间中都有其独特的优势，也有其不足之处。因此，需要通过联动治理的模式创新来促成各项优势的联结，并互补不足。

表 1-1 社会治理空间中各社会主体的差异比较

社会主体	福利生产部门	行动原则	交换中介	中心价值	主要缺陷
企业	市场	竞争	货币	选择自由	忽视非货币化结果
政府	公共部门	科层制	法律	分配平等	低效率，降低自助的动机，没有选择自由
社区	非正式部门家庭	个人责任	感激/尊敬	—	—
社会组织	非营利组织	志愿性	—	—	较缺乏资金，必须依赖市场或政府

二 联动治理的跨域性

长期以来，社会治理在机构设置、权限划分上主要沿用条块管理的做法，以职能划分为中心，让上述的多元主体在纵向与横向上形成多个条块部门，分别遵循垂直或属地的管理原则进行条块分割式管理。条块管理的优势在于分工明确，有助于提升管理专业化和精细化水平；劣势在于纵向和横向间的联动不足，普遍存在管理主体与执法权限划分不清的问题。很多管理事项责任主体在块上，执法权限却在条上，条块职责不对称现象较为普遍。由于条块执法分散、缺乏联动，对一些乱点、顽症执法时，往往因单一的行政行为缺乏足够的法律支撑而无法管理到位，从而导致法律效果和社会效果都不尽如人意。

因此，在多元主体的联动过程中，跨区域、跨部门、跨层级的合作显得尤为重要。跨域性是联动治理的重要实践特征，主要表现在空间维度、结构维度、公共治理维度三个方面。

(一) 空间维度

联动治理跨行政区边界。我国地方政府在特定的行政区划范围内通过行使职权，对政治、经济和社会等公共事务实行分层和分区域管理。每个地方政府的权力和职能都有着严格的边界。但是，在社会要素快速流动和社会问题扩张的交互作用下产生的跨区域社会问题日益增多，与片面强调行政区划和管辖范围的领地思维之间形成了紧张关系。诸如环境污染、流动犯罪和传染病等典型社会问题，开始不断扩大其空间范围，并跨越原有的行政区域边界，大到涉及几个省，小到涉及几个乡镇或街道，甚至是几个社区或村委会，只靠某个层级、特定行政区划内的政府和社会力量难以实现有效治理。

联动治理主张在不打破既有行政区划的基础上通过创设区域合作框架、联席会议、专题推进会、信息共享平台、派出机构、合作备忘录等方式建立区域合作机制，消除行政区划壁垒造成的行政区域边界性障碍和技术性障碍，实现跨区域的联动治理。

(二) 结构维度

1. 横向维度

联动治理跨行政部门边界。传统的官僚制强调专业分工、等级服从和非人格化的管理准则，以职能划分为中心来设置相应的部门，部门间有着明确的职能和管理边界。一个部门、一个岗位只需重复一种工作，无疑能够提高行政效率。然而，传统的官僚制在带来较高效率的同时，造成了地方行政管理的"碎片化"问题，在我国具体表现为部门利益导向、各自为政、多头管理、职责交叉重叠和推诿扯皮等现象。随着现代社会的复杂性程度越来越高，越来越多社会问题的界定、诊断和治理都超出特定部门的权力和职能范围。面对跨部门边界的社会问题，各行政部门在现实中经常出现"好事抢着管""难事不愿管、没人管"的尴尬局面。"碎片化"的地方行政管理已经难以有效应对大量跨行政部门边界的社会问题，成为我国地方行政管理中的一个普遍难题。

联动治理试图通过平台搭建、职能整合、机制优化、技术链接等方式，在现有行政组织架构内破除横向部门间的壁垒，实现信息、人力等管理要素的协调联动。

2. 纵向维度

联动治理跨行政层级边界。科层制下，公共部门内部纵向结构间存在鲜明的命令—服从关系，信息传播按照"自上而下、层层下达"和"自下而上、逐级上报"的路径进行单向流动；管理资源和管理权限也按照部门层级的高低进行差异性分配，不同层级部门依赖对信息和资源的层级管控来实现分级管理。但近年来信息技术的发展日新月异，特别是在移动互联网时代，信息由"点到点"的传播方式逐步演变为"点到面"的裂变式传播方式。不同层级部门间的信息传播也已经从层级控制转向实时共享，任何个体、组织或政府都难以对信息进行垄断。这就导致传统的科层制管理模式缺乏灵活性和即时性，在治理跨行政层级边界的社会问题时显得僵硬呆板。

联动治理试图从信息和资源两个层面突破层级管理的局限，实现公共部门纵向间联动。在信息传播上，倡导从过去的"点对点"式单向传播向"点到面"式的裂变传播转型，由层级控制向实时共享转型，实现跨层级、跨部门的信息联动。在资源整合上，主张打破条块职责界限，通过职能融合、联席平台、队伍组建等方式实现跨层级跨部门的资源整合，以解决分级管理下资源分散的问题，实现资源联动。

（三）公共治理维度

联动治理是跨政府、企业和社会组织边界的共同治理。跨域社会问题的治理已经超越了政府部门的任务范围，单从政府角度来治理社会问题往往陷入"治乱循环"的困境。跨域社会问题的治理要求实现公共利益最大化，它的一个显著特征就是政府、企业、社会组织和公民个体之间的合作治理。在现代社会，政府、企业和社会组织等作为社会治理主体将跨越各种壁垒和边界，按照信任、沟通、合作的原则，构建政府、企业、社会组织之间的公私合作伙伴关系，让社会组织和企业等充分参与到公共服务的供给和社会管理过程中，整合政府、社会、市场三方资源，发挥各自优势，努力实现经济增长、政治民主、社会发育的多赢式治理目标。

三　党建引领下的联动空间治理

为应对跨域社会问题对传统条块治理带来的挑战，并进一步促成政府、企业、社区和社会组织的有机联动，基层党建组织必须发挥重要的引领功能。党的十九大报告指出"党的基层组织是确保党的路线方针政策和决策部署贯彻落实的基础"，党的基层组织力实际上反映了引领协调、整合力量的能力。也就是说，基层党建组织提供了一种整合的社会共识，对社会生活及"生活事件"涉及的资源配置和决策方向进行统筹部署。

第一，通过践行以人民为中心的理念，进一步让社会空间中各自独立的社会主体得以因相同的价值而凝聚在一起，整合成为一种相互依赖又彼此联动的关系网络空间。

第二，在此脉络下，基层党建组织的政治功能必须和基层政府及其下属各分工部门的工作联系起来才能得以发挥，并进一步把企业、农村/牧区、街道社区、社会组织纳入此体系中，将各社会主体建设成为完善基层治理、团结动员群众、推动改革发展的坚强战斗堡垒。

政府、社会组织和企业原本是三个各自独立的空间，穿插于社区、农牧区、区域群与边境几个不同层次的实体社会生活平面空间之中，为其生存提供必要的资源及保障。通过基层党员队伍的建设，对社区居委会、业委会等自治组织及各类新型基层社会组织进行领导，落实民主集中制，以深入群众所生活的社会空间中，及时发现并处理问题，便得以联结政府部门、社会生活各自相交却又独立的两个平面，构建互联互动的立体空间。

第三，基层党建组织加强对社区、农牧区、区域群与边境社会生活的掌握及理解，有助于地方政府解决各部门本位主义带来的科层制困境。以基层党建组织所掌握的社区需求为基础，重新整合政府各部门的资源，通过创造整合型预算、互联防控体系、一键式数字化服务站（如 App 或整合式网站）等，带动政府创新服务典范的转移，让政府的施政能够更加符合社区的需要。

通过上述基层党建组织与地方政府的治理整合，能进一步以社区需求为导向，以"购买服务"（purchase of service）或"契约式购买服务"（purchase of contracting）等方式，与社会组织、企业或其他服务机构建立约定关系，向其购买特定服务，借此整合市场服务创新和社会组织价值实践的优势。

如此一来，政府、社会组织及企业三个独立不相交的平面便能通过基层党建的引领作用，将人民群众所生活的社会空间整合为一个立体社会治理联动空间。

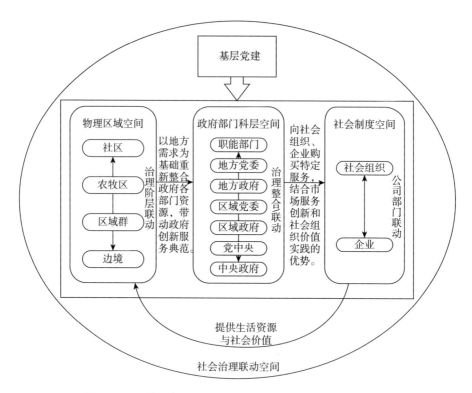

图 2 - 1　以基层党建为核心所构建的立体社会治理联动空间

四　联动治理的建构

上述立体社会治理联动空间并不会自然形成并实现，必须通过适当的联动治理来加以催化。一般而言，该联动治理应包含下列四个层次。

（一）党建引领机制

党建引领是中国基层治理的政治灵魂和政治轴线，同时也是中国城市治理区别于其他国家的最为根本的标志。它规定了中国社会建设和社会治理的政治逻辑。这一逻辑是根植于中国特色社会主义的建设进程和中国独特的政治发展进程之中的。依靠党的力量将市场化、现代化催生出来的多种社会力量重新串联、整合、联结在一起，是放大中国社会能量的基础，也是中国特色社会治理道路的重要体现。

（二）社会联动治理

创新社会治理的最大特色在于依靠社会联动治理塑造了一种整体性的社会治理体系。党群联动、政社联动、政企联动、网络联动等机制，构成了贯穿社会治理和社区治理的纽带和通道。中国社会治理的最大优势在于突破了一种结构性分化，权利领域与权力领域、私人领域与公共领域、社会领域与国家领域、市场领域与政府领域，并不是存在于刚性的逻辑分化格局之中的。这与西方法权社会、市场社会所崇尚的治理逻辑是完全不同的。中国社会治理的要义就在于不同领域要素之间的联动。社会联动治理塑造了一种治理的合力，基于单一逻辑产生的社会后果可以被这种合力吸纳和消化。共建共治共享之社会格局的基础也在于这一具有扩展性、贯通性、跨域性的社会联动治理的构建。

（三）"三社联动"机制

在社区治理中，中国塑造了一种特殊的机制，那就是"三社联动"。以社会组织为纽带的"三社联动"，将公益精神、互助精神、专业精神扩展到社区和社会工作者的行动之中。在"三社联动"中，社区是联动的基础平台，社区利用社区资源解决各类社会矛盾，协调各种利益关系，开展社区自治活动，提供各类社区服务，是社会组织和社会工作者的支持者、保障者和推动者。社会组织是联动的承接主体，是社区服务的承接者、提供者和评估者。社会工作者是联动的骨干力量，是联系社区、社会组织、居民的桥梁和纽带。这三个要素联动的最终目的是要"动人"，即将社区居民的积极性调动起来，参与社区治理。

（四）协商共治机制

社会联动、"三社联动"强化了多种要素参与社会治理和社区治理的功能，推动了基层协商民主机制的再造。将社区、社会组织、社会工作者、居民等各个社区治理主体动员起来发挥优势、贡献智慧、汇聚力量，协商解决社区的公共事务，通过协商共治，实现良性互动，形成"政府搭建平台、多元主体共同参与、整合多方资源、协商解决问题"的协商共治机制。这一协商共治机制不仅能够汇聚民意民智，协助党和政府科学决策，有效解决民生问题，增进社会满意，而且激发了民众的参与积极性和创新激情，使民众真正成为民生工程的参与者、建设者与行动者。协商共治机制不仅塑造了多方参与的平台，而且也创造性地探索出了一条社区公共产品的供给之道。

第三章

社区资源整合的机制构建

一　社区资源整合的概念界定

（一）社区资源

社区资源就是社区自身内部存在的可以有效促进社区发展的资源，主要包括物质资源、精神资源、人力资源、组织资源以及综合资源等。

第一，物质资源。物质资源是社区所有的资源中最重要的资源，是社区发展和建设的资金保障和物质支持，一定规模的物质设施是满足社区成员生产和生活需要的物质基础。

第二，精神资源。精神资源是指社区中各种公共组织和社区成员的社会态度、精神风貌、思想政治道德素质等，它在一定程度上决定着社区的办事能力和承担社会责任的能力。社区成员会对社区的活动产生认同满意或者不满的心理，就算是一个社区的物质资源非常丰富，如果社区成员的态度是消极的，那么这种物质资源不仅不会起到积极作用，还会产生很大的危害，一般情况下，物质资源与精神资源是协调发展的，不会出现物质资源或者精神资源强弱不等的现象。

第三，人力资源。社区是人生活的共同体，其中人口是构成社区的首要部分，这就决定了人力资源是这些资源中最宝贵的资源。人力资源主要是指社区成员中具有能力及政治素质的人，它对社区的发展起着举足轻重的作用。

第四，组织资源。组织资源是指可以提供社区服务和促进社区发展的各类组织或机构，包括基层政府以及社区内的企事业单位、社会团体、各类自助互助团队或小组等。任何团体想要有秩序地发展下去，就必须需要一定的组织机构对其进行维持和管理，社区是地域性的社会团体，仅仅依靠邻里这些基层的群体是不够的，还需要利用和发展相应的社区组织。

第五，综合资源。综合资源是指一种无形的文化资源，或者是一种传统资源。社区拥有社区文化，这种社区文化资源又被称为综合资源。

二 社区资源整合的方式

社区资源整合主要是指如何汲取社区资源的问题，核心是汲取合法性资源（认同、拥护等），但这种汲取通常要以政府组织以往对社区的投入为基础。一般说来，整合社区资源的方式主要有以下几类。

第一，借助传统型。所谓传统，就是指世代相传、从历史沿传下来的思想、文化、道德、风俗、艺术、制度以及行为方式等，对人们的社会行为有无形的影响和控制作用。借助传统型就是通过对优良传统的利用来实现资源整合的目的。虽然随着社会发展变化，借助传统型未能完全适应新的环境变化，但是面对社区，我们并不能因此完全否定其作用。事实上，在某些社区资源的整合上还在使用借助传统型的方式，如社区内一些宗族家庭对社区治理具有推动作用。

第二，交换协调型。交换协调型的核心是在平等交换的过程中必须坚持互惠互利。一般在城市社区，作为社区管理的主要参与者，社区居委会或社区工作站还起到重要的协调作用。它们在社区中领导社区居民、社会组织及各种企事业单位进行社区建设及社区治理时，不仅可以有效调解化解各类矛盾，还可以挖掘、整合社区内各项资源，吸引更多支持者和参与者进行社区建设，做到有效合理整合并利用社区建设中所需的各种资源。

第三，行政主导型。行政主导型即采用行政权力来引导社区多元主体参与社区建设。政府的主导作用在整合社区资源的过程中是必不可少。依靠行政手段进行资源整合，借助行政力量对做好社区资源整合工作有巨大帮助，有利于社区公共事务及公益事业的发展。

第四，居民自治型。所谓居民自治型，是指社区居民在社区内实行民主选举、民主决策、民主管理、民主监督，实现社区居民自我管理、自我教育、自我服务，按照社区居民"自己管理自己的事情""大家的事情大家办"的原则，通过民主协商的方式，共同解决社区内公共事务和公益事业方面的问题，共同创造美好幸福生活。社区居民自治是城市基层管理中很重要的环节，只有社区居民主动参与并管理好自己的事情，社区安全、卫生、环境等问题才能更好地解决，社区才能真正实现良性发展。

三　社区资源整合的类型

社区资源整合是指将与社区相关的社会资源协调成为一个整体，使之成为社区掌握、支配和动员的资源的过程和状态。简言之，即将社会资源整合成社区资源的过程和状态，或者说将居民、驻社区单位、社区社会组织和政府等不同主体所拥有的各类资源整合在一起。社区资源可以说是社区服务的能源和基础，只有了解并充分开发和利用社区资源，才能发展社区服务。

社区服务质量的高低与社区资源的拥有状况密切相关，凡是资源雄厚的社区，其社区服务的质量就相对高一些，反之则较低。当然社区服务质量的高低，不仅取决于社区资源本身的拥有状况，也取决于对社区资源的整合程度。根据上述社区资源分类，社区资源整合应该主要从以下四个方面做起。

（一）人力资源的整合

人力资源是社区最为丰富的资源，它主要分为以下四类。

社区精英资源，包括社区内的政府官员、人大代表、专家学者、律师、记者、医生、经理、作家、明星、劳动模范和先进工作者等在社会上具有一定影响力的专业人才和社会活动家等。社区精英往往具有某一方面的专长和权威，拥有比较高的社会地位和经济收入，社会资源丰富，是社区资源整合的重点对象。

社区志愿者资源，即社区成员中的志愿者队伍。社区志愿者对社区建设充满热情，有很强的社区意识和公益精神，是社区参与的积极分子。这类人群通常组成为居民提供服务的社会服务性组织，如志愿者协会、义工队等。

社区同质人员资源，主要为社区成员中在经济能力、受教育程度、宗教信仰、职业类型、个人爱好、生活方式等方面相似或接近的人群。这类人群往往组成群众自发性兴趣组织，如为了健身、娱乐、学习等组建的联谊团体、兴趣小组等文化体育类社团，是形成社区认同感和归属感的重要基础。

社区公众资源，指社区内的全体成员，是社区建设最基本最重要的人力资源。社区公众资源的充分调动有利于社区建设的全面开展，直接关系到社区动员和社区行动的成效。

每个社区都具有这四类或更多的人力资源，只不过其开发和利用程度有高有低而已。社区人力资源的整合需要通过居民的社区参与来实现。具体来说，让社区志愿者发挥自身特长，参加社区公益活动；让社区群众参与社区公共事务；让社区精英贡献自身丰富的资源；有相同爱好的居民则组成兴趣团体开展社区文体活动，以此构建和谐社区人际关系。同时，社区人力资源的整合要注意动员驻社区单位的所有员工，积极整合社区人才资源，坚持开展社区宣传教育活动，组建一支以专职教师为骨干、以兼职教师为主体、专兼相结合的高素质的社区教育工作者队伍和社区教育志愿者队伍。通过社区共建，动员驻社区学校和科研机构的专家、学者担任社区教育志愿者，充分挖掘社区人力资源。此外，社区应不断增进人际交往，努力建立良好的人际关系，增加社区社会资本，减少邻里纠纷，加强社区团结。在进行社区建设时，如有需要，还可以动员社区居民和驻社区单位利用自身的社会关系资源，最大限度地满足社区居民的共同需要，维护社区的共同利益。

（二）物质资源的整合。

社区物质资源是社区建设的物质基础和前提保障，它为社区建设和发展提供资金保障和物质支持。社区物质资源的匮乏是社区资源有限性的主要表现，对社区服务的发展往往造成严重的制约，是社区建设的瓶颈。

物质资源是社区最为重要的资源，它主要包括社区资金和社区设施两大类。社区资金是社区的财力资源，社区设施是社区的物力资源。社区物质资源的整合主要包括社区资金的筹集和社区设施的共享两个方面。为此，一是要多渠道筹集社区建设资金，将政府资源、单位资源、社会资源和社区资源进行整合，为社区建设提供充足的资金保障。二是要充分利用驻社区单位的设施，与驻社区单位共驻共建、资源共享、合作互补、双赢互利。物质资源的整合是社区建设的重点，是社区资源整合的核心内容和重要目标。

当前，在我国社区建设过程中，一直存在社区服务需求扩展与社区资金短缺之间的矛盾。为了解决社区资金供给不足的问题，保证社区建设顺利进行，必须努力构建社区资金的多元筹集机制。为此，一定要大力发展社区经济，以政府为主导，以社区为主体，通过政府投入、市场投资、社会赞助和社区自筹等多种渠道构建政府、市场、社会和社区四位一体的社区融资体系，不断拓宽社区资金来源渠道，保证社区建设顺利进行。

（三）组织资源的整合

组织资源主要是指社区范围内的各种社区组织和驻社区单位。其中，社区组织主要包括居委会、业委会、物业公司和非营利组织等，驻社区单位主要包括党政机关、企事业单位和社会团队等。

首先，要健全社区组织体系，重点抓好社区组织的数量增加、规模扩大和能力提高等工作。社区组织是社区建设中最重要的资源，正是依靠各种社区组织，社区建设的开展才成为可能。在各种社区组织中，居委会又最为重要，它是连接政府与居民之间的纽带和桥梁，对内组织开展社区活动，对外代表社区争取各种社会资源。按照现行的街居制，居委会的官方色彩无疑是众多社区组织中最浓厚的。这种官方色彩既方便了社区获得体制内的资源，又使居委会获得了足够的地方性权威。居委会的资源获取能力和地方性权威使其成为社区最重要的组织资源，从而使其成为社区资源整合的重要组织者。

其次，要强化社区组织之间的协调合作，最大限度地发挥社区组织的资源优势。除居委会以外，业委会、物业公司、民间服务组织和群众自发性兴趣组织等社区组织也是社区建设非常重要的资源。要发挥这些社区组织资源的作用，除了加强组织自身能力建设外，还需要加强社区组织之间关系的协调，如加强居委会、业委会和物业公司三驾马车之间的合作，这样才能最大限度地发挥社区组织的资源优势。群众自发性兴趣组织和民间服务组织的数量在一定程度上反映了社区组织的数量，这类组织对社区建设和发展有着越来越重要的影响，要不断对其加大培育力度和提高发展水平。

最后，要充分利用驻社区单位的资源优势，加强驻社区单位的资源共享。充分挖掘和利用驻社区的党政机关、企事业单位和社会团队等单位的人力、物力和财力，使之积极参与社区建设。社会团队和企事业单位等驻社区单位的数量反映了社区资源的丰富程度和资源汲取能力的强弱。应按照共驻共建、双赢互利的原则将其整合进社区，不断增加社区资源的总量，为社区建设提供足够的服务资源。

（四）其他资源的整合。

除了人力资源、物质资源和组织资源三类主要资源外，社区还有一定的地理环境资源和文化资源。

地理环境资源主要指社区的地理区位、规模和景观等，优越的地理区位、适度的规模和优美的景观等均是社区建设的有利因素。为此，要不断改善社区的交通条件、卫生状况和绿化水平，适当调整社区规模，对社区的山林草地、江河湖泊、绿化植被和景观建筑资源进行科学的保护、开发和利用，科学规划和设计社区内的景观建筑，建设生态社区，使人与自然和谐相处。

文化资源主要包括风俗习惯、名胜古迹、历史人物、传说故事、社区精神和社区品牌等，是社区建设的宝贵精神财富。社区文化资源的独特之处在于它可以为人力资源、物质资源和组织资源的整合提供一种团结纽带和精神认同，为社区资源的整合提供相应的精神动力。在社区建设中要重视和利用社区文化资源，一方面，社区要不断加强社区文化硬件建设，利用街道驻社区单位和本社区内闲置的场地设施，建立图书室、活动室和活动广场，用以满足社区居民日益增长的精神文化需要；另一方面，社区要注意充分挖掘社区的历史足迹和传说故事，在继承社区传统义化的基础上，开展符合新时代精神和居民需求的社区文化娱乐活动，培养和挖掘社区文艺人才，塑造社区精神，打造社区品牌。

四　社区资源整合的模型

社区资源整合以社区的物质和意识两层面为核心，通过整合人力、物质、组织及精神等资源，达成组织性、功能性和认同性的效果。图 3 - 1 为本书的资源整合模型，最终目标是提高社区成员的认同感、归属感及社区意识，图 3 - 2 为实现这些目标的模型，即社区资源整合模型。

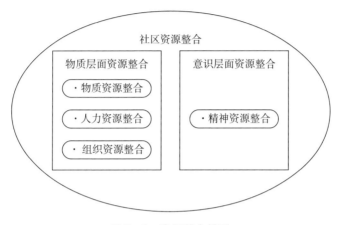

图 3 - 1　资源整合模型

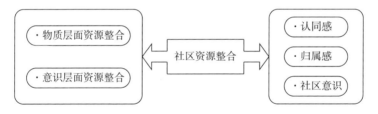

图 3 - 2　社区资源整合模型

社区资源整合机制作为一个有机的系统，其构建过程是十分复杂的，构建途径也是多样的。具体要选择什么样的途径，还需要加强对具有中国特色的社区整合理论的深入探讨，以提出科学合理的构建措施。同时，还要加强与实践的结合，使其在实践中进行不断的验证和磨合，在指导实践的过程中拓展其理论深度。

五　社区资源整合的行动策略

（一）加强社区资源动员和行动动员

社区动员按动员客体，可以分为资源动员和行动动员两类。社区动员实际上是动员对象的社区参与过程，资源动员指动员对象的资源参与，行动动员指动员对象的行动参与。

社区资源动员是指充分调动和合理配置社区内各种资源参与社区建设与发展的过程。所谓社区行动动员是指为发起特定社区行动所进行的宣传、鼓励和激发等过程和行为。社区资源动员是资源整合的关键所在，成功的资源动员有利于政府、驻社区单位、社区组织和社区居民等社区利益主体实现资源共享和需求满足。社区行动者在资源动员方面的角色非常重要，社区行动者基于共同的价值理念，开展行动使社区获得良好的发展，必须能够动员社区人力、物力，甚至联结外在的资源，才能有效达成其目标。

社区行动动员是为了号召社区主体集结力量而发起的特定社区行动，如业主维权，对于成功地解决社区问题十分关键，有利于社区利益矛盾和利益冲突的化解。社区资源动员与行动动员常常是结合在一起的，社区资源动员往往是为了特定社区行动而发起的，如赈灾、救援和维权；而社区行动动员实际上是社区人力资源的动员，需要动员相应的人力、物力和财力资源方能顺利进行。

在进行社区资源整合时，往往需要一个恰当的社区行动议题。社区行动议题作为凝聚居民利益和情感的节点，有利于社区资源动员的成功发起。

（二）加强对体制内资源的吸收

首先，在进行社区资源整合时，应注意对国家体制内资源的吸收。社区政治资源和社区权力资源不同于前述的社区组织资源，其中，以社区党支部和党政机关为代表的社区政治资源的合法性来自政党组织系统，以街道办事处和社区居委会为代表的社区权力资源的合法性来自行政组织系统和自治组织系统。这两类资源的重要性在于它们共同为社区建设提供了合法的体制内资源。它们既代表了国家对社区的一种资源控制，也代表了社区对国家资源的吸收。

其次，国家通过对社区的资源控制，可以成功地实现国家动员，社区通过对国家体制内资源的吸收为社区动员的成功打下坚实的基础。无论是资源控制，还是资源吸收，都需要运用一定的策略。分析和掌握这种策略对于社区组织资源的整合来说非常关键。

最后，政府投入的社区建设资金无疑是最为重要和最为直接的一种体制内资源。作为社区建设的主体，街道办事处和社区居委会的工作重点应放在向上级政府申请重大基础设施建设和社区建设专项资金上，申请的依据不能是简单的"缺钱，所以要钱"。因为政府实际上是一个经营者，它要保证每一项投资最好能准确无误和收到实效，所以要求上级政府拨款，必须做到以下三点：第一，做好社区居民各方面各层次需求和社区经济发展需求的详细调查工作，并把调查结果清晰地反映给上级政府；第二，街道办事处和社区居委会的社区建设工作要有实效，能使社区明显改观；第三，搞好先进文明街道、社区的评比创建工作和居委会规范等级考核工作。

（三）加强社区资源共享，构建多元的资源获取渠道

首先，通过社区资源共享，可以把社区内的各种社会资源转移到社区，并由社区进行支配，为社区内的人群所共享。社区资源共享是社区资源整合的基础之一，也就是说，社会资源要变成可供社区掌握、支配和动员的资源，一个重要的前提是资源所有者愿意向社区提供资源以加强社区资源共享。构建多元的资源获取渠道，这是社区资源整合的关键所在。

其次，还要充分发挥政府、企业和社会等三个部门在资源供给中的重要作用。政府除了提供资金资源外，还可以为社区建设提供重要的政策资源，如可持续发展实验区和社区专营公司的设立、社会捐款和社区非营利组织的税收减免政策等。企业除了提供社会赞助外，还可以进行市场投资，开展社区服务产业化经营。

再次，社区还要通过非营利组织从社区以外获得社区建设所需要的资源。在现代社区中，社区非营利组织已成为社区行动者与外界合作的主要单位，这类组织可以在社区之中寻求资源，也可以在社区以外的社会中寻找支持性资源，而这种资源取得的过程就构成了其资源网络结构。社区领导人不能被动地等政府拨款、市场投资或社会捐款，不能抱"有多少钱、做多少事"的心态，而应该积极主动地发现社区的问题与需求，积极搜集可能的财力资源。

又次，通过社区资源整合将处于分散状态的社区资源进行协调，使之成为整体并加以利用。社区资源的整合既包括对现有资源的合理利用和协

调安排，也包括对社区潜在资源的开发运用。社区资源的整合有助于社区资源的充分挖掘和利用，使社区尽量摆脱街居制下被体制内资源主导和控制的局面，走向真正的民主自治。

最后，要形成推进社区建设的资源合力。在政府的领导下，相关职能部门各司其职、相互配合，充分调动驻社区组织、企事业单位等一切力量，发挥基金会、慈善组织、公共服务社等社区非营利组织的作用，积极发展志愿者队伍，努力形成政府牵头、有关职能部门配合、街道办和居委会主办、社会力量支持、群众广泛参与的社区资源整合网络，以形成推进社区建设的资源合力。

│第四章│

国内外政府基层治理下的联动与整合的经验

一　新加坡政府主导的社区治理模式经验介绍

2019 年是中国与新加坡建交 29 周年，中国领导人从邓小平到习近平，都强调学习新加坡的发展经验。2015 年习近平总书记在访问新加坡国立大学发表演讲时强调，"新加坡的发展成就不仅给本国人民带来了福祉，也对亚洲其他国家的发展富有启迪"①。中国经过改革开放四十多年的发展，城市化水平不断提高，根据国家统计局最新统计，2021 年我国的城市化水平是 64.72％，城镇常住人口为 91425 万人。中国城市治理体制经历了从改革开放之前的单位制、街居制到改革开放后的社区建设，从社会管理到社会治理的重大转变。随着城市化的发展，中国也面临一系列城市治理难题，如交通拥堵、流动人口管理困难、看病难看病贵、天价学区房、食品安全问题频发、环境污染严重等。习近平总书记在中央城市工作会议上强调，完善城市治理体系，提高城市治理能力，着力解决城市病等突出问题。

（一）聚焦联动平台，构建社区治理机制

在社区建设方面，新加坡以"服务型社区"为目标，逐步形成了"以政府为主导、法定机构组织、民众参与"的社区管理机制。新加坡政府开展了"为社区居民的基本日常生活服务，解决生活便利问题"的大量社区

---

① 《习近平在新加坡媒体发表署名文章》，2015 年 11 月 6 日，中国政府网站，http://www.gov.cn/xinwen/2015－11/06/content_2961679.htm。

服务。经过长期努力，居民的住宅开始变得更加漂亮；通过环境治理，河水变清、天空变蓝；通过植树和绿化运动，城市变得更加美丽。健全基层组织，完善治理体系，新加坡社区治理的一个重要特点就是政府部门、法定机构、基层组织之间职责分明、功能互补，能够有效地聚合各个层面的力量推动社区建设。

1. 在顶层设计上，新加坡构建了"四个类别、六个枢纽型"的治理组织体系

第一类，政府公共管理机构。新加坡社会发展、青年及体育部负责社区发展的政策制定、职能策划。该部下辖社区管理的三个枢纽型指导机构：人民协会、社区发展理事会、市镇理事会。从职能上来区分，人民协会是法定机构，重视社区基层组织管理，为执政党奠定了深厚的社会基础；社区发展理事会承担了社区福利工作，偏重于公共职能，其定位是社团组织而非公共机构；市镇理事会为社团法人，承担市政物业管理职能。

第二类，基层政府支持的公共服务组织。人民协会又下辖三个枢纽型社区服务的基层组织：公民咨询委员会、民众俱乐部管理委员会（民众联络所）和居民委员会（邻里委员会）。为推动社区活动，这三种组织由执政党掌控并受政府支持管理，不仅加强了新加坡执政党和政府与基层民众的纵向联系，也大大促进了基层社会之间的横向联系，有利于推动形成社区凝聚力。

第三类，执政党主导的民意诉求收集组织体系，包括国会议员、基层支部、社区基金会、居委会民意组等。

第四类，依法规设立的为民众自行服务和管理的非政府组织（在新加坡称非牟利机构）。该类组织主要是由志愿人士、社会名流等牵头组成的民间社团、宗教组织、慈善组织等，承担了政府尚未承担、无法承担、不便承担的许多社会责任，在教化民众、组织民众、服务民众中发挥了积极作用。

2. 激活基层治理运行机制，建立信息交流联动平台

新加坡基层治理之所以比较成功，不仅是因为其基层组织体制非常健全，更关键的是基层治理运行机制非常顺畅。主要体现在四点：一是机构设置多元化；二是基层组织职能配置科学化；三是基层管理责权划分明确化；四是管理制度规定精细化。比如，不同的基层组织提供服务的侧重点

不同，公民咨询委员会的职能主要是为选举服务，并决定社区一些重大改造项目的实施；民众俱乐部管理委员会的职能是要管理好民众俱乐部的各种设施、各个兴趣小组所主办的活动与课程，为社区居民开展各种活动、进行交流提供一个平台；居民委员会的职能是联络邻里之间的情感，反映社区居民的心声。

3. 赋能放权，搭建协商共治的桥梁和纽带

赋能放权，多元主体协商治理，通过一定的授权，法定机构和社区自治机构充实基层治理力量，在政府和民众之间建立协商共治的桥梁和纽带，这是新加坡社区治理的重要方式。其中，关键一点是赋能，即赋予基层组织职能和参与事务的机会。具体做法有三个方面。一是赋予基层组织以职能，明确其职能和具体任务，确保执行。赋能使社区治理的主体不再是单一的政府，各类基层组织通过同政府机构，以及彼此之间建立起多种多样的协作关系，进行协商与合作。二是赋予的职能不交叉，各有倚重。职能不交叉保证了各类任务或者考核不会层层下压，从而导致基层组织负担过重、活力窒息，成为行政化的附庸。三是基层组织具备一定的服务实施能力和财力。新加坡基层组织之所以体现出较高的效率和活力，不仅在于其职能分工明确，而且在于政府每年的拨款和相应的筹资机制确保其能够轻松地履行职责。

（二）注重协同治理协商治理，推动多维度、多层次的资源整合

1. "以人为本"落实基层治理的精神资源的整合

人民群众是新加坡政权稳固的基础，民众显性的力量（投票支持）和隐性的力量（内心认同）是政府合法性的来源，也是政府进行治理的动力源泉。具体包括服务至上、包容自治、共同参与、依法管理。

新加坡基层治理注重理念的落实，寓管理于服务之中，表现为五个方面。一是不仅重视上情下达，同时重视下情上达，了解居民的意见。新加坡规定，一些重大的社区改造项目和翻新计划，必须通过投票表决，得到75％以上居民的同意。二是尽量满足民众需求。新加坡把居民的满意程度作为检验社区工作成效的第一标准，推动基层组织真正为广大居民的利益着想。三是注重长效服务。比如，新加坡建国后实施的出口导向发展战略和政府提出的住者有其屋计划，刚开始时遭到质疑，但政府并没有因此动

摇。四是注重精细化服务，减少粗放式管理。五是注重协商治理、协同治理，减少行政干预。

自 20 世纪 70 年代经济发展步入正轨后，新加坡政府开始注重经济与社会、人与自然以及现代与传统的协调发展。1990 年以来，政府提出要和人民签订"新的社会契约"，从多方面实施了帮助贫弱者的政府工程和社会工程，让所有国民都享受到发展的实惠。

2. 整合社区物质资源，重视社区规划，为科学的社区治理奠定基础

（1）科学规划，优化基础设施条件

新加坡在社区治理过程中非常重视社区规划的制定和实施，不仅制定了全国市镇发展的总体规划，而且制定了社区建设和社区发展的详细规划，为科学的社区治理奠定了良好的基础。规划主要有以下特点：规划设计科学，规划指标明确，法律规定严格，创意构思巧妙。

城市的高楼住宅对邻里关系造成巨大冲击，邻里互动机会减少是影响社区团结的主要原因。所以，新加坡鼓励社区组织开展丰富多彩的活动。比如，建屋局小区管理所在每个小区都栽有一些果树，由居民自己管理，收获时共同分享，以增进感情，并适当组织一些小区义务劳动，增加邻里之间的交往机会。还创设了更多的互动空间。具体到每栋楼，留下一层不安排住户，将其建成四面通风的室厅，作为楼中居民休息、娱乐、集会、接待亲友的场所，甚至用于举行婚礼；每栋楼隔二层或三层设有一个平台，供老人户外聊天、观赏周围景物。600 户到 1000 户组成一个住宅区，区内有舍友居民集会场所、儿童游戏和运动设施；3000 户到 7000 户组成一个邻里中心，设有商店、市场、摊贩中心、政府经营的医务所和托儿所；30000 户至 50000 户构成一个新市镇，设施比较齐全，拥有商业中心区、百货公司、超级市场、银行、图书馆、电影院、室内外运动场、游泳池、专科学校和医院等。

（2）多元投入，多种渠道整合社区的正式和非正式财力资源

新加坡通过多种渠道并以法律形式使社区建设、发展和管理的经费来源得到保障。社区活动经费主要来源于政府拨款和社会赞助。政府拨款包括行政经费、活动经费及专项经费，行政经费主要用于维持人民协会和民众俱乐部的日常运作。举行大型活动或其他专项支出由社区组织申请，政府根据需要补助。社会赞助款项主要由企业、其他组织机构赞助以及个人

捐款获得。为了鼓励社会对社区活动赞助，政府制订了经费配套计划（政府按捐款额度1∶1配套，如果是长期固定捐款，政府则按1∶3配套），鼓励企业、社会机构和个人对社区活动进行长期赞助。社区公共设施建设和维修及组屋中期翻修等经费则由政府按计划列支，组屋内的翻修和设施的改建则按照居民自愿的原则主要由居民筹集，政府给予适当补助。社区活动各项经费支出均有严格规定，必须经相应的理事会、委员会或所有居民讨论通过，几乎所有开支项目都是按费用最节约的宗旨实行市场化运作。政府拨款和社会赞助重在养事，除市镇理事会和民众俱乐部的全薪人员的薪酬（占社区服务和工作人员的极少数工资）由政府负责外，其余社区组织理事会、董事会、委员会成员及工作人员等均是志愿者，不领薪酬。

（3）挖掘社区组织资源，共同参与，激发社区的社会活力

基层治理必须充分激活社会活力，使社会具备自我运转的功能。新加坡激发社会活力的做法主要包括：一是创新公共服务的方式方法，采取市场化的运作方式，引导、协调、鼓励各类企业进入社区，承担、兴办社区服务项目，逐步形成社会福利服务、社区互助服务和市场有偿服务相结合的多层次社区服务网络体系；二是培育和发展不同功能、不同服务内容的社会组织；三是引导各类组织举办有创意、有特色的活动；四是助人自助，包括注重发挥家庭作为个人陷入困境的"第一道防火墙"的作用，不仅为贫穷和有需要者提供福利，还协助其帮助自己；五是依靠精英人才和社区民众的广泛参与，使社区治理保持稳定性和长效性。

（4）注重制度规范的建立，推动社区公共服务精细化、标准化

在基层治理过程中，新加坡非常重视各项法规制度的制定和执行，使社区治理真正做到有法可依、有章可循。新加坡社区管理制度非常全面。在社区治理中，大到社区一些重大项目的决策和实施，社区管理经费的来源及使用，小到一些具体项目的维修与收费，各种设施的维修保养，尤其是公共场所的使用，都有详细的规定。而且各项规章制度非常精细，具有很强的可操作性，并能够做到违法必究、严格执法。如规定居民家里一些大型物件需要当垃圾丢掉时，一年有3件免费额度，超过3件则要收费。在社区物业管理方面，不仅明确规定了物业管理的内容，而且具体规定了各项维修服务的时间及收费的标准，非常精细。如建筑粉刷与修补每7年一次、供水增压器每7年更换、水泵每12年更换、屋顶防水及隔热板每

14 年更换、电线与机电设备每 20 年更换、水管每 25 年更换、电梯每 28 年翻新。

（三）我国对新加坡城市治理的借鉴

新加坡在建国之初是一个贫穷落后、民族冲突频发的国家，然而历经短短 50 多年的建设，一跃成为亚洲乃至世界发展中国家实现城市"善治"的典范。中国经过几十年的发展，城市化水平不断提高，但随之也产生一些城市治理的难题，如缺少系统的城市规划、没有严格依法治理、城市交通拥堵、绿化效果较差、民生问题凸显、城市治安安全问题严峻、缺乏公众有效参与、社区建设内卷化等。新加坡城市治理的经验值得研究，其在管理理念和管理体制机制方面的创新值得发展中国家学习和借鉴。我们应该借鉴其模式，建立适应本国国情的城市治理体制。

1. 转变城市治理理念

城市治理理念转变是城市治理变革的先导。

第一，我国的城市治理理念应该从管理城市向治理城市转变，从人治向法治、从城市经营向城市善治转变，树立超前治理理念。新加坡超前治理的城市治理理念是对传统城市管理理念的升级，我们应该避免长官意志，避免决策的随意性，杜绝面子工程和形象工程，重视法治，保障决策的连贯性、超前性、系统性，保证决策的民主化、科学化和法治化。

第二，在城市规划方面，重视以人为本，关注民生，共享城市发展红利。重视公共用地、绿化用地，避免用地浪费，提高居住效率和容积率，重视城市交通和公共基础设施规划，使城市居民出行方便、日常生活购物快捷舒适。例如，新加坡对组屋用地进行明确规划，约 1/3 的土地用于居住或建设与居住相关的设施，1/3 的土地用于工业与商业发展，其余的则用作道路、学校、体育场馆、绿地建设等，组屋区内教育、医护、超市、餐饮、公交、体育、娱乐等各种服务齐全，从这种精心设计上足见新加坡政府对于营造和谐社会的用心。在组屋的结构设计上，为防止居民产生隔离感，鼓励居民互动，特别把组屋的一楼设计为架空层，作为居民公共活动的场地，或者设计成商铺提供便民服务；连通同楼层各户的走廊，除作为连接楼层各户楼梯、电梯的通道之外，还可作为小孩子娱乐及邻居日常会面的场所。这种结构设计有助于形成社区意识，促进邻里友好。

2. 以服务型政府建设推动城市治理法治化、信息化、社会化

服务型政府在新加坡城市治理中发挥了主导作用。我们在城市治理中，应借鉴其做法，以服务型政府建设推动城市治理法治化、信息化和社会化。

第一，加快服务型政府建设。推进城市治理现代化需要加快服务型政府建设，通过政府治理理念、职能、服务方式、服务手段转变，发挥政府在城市治理中的主导作用和功能。地方政府应该做社会治理的负责者、公共服务的提供者、社区建设的引导者、社会组织的扶持者、市场秩序的维护者、民生保障的实施者、依法治国的表率者。

第二，城市治理法治化。在新加坡政府城市治理机制运行的实践中，比较完备的法定机构的创设，使得政府、社会组织、公众得以共同参与城市治理。因此应坚持依法治理、源头治理、综合治理，坚持科学立法、严格执法、公正司法、全民守法，将城市治理整体纳入法治的框架中，以法治政府建设推动城市治理现代化。

第三，城市治理信息化。信息时代，数字城市、智慧城市建设已经提上议事日程，我国城市治理应该借助于大数据平台，在政府信息公开、政府和公众网络沟通、流程再造、理念更新、信息共享等方面做出努力。在这些方面，一些城市已经有好的实践。例如，借助于大数据，武汉市社会治安综合治理委员会在2012年研发了一套信息云平台网格化管理系统，该系统已集成全市38个部门的各类基础信息，方便了政府城市治理信息共享，提高了行政效率。

第四，城市治理社会化。城市治理不再以政府为单一主体，而是吸纳社会组织和公众参与。一方面我们需要大力培育社会组织，引导规范社会组织参与城市治理。新加坡人民协会作为城市治理主体之一，可以有效弥补市场失灵和政府缺位的不足，构建政府与社会共治的治理格局。当前中国城市治理也需要充分发挥社会组织的社会治理功能。在基层治理中，我们要培养和孵化更多的社会组织，并赋予其更多的自主权利和发展空间，为其发展创造良好的社会氛围。另一方面需要重视公众参与。我国城市治理中公众参与不足，存在公民参与法治化程度不高、角色定位单一、形式主义严重、参与领域不平衡等问题，应该依法保障公众的知情权、参与权、监督权。通过健全相应的公众参与渠道和机制，吸纳公众参与城市治理，如健全重大决策网络征求民意调研机制、重大城市公共决策和市政工

程专家咨询和风险评估机制、公众听证会制度等。

二 日本的"地方创生"政策与"多元协作"的 联动治理经验介绍

（一）"多元协作"的构建

20世纪90年代以来，日本社会面临诸多问题，民众在生活上的不安及需求也日渐多元，单靠政府部门来提供公共服务、实施公共事业，很难满足民众的需求。因此，"多元协作"这种新型的公共服务方式在摸索和实践过程中被构建起来，即政府部门、非营利组织和企业等多元主体在平等基础上，合理分工、互动合作、相互依存、相互补充、相得益彰地开展公共服务，解决公共问题。特别是在日本的地方社会，地方自治体与非营利组织建立起一种相互补充、相互协作的伙伴关系，联合开展了一系列解决社会问题的活动，取得了良好的效果。例如，2003年，东京郊区的八王子市实施了市民企划事业补助金项目，即市民活动团体提出公益事业的企划方案，通过招标和审查来决定方案是否实行。在"多元协作"的方针下，市政府还设置了"协动推进课"，将其作为市民活动据点。当地政府还制作"多元协作"宣传手册，努力提高地方公务员的协作意识。

此外，同样在东京郊区的三鹰市也面临少子老龄化严峻、劳动力不足、社会缺乏活力、人际关系淡薄、非正规就业的年轻人增多、育儿环境不理想等多种社会问题。针对这些社会问题，当地政府在市内7个地点设立了居民协议会，由社区居民进行自主管理，开展了防灾、老年人护理等方面的活动。另外，市政府接受以有识之士和市政府工作者为中心成立"社区营造研究所"的提案，制订城市发展基本构想和基本计划。宣传口号是"从一张白纸到市民参与"，广泛募集市民提案，将收到的275名市民的提案进行归总，促进了市民的政治参与。另外，市政府还出资设立了具有企业性质的"社区营造三鹰"，将民间企业和第三部门的公益性相结合，开展了合力解决地区问题的各种活动。

实践证明，"多元协作"的理念革新满足了市民的需要，提高了政府的行政能力，提高了公共服务质量，促进了市民的政治参与，对于构筑新的地方社会具有积极的促进作用。同时，"多元协作"推动了行政体制的改革进程，改善和维护了社区环境，提升了居民的社区意识和整体素质。"多元协作"也对非营利组织的自我成长十分有利。

（二）"地方创生"的协作联动体制

受 2014 年 "日本创成会议·人口减少分科会" 提出的 "地方消灭论"（根据日本目前人口减少的趋势，2040 年，日本半数以上的 894 个市町村将消失）的影响，在 "多元协作" 的实践基础上，日本政府于 2014 年进一步通过了《地方创生法案》及相关法令，希望建立城市与乡村间的协作联动体制，以改善人口减少的现状，并确保 1.5% ~2% 的 GDP 增长率。面对人口问题带来的压力，在中央政府强势主导下，"地方创生" 政策成为优先发展项目。

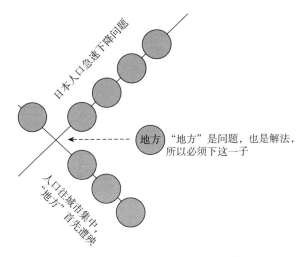

图 4-1　日本的人口问题五子棋

资料来源：翻译自日本政府"地方创生"官方网站。

具体而言，"地方创生" 政策以中央政府为引领、以地方政府为主导，试图通过互联网科技的引入，建立城市（特别是东京）与乡村、地方政府与当地社会组织和企业之间的联动治理，特别是通过建立城市企业与乡村市场间的联结，来推动乡村的经济发展，并以此鼓励和吸引在城市的年轻人回乡发展，最终让城市与乡村之间能够建立一个有机互动的连接网络，互赖互依，避免城市成为吸纳人口的黑洞，解决因人口问题而导致的地方消灭危机。

为达此目标,"地方创生"政策提出了下列几项联动措施。

第一,政社联动。建立中央/地方政府与地方社会组织的联结,共同发掘当地文史特色,使其成为地方产业发展的动力。同时,将社会福利事业转包给当地社会组织来规划、执行,以促成社会福利专业化发展,借此培育当地的社会工作、文史专业人才。

第二,政企联动。打破过去乡村靠领中央政府补助金吸引年轻人的思维,地方政府主动建立城市企业与乡村市场的联结,打开乡村的商业市场,以开拓更多的工作机会,鼓励年轻人回乡创业或工作。

第三,网络联动。由地方政府主导,透过互联网及资讯科技的技术联动城市与乡村,使其间的资讯交流更加流畅。同时,用完备的光纤网络吸引城市的 IT 产业进驻,建立乡下"分处办公室"。

第四,乡群联动。除了建立城市与乡村之间的联动治理外,也建立邻近乡村/地区之间的联动治理。推进地方核心及附近的市、町、村、"定住自立圈"间的携手合作,让乡村与乡村之间可以联动发展,而不必被吸纳进城市的网络体系中。

三 英国的全观型政府经验介绍

全观型政府的想法在 1997 年 6 月英国工党执政后得到相当大的政策回应。1997 年,社会政策学者佩里·希克斯的《全观型政府》一书上市后,就得到工党政府的肯定,成为政府官员广泛阅读的著作,也成为英国政府进行社会治理改革的理论基础。

全观型政府主要批评功能性划分的政府无法真正解决人民及社会的重大问题。工党政府初执政时并未明确全观型治理的理念,但随后几个因素促使英国政府很快向全观型政府改革。首先,执政最初几周的政策评估小组都达成了要对政策制定与执行进行更多跨域整合与协调的结论。其次,政策的延续性来自工党无意放弃保守党政府所推动的各种整合方案,如城市改革方案、数字化政府方案、单一窗口方案等。第三,工党关切的社会排斥 (social exclusion) 问题需要有广泛的整合政策才能处理,而老年人问题牵涉的健康、社会照护及选票问题,也都不容忽视。

（一）全观型政府通过资源的整合与联动，处理跨域社会问题

从英国的实践经验来看，全观型政府希望透过政府与民间资源的整合联动，来处理全球化时代出现的跨域社会问题。其具体举措包括以下五个方面。

第一，政策层次的整合（policy-level integration）。政府所有的机关单位在政策制定的阶段，应为政策整合，对特定政策目标与结果皆有共识和认同感。

第二，中央政府勇于创新并扩大授权。一方面，对政府整合的工作必须有创新的勇气，并能不断尝试；另一方面，整合工作不是中央政府单方面的事，中央政府须扩大授权，地方政府也要主动参与。

第三，审慎运用整合型预算（integrated budgets）。整合型预算可以克服政府各机关单位间不合作的问题，但此种预算对整合工作不见得必要或有效。

第四，负责监督者需重塑新价值。负责监督者包含监察机关与政治人物、管制人员、监察委员、地方委员会等。监察机关的职权应顺应民意，为产生有效能的政府服务而施加监督的压力与联合参与（joined-up）的风气；政治人物也应紧盯政府整合工作进度。

第五，中央政府与地方政府皆应传播新知识。中央政府与地方政府都应设立学习单位，负责传播有关政府整合的新知识。

（二）全观型治理下的整合联动治理

从政府组织的架构与形态来看，全观型治理牵涉的整合联动治理包含三种面向。

一是治理层级之整合联动，如全球与国家层级的整合（WTO规范的制定与执行等）、中央与地方机关的整合、全球层级内环保与资讯保护组织的整合。

二是治理功能之整合联动，包括政府组织部门内功能之整合（如各部会）和功能性机关间之整合（如医保与社福功能之整合）。

三是公私部门之整合联动。公部门业务采取委托外包、民营化、去任务化、行政法人化等做法，与更多非营利组织和私部门接轨，从而使公私合伙关系产生渐层合作的关系。

总之，英国所实践的全观型治理和过去社会治理典范的最大区别在于，它以解决人民的生活问题为政府运作的核心。相对地，过去的社会治理都是以解决政府的问题为核心。要解决人民的生活问题，不但要靠政府各个部会个别的努力，更需要政府各部会协同的努力，因此就必须有政府的整合型运作。在全观型治理的体系之下，政府的运作将以治理的结果为核心，扩大授权给各个治理单位，以整合型预算来达成任务。这种全观型治理的境界，让政府得以跨越部会科层制下功能分裂的问题，为民众提供更好的服务。

四 我国基层治理的联动与整合建设经验

（一）浙江省诸暨市江新社区新时代"枫桥经验"

为适应社会主要矛盾的变化，满足居民需要，浙江省诸暨市江新社区贯彻枫桥经验，在打造共建共治共享的社会治理格局方面勇于探索，在维护和谐稳定美丽的社会环境方面积极开展工作，使乡村基层治理经验在城市落地开花，成为诸暨市创新发展城市版"枫桥经验"的代表。江新社区以加强党建为引领，以创新社会治理为动力，以增强社区自治和服务功能为重点，构建基层社会服务管理平台，推动社区治理体制机制改革创新，引领带动社区治理整体水平迈上新台阶。

1. 治理背景

江新社区是诸暨市较大的社区，位于诸暨市暨阳街道城东区。社区区域面积为 0.79 平方公里，共有楼房 201 幢，截至 2018 年 6 月，有居民 5037 户 14100 人。江新社区既是居民集聚区，也是繁华商业区。社区内有 16 家共建单位，480 余家商贸单位，流动人口众多，治安情况较为复杂。

2. 治理模式——城市社区多元共治实践模式

江新社区凝聚政府、居委会、社会组织、驻区单位以及社区居民的共同力量，积极构建多元的城市社区治理主体，各主体各归其位、各担其责。

（1）政府进行顶层设计与工作指导

政府指导绝不是政府包办一切，而是担负起健全社区治理体制机制、完善政策法规、引导和支持各方力量积极参与的责任。

一是立足社会发展实际，对社区的建设和发展进行宏观指导，健全利益表达、协调、保护机制，引导群众依法行使权利、表达诉求、解决纠纷。

二是负责为社区提供公共服务，监督居委会和社区社会组织，着力完善社区治理体系。

三是支持各类社会主体进行自我约束、自我管理等，发挥市民公约、乡规民约、行业规章、团体章程等"软法"在社区治理中的积极作用。

四是积极发挥政府自身优势，协调各方关系，厘清"权力清单"。

（2）依托居委会

居委会作为基层群众性自治组织，是社区治理的重要主体。它一方面发挥满足社区成员需求的作用，提供多种社区服务；另一方面作为连接政府和社区成员的桥梁与纽带，在充分发挥自治职能的同时，积极协助政府开展社会治安、法律服务、社区矫正、矛盾纠纷化解、特殊群体服务管理等工作。

（3）发挥社区居民主体作用

社区居民是社区发展的主体力量。参考枫桥经验的实践，江新社区通过制度保障推动社区居民参与社区治理，增强社区居民主人翁意识，合民心、聚民力，让居民管事、让居民做主。此外，社区充分发挥精英居民的主体优势，挖掘社区内党员的活力、凝聚力与创造力，培育社区居民的志愿服务精神。

（4）培育并发动社会组织参与

社会组织是社区治理的重要力量。随着社区居民需求的多样化和利益主体的多元化，社会组织在社区内扮演着治理的辅助者、服务的提供者和活动的组织者等多重角色。江新社区充分培育社会组织，为社区居民提供公共服务，这些社会组织包括由楼道组长、社区党员等组建的"笑笑志愿者"队伍、居民乐队、排舞队、晚唱队、"江大姐调解室"等。

（5）驻区单位大力支持

驻区单位是指社区辖区内的企业、事业单位及行政机关。尽管驻区单位与所属社区没有行政隶属关系，但驻区单位的场地、设施、资金、人才等资源优势可以有效弥补社区治理中政府资源投入的不足，促进社区进一步开展工作。江新社区通过与驻区单位进行沟通交流，在每家驻区单位任命一名人员作为联络员，积极组织辖区内 16 家驻区单位发挥各自专长，共同参与社区建设，化解社区治理中的一些困难。例如，当社区需要开展青少年法治培训的时候，来自司法局的联络员可以指派专业人员讲授法治宣传课；若小公园内某树的花粉飘散严重影响了居民生活，社区可通过与驻区单位联系，利用驻区单位园林管理处的资源对树木进行治理或转移。

3. 具体做法：城市社区居民自治的实施

社区需要积极开展自治、法治、德治"三治融合"的示范社区建设工作，建立健全以自治为基础、以德治为引领、以法治为保障的治理体系。江新社区自 2007 年便开始实施了社区居委会公推直选的程序，实行党务、居务、财务"三公开"制度，设立了居民议事协商委员会和居务监督委员会。同时，社区建有"社区片警—社区片长—居民组长—楼道组长—邻里守望员"五级综治工作网络，横向到底、纵向到边，营造出"家庭琐事不出楼道、邻里纠纷不出社区"的和谐氛围。

（1）以自治为基础，建立多层次基层协商格局

把社区事务的决策权交给居民，推动居民自治化、规范化和程序化；把居民、楼道组长、党员干部等成员积极动员起来，参与社区公共事务的治理。江新社区依托居民代表会议、居民议事协商委员会、居务监督委员会等组织，形成民事民议、民事民办、民事民管的多层次基层协商格局。社区的事务从讨论到决策，都由居民自己做主，形成"自己的事情自己办，小区的事情小区办，大家的事情商量办"的议事原则。

（2）以党组织为核心，发挥党建引领作用

注重社区党组织建设。建立健全社区党委领导下的以小区为格、以楼栋为点的"小区支部＋楼栋党小组"的党建工作机制和组织架构，设立党员先锋岗，划定党员责任区，形成了完善的"党委—党支部—党小组—党员代表—党员"五级工作网格。

对党员队伍进行分层教育、分类管理。通过收看电教片、党支部书记上党课、交流讨论座谈会等方式对老党员加强管理；通过电视、网络、微信等平台对年轻党员进行日常教育，贯彻党的重大方针政策；对流动党员进行每月电话、短信联系，跟踪管理以定期了解流动党员的思想和动态。

推动党员活动"三个常态化"。确定每月 10 日为党员活动日，集中开展学习教育；固定党员责任区，充分发挥党员的先进性作用，将党员所在楼道划分为"党员责任区"，掌握居民信息动态，及时提供帮助服务；固定党员联系户，每个党员联系一户居民，在思想上、生活上提供一对一帮扶。

（3）以服务为根本，变被动为主动

江新社区工作者主动上门服务是对城市社区治理工作方法的创新，即推行"你说话我办事"的宗旨，变被动工作为主动服务，使居民办事做到"小事不出楼，大事不出区"。

4. 创新举措

（1）建立城市社区综治机制

江新社区综治工作中心统筹和提供社区治安、平安志愿者巡逻、社区矫正、法律服务、矛盾纠纷化解、特殊人群帮扶等服务。综治工作中心的创新主要体现在以下方面。

一是推动成立"笑笑志愿者"队伍，由楼道组长、社区党员、退休干部、机关工作人员和热心公益的社区居民组成，将治安隐患消灭在萌芽状态，为平安社区筑起了一道流动防线。

二是建立综治工作示范园，把社区中的一个公园作为综治平安体验园。

三是创办社区学院，为居民讲授法治知识、危险防范技能，并开设文化课和书画、摄影、舞蹈、太极等兴趣课程，教师都是由社区具备专业知识的志愿者担任。

（2）建立全科网格

根据社区的楼层分布、地理位置、居民数量等因素，以社区组织为核心，按照"专职力量一员一格、兼职力量多员一格"的原则，坚持"全科网格、全心服务"的理念，面对面倾听民意，了解群众诉求和社区情况，运用"互联网＋"手段，将邻里纠纷、安全隐患、重点人员异常动态、流动人口变更等信息第一时间通过"平安通"App 上报。随后，街道四个平台综合指挥中心派单处理，做到信息第一时间收集、上报、处理，实现服务群众"零距离"，打通了基层治理的"最后一公里"，由此构建出一张"横向到边、纵向到底、条线结合、及时处置"的社区全科网格。

（3）创建"江大姐调解室"

"江大姐调解室"是社区为居民自治搭建的一个平台，通过吸纳基层群众参与矛盾纠纷化解工作，让居民自己解决自己的事情。调解员在处理矛盾纠纷时，不仅从法律角度分析问题，更是特别强调"情、理、法"相结合的工作方式，并且结合社区情况和本土文化，将矛盾纠纷灵活解决。

（二）辽宁省大连市"城乡联动"体系建设

大连市是东北地区乃至全国经济发展比较快的地区。随着经济体制转型，特别是进入 21 世纪后国家振兴东北老工业基地战略的实施，大连市逐渐步入了快速发展的阶段。尽管大连市城乡经济和社会发展取得了显著成就，农村经济发展水平及居民生活水平均有了显著提高，然而，城乡间的差距目前依然很大，突出地表现在经济、社会、居民生产和生活等各个方面。

为了进一步改善城乡关系、缩小并最终消除城乡差距，全面增强大连市的经济和社会实力，彻底改善农村的生产、生活和社会面貌。大连市建立了"城乡联动"体系，具体做法有以下几个方面。

第一，在全域城市化战略框架下，科学研究并制订符合大连市长远发展目标，并与现代化国际城市及新型现代化农村和农业接轨的大连市中长期总体发展规划。在此基础上，制订农村和农业中长期发展规划。

第二，加强对新农村建设和农村主产业发展的政策、资金和技术扶持，并通过财政拨款和社会捐赠方式建立现代农业特别是生态农业技术专项研发和扶助基金，大力开展新农村建设和现代农业技术的研发及生态农业的推广工作。结合大连市下辖村镇的不同气候特征、土壤条件和已有农业基础状况，因地、因时制宜，大力发展规模化集约型农业（包括集约型的种植业、林业和渔业等），实施"一村一品，多乡一业"工程，积极扶持农业产业化龙头企业，加强农副产品的深加工和精加工，打造并逐步形成大连市农业生产、加工、流通、销售的强势产业化"链条"，以及与之配套的集群式农业产业化服务网络。

第三，加强对新农村建设和现代农业发展急需人才的培养与引进工作，为农村和农业发展提供强有力的人才和技术支持。通过"走出去，引进来"的办法，一方面组织大连市现有农业科技人员及农村具备高中及以上文化程度并有一定农业技术基础的中青年农民到国内外大专院校、农科院所和具有先进示范性的农村、农场去学习、参观；另一方面，进一步加大农村和农业技术及经营管理人才引进力度。

第四，加强与国内外农业产业化龙头企业的合作，大力引进国内外资金及先进的农业生产和管理技术。

第五，全面统筹和整合城乡资源，促进城乡资源的优势互补与优化配置。市、区（县）两级政府发挥好领导、协调和督导作用，加大对涉农企业发展的税收优惠和信贷支持力度，并尽快建立农村劳动力现代农业知识和技能培训以及农村劳动力非农化转移培训与援助体系。

（三）浙江省杭州市上城区"多元联动治理"建设

近年来，浙江省杭州市上城区扎实推进全国社区治理和服务创新实验区建设，紧扣"三社联动推进协商共治"主题，积极探索，大胆实践，努力实现治理体制、协商机制、服务品质"三个再造"，确保人民群众的获得感、幸福感、安全感不断增强。

1. 联动建设的目标

一是通过"党群联动"，建立"一核多元"的新型治理结构，形成中国特色的"联动式"治理，密切新时期党与人民群众的血肉联系。

二是发挥"社会联动"的作用，整合正式与非正式资源，做到社区治理的供需匹配。

三是通过"政社联动"，调动群众和社会协作，推动基层党组织、政府、社会组织、企业和公众在社区治理中良性互动，逐步形成基层"共建共治共享"的治理格局。

四是加强"政企联动"，塑造良好的政企互动关系，形成有成效的基层公共产品供给。

五是运用"网络联动"，将互联网思维引入社会治理理念，创新社会治理方式，打造网络化的社会治理体系。

2. 联动建设的具体做法

（1）社会联动——"3＋X"社区服务综合体模式

打造一"厅"迎客（将社区"两委"的办公区域集中布置到社区后台，真正把社区空间归还给居民，营造了邻里互动的氛围）、一"岗"受理（设置"百通岗"一站式办理窗口和"全科社工 AB 岗"，实行前台受理、后台处置，提高了社区办事效率）、一"坊"议事（设立"议事坊"，搭建居民议事平台，完善协商体系，提高了居民参与公共事务的积极性）三个服务主体，设置 X 项为民服务空间（设置社会组织孵化中心、居家养老照料中心、儿童乐园、社区卫生服务站等服务空间，实现了社区服务多样化）。

（2）党群联动

上城区通过"三联三建"、党建引领、红色社区、智能党建、党员行动者、群众路线型治理等创新机制，积极构建"党群联动"这一轴心，辐射带动"三社联动"。同时，依托"三社联动"丰富和践行"党群联动"，凭借"党建＋三社联动"再造党的"组织力"。

（3）政社联动

上城区主要通过"家社联动"推动"政社联动"，如"时间银行"互助养老、区趣儿亲子俱乐部等，都是以社会组织为载体，将家庭串联起来，形成联动式社区参与治理模式。

（4）政企联动

在上城区社区公共产品的供给过程中，"资本相亲会"充分依托了社区既有的联动网络，成为政企联动的平台。"资本相亲会"的正式名称叫作"民生设施公益众筹"，是将街道办比作"红娘"，将社区民生公益项目寻找企业捐助的过程比作"找婆家"，由街道办、基层党组织、居委会、社会组织、捐助企业、居民小组组成的联动网络。

（5）网络联动

上城区的"网络联动"社会治理体系主要由以下三个方面构成。

社区大脑——"民情 E 点通"，该平台针对因政府服务与居民需求之间的明显错位所产生的辖区问题、利益诉求快速响应和解决等需要，透过综合展示平台、手机互动平台与运行管理平台三部分组成的信息即时联动规划，来实现居民各种诉求"随时表达、快速反应、及时解决、有效跟踪"的目标，发挥社区大脑中枢的作用。

社区神经——"'湖滨晴雨'工作室"，由街道主要负责人兼任台长，选聘有群众工作经验的社区老党支部书记担任专职工作室主任，建立网络平台，设立舆情信息网上、网下征集信箱，开辟上情下达、下情上报的"绿色通道"，就像一根根社区神经，在社区大脑统筹下，共同推动共建共治共享社区治理新格局的形成。

社区通——"平安365"。"平安365"是上城区构建的一个社会服务管理联动平台。它利用 GIS 把全区划分为 159 个网格,群众有任何需求或建议均可由网格联络人按照标准化的要求提交给网络系统,系统内的"联动处置中心"根据服务标准确定受理部门,确保每一个要求都有回应,每一个问题都得到处置。此外,平台还建立了基于信息技术的量化考核机制、群众回访机制和分析研判机制,以确保群众的监督权和处理一时难以解决的问题。

(四) 上海市长宁区、嵩山区社会管理大联动

上海长宁区、嵩山区社会管理大联动通过整体性治理,采取"三级管理,四级网络,多方联动"的方式,破解基层治理中纵向层级多、资源分散、各自为政的弊端,实现从条块分散治理向条块联动治理的变革,对城市社会问题的跨界性与政府管理碎片化之间的紧张关系进行了有力的回应,为实现城乡基层治理创新提供了新的治理模式和思维。

其具体做法包括以下几个方面。

第一,建立联动中心,赋予行政权力,整合信息系统,再造行政流程,定期会诊问题,畅通参与渠道。

第二,设置"三级管理"机制。建立"区、街道、居(村)委"三级组织联动机制并实行"书记负责制",以确保联动治理的权威性。

第三,建立"四级网络"信息流转平台。在全区打造了"区大网—街镇中网—居(村)委小网—巡管网格"四级管理网络,构建集中统一的信息流转平台。

第四,建立"多方联动"模式。通过"多方联动",包括信息联动、条块联动、执法联动、内外联动四个维度,实现全区条块执法过程的协同联动。

(五) 广东省以"数字政府"推动城乡基层治理

党的十八大以来,以习近平同志为核心的党中央高度重视网络安全和信息化工作,提出了建设网络强国的战略部署。党的十九大报告明确提出要加快推进信息化,建设"数字中国""智慧社会"。党的十九届三中全会做出了深化党和国家机构改革的决定,提出要充分利用信息化技术手段,

提高政府机构的履职能力。国务院要求推进政务服务"一网通办"和企业群众办事"只进一扇门""最多跑一次",加快推进"互联网 + 政务服务"、政务信息系统整合共享、审批服务便民化和建设一体化在线政务服务平台等工作。

"数字政府"是"联动治理"的重要组成部分,是推动城乡基层治理建设、推动社会经济高质量发展、再创营商环境新优势的重要抓手和重要引擎。广东省政府高度重视"数字政府"改革建设,2017 年 12 月,省政府率先在全国部署"数字政府"改革建设,进一步加快广东省政务信息化建设体制改革的步伐。

"数字政府"是对传统政务信息化模式的改革,包括对政务信息化管理架构、业务架构、技术架构的重塑,通过构建大数据驱动的政务新机制、新平台、新渠道,全面提升政府在经济调节、市场监管、社会治理、公共服务、环境保护等领域的履职能力,实现由分散向整体转变、由管理向服务转变、由单向被动向双向互动转变、由单部门办理向多部门协同转变、由采购工程向采购服务转变、由封闭向开放阳光转变,进一步优化营商环境、便利企业和群众办事、激发市场活力和社会创造力、建设人民满意的服务型政府。

1. 发展基础

近年来,广东省围绕深化"放管服"改革要求和企业、群众的实际需求,不断提高政府效能,综合运用云计算、大数据等新技术手段,开展一系列实践探索。在全国率先建设了网上办事大厅,省直各单位也结合自身业务需要,大力开展政务信息化建设,推出一批独具特色的电子政务应用系统和服务事项,全省电子政务建设和应用取得了一定进展。

在应用系统建设方面,省政府各部门的信息化程度普遍较高,省直单位现有政务信息系统 1068 个,其中省级垂直系统 475 个,建设 20 个以上系统的单位 21 个。各级部门在信息化建设和应用过程中,沉淀了丰富的数据资源,实现了初步的数据汇聚。目前,省政务信息资源共享平台已实现 79 个省级单位、21 个地市联通,沉淀数据超过 60 亿条。

在基础设施建设方面,广东省政务信息基础设施建设已经初具规模,电子政务云平台一期可满足省政务服务网、省政府信息公开业务系统、省公共信用信息管理系统、省企业投资项目备案系统等信息系统应用需求。

此外，广东省政务外网已形成省、市、县三级网络体系，链接全省170多家省级单位、21个地市和121个县区，为全省电子政务建设提供有力的网络支撑。

2. 主要问题和挑战

广东省电子政务建设尽管取得了一定成绩，但综合来看仍存在信息系统整合不足、政务服务效能不高、企业和群众办事不便利、数据资源开发利用水平低等弊端，信息资源碎片化、业务应用条块化、政务服务分割化等问题依然明显，信息化在提升治理体系和治理能力现代化中的作用尚未充分发挥，改革意识、管理机制、资源整合、业务协同水平有待提升。

3. 总体架构

"数字政府"总体架构包括管理架构、业务架构、技术架构。其中，管理架构体现"管运分离"的建设运营模式，以省政务服务数据管理部门统筹管理和"数字政府"建设运营中心统一服务为核心内容，通过构建"数字政府"组织管理长效机制，保证全省"数字政府"的可持续发展；业务架构对接国家和省深化机构改革和"放管服"改革要求，包括管理能力应用和服务能力应用，促进机构整合、业务融合的整体型、服务型政府建设；技术架构采用分层设计，遵循系统工程的要求，实现全省"数字政府"应用系统、应用支撑、数据服务、基础设施、安全标准、运行管理的集约化、一体化建设和运行。

（六）内蒙古自治区呼和浩特市的联动治理建设

为建立"政府—社会组织—企业"之间的联动治理，内蒙古自治区呼和浩特市政府民政局与呼和浩特市睿联凯舟社会工作发展中心自2016年起合作发展出了呼和浩特市"三社联动"架构（见图4-2）。该架构引入了公益创投（Venture Philanthropy）的经营模式，由呼和浩特市民政局牵头街道党工委、办事处和睿联凯舟社会工作发展中心，成立社区基金会，以鼓励在地社会组织及企业来投标、经营社区所需的服务项目。

此外，睿联凯舟社会工作发展中心引介内蒙古大学社会工作系的本科生、研究生进入各服务项目中，使其得以运用课堂所学的社会工作知识来对经营各项目的社会组织进行专业的第三方评估。

上述架构的实践，不仅满足了社区治理所需要的各项养老、助残、青

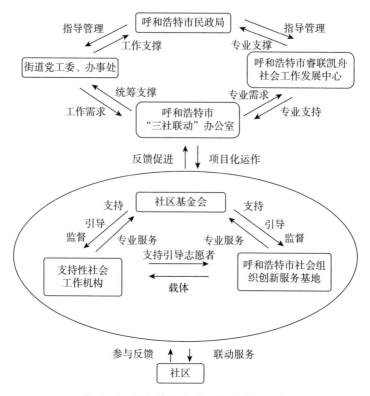

图 4-2 呼和浩特市"三社联动"架构

资料来源：呼和浩特市睿联凯舟社会工作发展中心提供。

少年服务及救助帮困等需求，也使当地的企业及社会组织经过社区基金会项目的"孵化"而成熟，能够提供更专业、更具市场经营水平的服务内容。另外，通过联结当地大学所培育的社会工作专业人才，也让整体社会服务项目的运营在市场化的进程中不至于全然倒向新自由主义式的"全市场"经营模式，而是在发挥市场交换优势的同时，亦能维持"社会价值"的理想实践。

呼和浩特市"二社联动"架构社区治理模式的创新发展，不仅将"三社联动"的相关政策依少数民族社会的现实状态加以落地，更重要的是，其相关规划让我们得以想象一个崭新的少数民族地区社区治理平台如何通过联动治理模式的运作而成为可能，而这正是近年来中央及各地方政府在探索社区治理模式上的追求。

五 基层治理的可持续发展探究

基层治理，特别是社区基层治理，是国家现代化社会治理体系建设的基础。只有完善和创新包括社区在内的基层治理，建设人人有责、人人尽责、人人享有的社会治理共同体，真正让人民群众成为社会治理的最广参与者、最大受益者、最终评判者，才能有效推进社会治理体系和治理能力现代化，保持社会稳定、维护国家安全。

第一，可持续发展强调的是经济、社会和生态环境的持续协调发展，要实现这个目标，在坚持"党建引领"原则的前提下，我们在实践中必须做到社区基层治理的可持续发展。其一，保证社会治理的模式、机制及各项相关举措既要满足社区居民当下的需求，又要考虑社区居民的发展性需求；其二，要关注现在，着眼未来，确保社会治理模式的系统化、可操作化，通过不断完善、丰富和创新，保持推动社会可持续发展的生命力。

第二，要借助联动与整合的力量，推动社区基层治理可持续发展的实现也是社会治理可持续发展的题中之义。专业化治理阶段的社区治理格局包含更加多元的治理主体的社会联动。社会联动是在政府、社会组织、居民、社会工作者、企业，甚至是市场力量共同参与下，形成的社区治理的综合体系和有机治理系统。

广东省委编办主任潘享清结合相关理论和实践，提出了一个开放式的现代国家治理体系基本要素框架，它是比较准确和全面的，包括五个基本要素：一是治理主体与客体（对象），现代国家的一个重要特征是治理主体与客体的统一；二是价值观，即依赖于一定的社会历史条件、人文环境和人们的实践活动所产生的、用于指导国家治理各种事务的思想理论；三是组织结构，即一个国家所有参加各个领域各种事务治理的组织及其相互之间的关系；四是制度规则，即一个社会的博弈规则，是各种组织之间相互联系、相互作用的规则；五是方式和手段，即治理各种事务的行为方式，采取的具体措施。在这五个要素中，治理主体显然指的是社区里存在的多元主体。在社会治理中，其他要素的调动与联动最终还是要依靠多元主体的共同参与来实现。

可持续发展的基本原则中，"政府主导、市场调节"的要求实际上就是在强调政府、企业、社会组织、居民这几个主体和政策、市场机制等要素的联动。专业化治理阶段的社区治理格局包含更加多元的治理主体的社会联动。社会联动是在政府、社会组织、居民、社会工作者、企业，甚至是市场力量共同参与下，形成的社区治理的综合体系和有机治理系统。

第三，整合指的就是资源整合。社区基层治理中的资源整合，就是要通过整合社区内外可利用的人力、物力、财力等资源，通过多元主体的联动，发挥它们真正的作用和价值，满足社区居民需求，推动社区发展，构建共建共治共享的社会治理格局。在可持续发展的原则中，要求积极参与、广泛合作，充分利用国内国外两个市场和两种资源，要求集中人力、物力、财力，重点突破、全面推进，这其中蕴含的深层次概念恰恰是资源整合。所以，对社区基层治理的可持续发展来说，我们认为整合也是其题中之义。

第四，对社区基层治理的可持续发展来说，联动与整合缺一不可。联动与整合是相依相存的关系。只有通过多元主体的联动，资源整合才能发挥最大功能和价值，资源整合的目的才能得以实现；只有进行资源整合，合理匹配社区需求和社区资源，多元主体的联动才具有实质意义，才能实现真正的联动治理效果。在社区基层治理中，必须把联动和整合作为一个有机整体的两个互为支撑的重要部分，同时推进，这样才能真正实现可持续发展。

小　结

党的十九大报告强调，中国共产党领导下的社会治理需向基层下沉，发挥各方力量的积极性，"实现政府治理和社会调节、居民自治良性互动"。从中可以看出，中央虽然没有明确提出社会联动的概念，但是，已经将社会联动模式下的社区治理格局和体系，提高到政治高度来强调，赋予社会联动模式极其重要的国家意义和政治意义。

本篇以社区基层治理为主线，对联动治理的多维机制与路径、社区资源整合的机制构建、国内外政府基层治理下的联动与整合的经验进行了深入的理论探讨、路径探索。联动和整合是社区基层治理的一种重要的方式，主要聚焦在整合社区内外多元主体，多维度、多层次社区资源，协同、协商的治理体系上。

本篇基层治理中所讲的社会联动，是对社会联动概念的重新定义，它指向的是非应急管理的常态化治理的社区治理领域。国家治理离不开基层治理，而国家在推行基层治理时常常是以社区为抓手，所以无论联动和整合多少社会力量参与社会治理，它的落脚点都必须在社区，它的核心内涵和机制不能离开社区，人与社区，是社会联动推动的社会治理的根本所在，也是让居民生活更加美好、让社区更加和谐健康的重要方式。当下中国的基层治理已经走到了专业化的阶段，即社会组织依凭自身的专业技能、组织团队、参与式方法与创意参与社区治理，使中国的社区治理实现从依靠"居委会大妈"的个体经验治理向借助社会组织的专业化治理的转变。社会组织与社会工作者的参与，打破了政府一元主导的局面，形成政府、社会和居民良性互动的社会联动社区治理格局。

内蒙古自治区基层联动与整合治理实务探索

第五章

社会联动与基层治理

——基于阿拉善盟基层治理联动机制的探索

一 研究背景与指导思想

（一）研究背景

内蒙古自治区阿拉善左旗政府为贯彻党的十九大精神，落实习近平总书记视察内蒙古自治区时做出的重要指示，先后开展了"不忘初心、牢记使命"主题教育活动和"大宣讲、大调研、大落实"相关活动，通过翔实而全面的入户调查，了解基层民众在"生活事件"中所面临的各项问题，以此作为党建推动社会治理发展、转变政府职能、提升社会治理水平的契机。

这一契机也为本研究提供了研究的现实基础及背景。为加快推进城乡社会治理体系的现代化建设，决胜全面建成小康社会，本书将通过具体而切实的田野调查研究，佐以阿拉善左旗政府"大宣讲、大调研、大落实"的入户调查资料，全面而系统地展现阿拉善左旗境内的城乡联动体系和实施方式，以推动更大范围内城乡社会治理理念、技术及运作系统体制的创新。

（二）指导思想与政策依据

改革开放以来，我国经济和社会发展均步入加速发展时期，为应对社会发展带来的社会治理挑战，党的十八大提出了基层社区治理创新模式。其后，民政部、财政部于 2013 年 11 月发布《关于加快推进社区社会工作服务的意见》，要求各地依照"政府扶持、社会承接、专业支撑、项目运作"的思路着手建立社区、社会组织和社会工作专业人才联动的服务机制。在此意见指导下，中国各地方政府便结合地方自身的实际状况，开展各具特色的实践探索和实验，以扩大既有的党建平台，让社区、社会组织和社会工作专业人才三者得以在此平台上建立联合互助的工作模式，形成有效的治理平台载体、人才和资源/资本的对接。

在此基础上，党的十九大又进一步提出构建具有开放性、多元性、包容性的社会治理体系，打造共建共治共享的社会治理格局。在上述思想指导下，2017 年 6 月，中共中央、国务院公布了《中共中央　国务院关于加强和完善城乡社区治理的意见》，明确提出社区治理要坚持以基层党组织建设为关键、以政府治理为主导、以居民需求为导向、以改革创新为动力。也就是说，强调透过加强和创新基层治理工作模式，将治理理念由"管理"转变为"治理"，将治理主体由"一元"（政府）转变为"多元"（政府、企业、社会组织、社区等），将治理方式由"传统上对下的控制"转变为"现代全观型治理的服务模式"，已成为党和国家当前社会服务体系改革必要的指导思想与政策依据。这也是本研究的指导思想和政策依据。

二　阿拉善左旗旗情与其联动机制的特殊性

阿拉善左旗地处内蒙古自治区西部，东接内蒙古自治区巴彦淖尔市，东南与宁夏相望，南交甘肃、宁夏，西连甘肃与阿拉善右旗，北与蒙古国接壤，区域内国境线长 188.28 公里。

阿拉善左旗全旗辖 15 个苏木和镇，其中建置 9 个镇、6 个苏木，镇/苏木之下又辖 35 个城市社区和 139 个农牧区嘎查（村）。居住人口包括蒙、汉、回、满、朝鲜、达斡尔等 14 个民族，少数民族人口占总人口的 28.3%，是一个以蒙古族为主体、汉族居多数的少数民族聚居的边境旗。

以巴彦浩特镇为例，该镇为阿拉善盟政府、阿拉善左旗政府所在地，下辖 24 个农牧区嘎查、6 个城市区街道办（涵盖 16 个社区），各社区/嘎查又因为所在区域不同及境内民族组成的比例差异，而形成不同的区域特色及资源差异。该镇地势东南高、西北低，盟政府及其所属机构大多建置于东南方高地，使东南方的社区因地利之便能够得到更多相关的文化资源链接（如盟图书馆、盟博物馆等）。而西北方的低地则较接近农牧区，社区居民大多是由农牧区搬迁而来的蒙古族农牧民，其所需要的文化资源、空间使用的特征及所需要的治理策略与东南方的社区大不相同。

由此可见，阿拉善左旗是个涵盖国境边界、省/自治区边界、城市、农牧区、各民族文化空间的地域，治理方式被自然/文化空间条块分割，需要透过联动治理统筹整合，以处理跨域问题。

此外，阿拉善左旗南北长495公里，东西宽214公里，面积8.04万平方公里，总人口近15万人。可利用草场4.6万平方公里，主要为荒漠、半荒漠草原。沙漠面积3.4万平方公里，主要是腾格里、乌兰布和两大沙漠。也就是说，阿拉善左旗是一个少数民族聚居的边境牧区，地广人稀，草场面积较大，人口较少，城乡部分地区居民居住较为分散，青壮年劳动力正在流失，城乡人口结构开始趋于老龄化，围封禁牧政策的实施，一定程度上造成牧业生产互助合作的传统弱化，这对城乡社会治理提出了较高的要求。

因而，为加强阿拉善左旗的社会治理体系建设，解决阿拉善左旗各民族、边境、城市、农牧区混杂的空间特色所带来的跨域社会问题，增强社会治理能力、提高社会服务水平、提高城乡居民生活水平，有必要基于阿拉善左旗特殊的社会境况与人口结构，进一步提出符合当地社会特点的社会治理机制体系，以当地化的视角来解决新的社会矛盾。

三 阿拉善左旗现有联动主体的优劣势分析

阿拉善左旗政府近年来陆续开展了各项计划，以增强旗政府的社会治理能力，满足新时代联动治理的需求。目前阿拉善左旗政府的联动主体大致可以分为四类，下面我们就对这四类主体进行一一分析（见表5-1）。

表 5-1 阿拉善左旗现有联动主体的优势劣势分析

联动主体	联动措施	优势	劣势
社区	"联合党委"与品牌社区服务	为整合地方政府各科层部门所提供的物质、文化资源，阿拉善左旗指导并制订了"一社区一品牌"和"联合党委"两个计划。旗各街道办所下辖的社区于2018年起开始执行这两个计划。 首先，各社区依照所在地域位置及人口组成的相关特色，规划建置该社区独有的特色品牌，并依据各自的特色资源筹规划相关的人、财、物，以提供更优质的社会服务内容。例如，巴彦浩特镇额鲁特街道下辖的安达社区因其位于盟图书馆图书馆对面，便以"书香"为其品牌特色，通过和盟图书馆定期换书，促成盟政府机构与当地社区的资源联动；王府街道所辖的腾格里社区位于巴彦浩特镇西北方低地，主要居民为从农牧区搬迁而来的蒙古族牧民，因此"蒙古牧文化"便成为该社区的品牌特色，通过相关文化设施的建置及举办民族庆典或活动，来提供社会服务，满足居民特有的需求。 其次，在"一社区一品牌"计划下，部分社区进一步推动"联合党委"计划，以社区基层党组织为主体，整合的党支部联合需要的服务资源，与政府各部门的党支部、企业的党支部来联合开展项目，以社区居民的"生活事件"需求为出发点，整合政府各部门及金达社区党组织，便与署行署办公室、物资源。额鲁特街道的安达社区党组织，中国铁塔公司阿盟分公司、盟文盟司法局、盟科技局、盟图书馆、阿拉善善博物馆、盟少年化旅游投资公司、阿拉善左旗农村商业银行、阿拉善左旗第四幼儿阿等20个公私部门的党支部建立"联合党委"制度，以基层党委为主导核心，整合区域里的人员、物质、文化资源，共同开展活动，促进形	缺乏资源整合平台。上述以社区为主体形成的"联合党委"城乡、政社、政企联动制度使住住住民及资源介绍资源的操作平台而导致任社区居委会、农牧区村委会仅能自行寻求与政府、企业的联结管道，造成政府、企业如与多个社区居委会、农牧区村委会讨论合作内容，就必须分别与社区居委会、农牧区村委会建立"联合党委"制度，预算、人力、物力均无法整合，反而扩大了各社区、农牧区的资源差距，无法达成联动治理的整合目标。 缺乏联合财务运作平台。社区没有自己的独立账本（联合财务运作平台）也为"联合党委"计划带来了些许障碍。社区试图整合各部门的资源，来满足居民"社会事件"的需求，但因没有自己的独立预算或本或执行各类社区服务时，必须按计划性质向预算拨款导致要动用预算执行各类社区服务时，无法依社区实际需求支配资源单位请款或报销，腰坝社区实际运作机制。例如，由旗政府组织部拨款的10万元社区民生服务经费并不由社区自行支配，最后导致社区因不知该怎么使用和报销而放弃使用该笔经费

续表

联动主体	联动措施	优势	劣势
社区	"联合党委"与品牌社区服务	成各单位联动治理的社会服务提供机制。此外，以"农牧区旅游"为品牌特色的巴润别立镇腰坝社区与阿拉善左旗旅游局、就业局分别建立了"社企联建"及"联合党委"制度，引入企业物质资源（环卫设施及铲土机）及政府部门的旅游产品技能培训等人事教育资源，来改善社区内的卫生条件，并进一步带动社区居民提高游客接待能力，促成社区发展。最后，在"联合党委"计划的号召下，各城市社区也与农牧区各嘎查的基层党建组织进行联结，通过双方互访参观、资源共享平台、联合活动开展等具体措施，建立城乡联动的机制，改善城客关系，缩小并最终消除城乡差距。	
政府	社会治理联动指挥中心	根据《公共安全视频监控联网应用"十三五"规划》的总体部署和要求，结合阿拉善左旗特殊的旗情与其连生带的社会治理实际工作需求，阿拉善左旗政府在"共建、共享、共用"的联动理念基础上建立了社会治理联动指挥中心，视通过数据交换平台、地理信息系统、综合治理信息系统、视频融合数据中心等设施，建立起基层社会单位（居委会、村委会）、边境各旗政府间的数据整合联动平台。通过统一的指挥中心，社区、嘎查、边境各类信息数据得以接入一个统一而整合的平台，一方面解决了信息孤岛的问题，另一方面也得以实现数据在政府各职能部门间的共享共用，以更有效率的方式提供政府综合办公室及各职能部门决策所需要的相关信息。除了通过数据整合联动平台整合政府各部门决策所需要的信息，以实现职能部门联动外，社会治理联动指挥中心还通过"三级综合治防范"的措施延伸到群众	首先，阿拉善左旗实现有的社会治理联动指挥中心仍处于政府上对下的"管理"层次，而非"治理"。不论是任务地转监督系统、党建及网格员管理系统，还是统计分析系统、考评与积分管理系统，信息发布审核系统，均以政府管理的思维为前提来进行设置，以实现政府对社会敏感地区、敏感事项的主动监控、主动管理。因此，该中心无法以感受"生活事件"的角色去整合各职能部门的人、财、物资源、协商平台、足各社区、嘎查的需要，同时，也因缺乏民众参与、来满无法形成"政社联动"的常态机制。其次，建立联动机制，必须先建构"数字政府"。阿拉善左旗电子政务建设尽管取得了一定成绩，但综合来看，仍存在信息数系统整合开发利用水平低等弊端，企业和群众办事不便利、数据资源分割碎片化，业务应用条块化，政务服务分割碎片化等问题依然明显，信息化在提升治理体系和治理能力现代化中的作用尚未充分发挥、管理机制

续表

联动主体	联动措施	优势	劣势
政府	社会治理联动指挥中心	身边，联动社会力量和广大群众共同参与社区、嘎查、边境的治安防范。不论是城市的社区组织、农牧区组织，还是边境的巡防组织，一旦发现问题，基层都能及时将信息通过社会治理联动指挥中心传达给政府各职能部门或综治中心，以整合各职能部门的资源与力量来解决跨域问题	资源整合、业务协同水平有待提升。具体表现在以下方面。 （1）办公协同一体化水平不高。缺少统一、畅通的跨部门线上办公协作平台，导致部门之间、地市之间业务系统尚未充分互联互通，业务审批与办公自动化系统未能协同联动。移动办公仍有较大提升空间。文件下发、信息传达层级多、流程长，制约了办公协同效率提升。 （2）经济调节的数字化水平不高。一是经济调节数据整合和协调运用程度不足，尤其缺乏对社会化、互联网数据的综合利用；二是数据维度、标准不一，海量数据有待治理；三是数据分析预测能力对经济预警、政策制定等支撑能力不足；四是经济调节数据在企业开办、不动产登记、跨境贸易等领域的应用有待加强。 （3）市场监管的方法工具不够完善。对照国家关于市场监管的改革要求，其相关信息化支撑力量还比较薄弱，特别是监管方法手段还不够丰富，其中"管"提出的更高要求，数据挖掘技术进行市场异常分析和预警，没有充分利用数据共享、新平台、新应用尚未形成，亟须快健全大数据驱动的市场监管新机制。 （4）社会治理的智能化程度不高。在社会治理的精细化、智能化、现代化等方面，还存在一定差距。一是社会风险感知网尚未形成，网上网下的态势感知体系有待提升；二是各部门间统一的数据共享机制、新平台、新应用尚未形成，数据驱动的社会治理新体制、新机制有待形成。 （5）公共服务在投入数量、公平程度等方面仍存在差距，地区之间、城乡之间差距明显，信息化水平参差不齐，缺乏整合，在基本公共服务信息化配置与国家改革要求存在较大差距。基本公共

续表

联动主体	联动措施	优势	劣势
政府	社会治理联动指挥中心		服务设施、健康养老、教育、社区服务、精准扶贫等领域的数字化支撑能力不足。 (6) 生态环境保护应分散。对照国家在生态环境保护方面提出的统筹生态和城乡各类污染治理、监管与行政执法职责、保障生态安全等要求，阿拉善左旗在生态环境保护有关的各类信息化平台分散，生态环境保护的业务协同和数据共享不足。 (7) "互联网+政务服务"与便民利企的要求仍存在较大差距。网上办事围绕企业、群众办事的人性化需求设计不足，不少办事项实现网上办事后办理的事项较少，真正实现网上全流程办理的事项还减少，尤其是项目投资审批环节多，效率低的问题还比较突出。 (8) 数据资源对决策支撑的支撑力度不足。一是决策所需的大数据资源还不够完整，在整合互联网数据、空间数据、多领域行业数据方面仍存在较大提升空间。二是未能全面发挥政府数据治理、数据挖掘和分析应用的作用，缺少统一的政府大数据发展平台，全方位数据支撑决策和分析应用能力不足。 (9) 各部门专业应用和数据整合共享力度不足。一是信息化分散建设，缺乏统筹和统一规范，导致网络难互通、数据难汇聚、发展不均衡，业务流程、数据标准难统一，造成数据壁垒和数据难以协同联动，无法适应大数据发展的要求。 (10) 信息基础应用设施集约化程度较低。一是信息基础设施建设分散，资源利用率低，运行效益较低等问题突出；二是运维难度大、服务水平低，无法形成全方位、多层次、一致性的网络安全防护体系，存在"木桶效应"

续表

联动主体	联动措施	优势	劣势
民众	"我的阿拉善"App	在阿拉善左旗社会治理联动指挥中心的规划设置中，"我的阿拉善"App无疑是各项平台中的亮点。它以手机为载体，融入基层社会参与的理念，以阿拉善左旗居民的民生诉求，党务、文化旅游、城市文明、乡风建设等"生活事件"为主轴，提供相关功能服务，满足民生需求，以期进一步拉近政府与民众之间的距离，解决社会矛盾。透过单一窗口，App来提供跨界融流趋势，不仅符合当代数字化政府建设的世界潮流趋势，也有助于增进政府与民众间的互动性，营造共建共治共享的基层社会格局	从内容上看，在"我的阿拉善"App平台上，政府各职能部门仍然各自为政。民众在App上反映的需求在既有的政府各职能部门分工的基础上方能得以回应，如遇到跨域反映的问题，则往往缺乏有效的联动平台来整合需求。基层民众与政府部门进行互动，需求及问题无法在共同的联动沟通平台上与政府部门进行互动，导致"我的阿拉善"App无法发挥完整功能。
基层党组织	"不忘初心、牢记使命"社会大调查	2018年，阿拉善左旗以基层党组织作为联动主体，以"不忘初心、牢记使命"为主题，开展"大宣讲、大调研、大调查"活动，组织党员干部职工用半年时间，深入基层层进行调研，以作为该年度各项工作的抓手，并解决基层反馈意见建议不畅通的问题。该次调研一共收集到4086条问题，总结为大类1201条问题。阿拉善左旗政府归纳梳理后，总结为大类1201条问题。该调研活动显示了阿拉善左旗党组织的活跃，以党组织发挥主体功能，深入一线的基层治理空间，主动发掘问题，并做成台账纳入造成政府单位的联动关系。由此可见，基层党组织在"政社联动"中扮演着关键角色。坚持党领导与基层治理统领的原则，通过整体规划让党员主动深入基层了解问题，并将结果作为政府组织决策、规划政策的参考依据，对构建党政领导、综治协同、部门负责、社会协同、公众参与、法治保障的治理结构体系尤为重要	调研活动及后续分析工作仅止于"了解问题并个别解决问题"的层次，无法将相关资料归入大数据资料库中，进一步实现由各自为政向统筹综合治理的转变。以阿拉善左旗政府调研结束后梳理的"苏木共性问题"为例，虽然农民普遍反映用电的问题，但不同民族、不同区域、不同民族表述的内容却不尽一致，其需求也并非从真实生活经历中产生。就此而言（如希望推广安装太阳能此类，规范性需求（在政府政策规范规成基础建设下产生的需求），如为伊利和布克盐查机并接入高压电），表达性需求（通过语言网普及率，提高牧区拉通高压电已经100%通电，农牧区也应该全覆盖）四大类。因此，各基层问题、政府各职能部门在各类问题特性进行汇总分析，整合人、财、物资源，建立联系问题。如此一来，方能进一步有效地发挥基层党组织在联动社政中的作用

四 阿拉善左旗城乡基层治理联动机制的架构

（一）总体思路

坚持党的领导，以党建为统领，以政府为主导，坚持自治、法治、德治三治有机结合，紧紧围绕平安和谐的目标推进基层治理，以建设联动治理、智慧社会为导向，立足旗经济社会发展需要，以改革的思路和创新的举措，高标准打造阿拉善左旗城乡基层治理联动机制，全面系统创新城乡联动体系和实施方式，创新城乡社会治理理念、技术及运作系统体制，建立大数据驱动的联动治理新模式，推进信息资源整合和深度开发，促进信息共享共用和业务流程协同再造，建设一体化高效运行的"数字政府"，形成联动治理的互联网思维，提升社会治理智能化、科学化水平，构建共建共治共享基层治理基本格局。

在总体思路指导下，为促成阿拉善左旗的联动治理，阿拉善左旗政府应于现有的综合治理办公室基础上设置联席会议，并在"数字政府"、信息统合的基础上，透过电子信息资料的交流，整合党委、政府及各职能部门之间的联动决策体系，同时，在专项基金会及专家智库的后勤支援下，形成完整的科学决策网络及体系（见图5-1）。

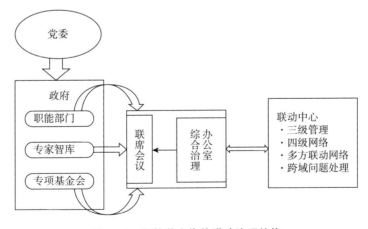

图 5-1 阿拉善左旗的联动治理结构

（二）构建"数字政府"

要构建城乡基层联动治理技术支撑体系，就要打造一体化高效运行的"数字政府"。其意义在于：一方面，能打破各部门业务壁垒，以全局、整体的思路整合资源、优化流程，提高跨部门协同能力；另一方面，能以一体化、便捷化、智能化的管理和服务，进一步增强企业和群众获得感。

借鉴广东省"数字政府"的建置（见图5-2），阿拉善左旗"数字政府"的总体架构应包括管理架构、业务架构、技术架构三部分。其中，管理架构体现"管运分离"的建设运营模式，以旗联动服务数据管理部门统筹管理和"数字政府"建设运营中心统一服务为核心内容，通过构建"数字政府"组织管理长效机制，保证阿拉善左旗"数字政府"的可持续发展；业务架构要对接自治区、盟和其他各旗等，深化机构改革和"放管服"改革要求，包括管理能力应用和服务能力应用，促进机构整合、业务融合的整体型、服务型政府建设；技术架构应采用分层设计，遵循系统工程的要求，实现阿拉善左旗"数字政府"应用系统、应用支撑、数据服务、基础设施、安全标准、运行管理的集约化、一体化建设和运行。

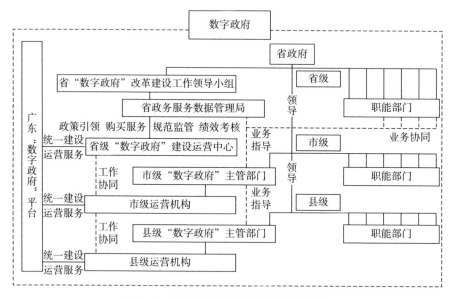

图5-2 广东省"数字政府"平台架构

（三）三级管理组织架构

健全的组织体系是保证政令畅通、实现部门联动的基础，因此，为实现联动治理的愿景，阿拉善左旗首先要建立起"旗、街镇、居（村）委"三级组织联动的管理组织架构，并实行"书记负责制"，以确保联动机制的权威性（见图5－3）。

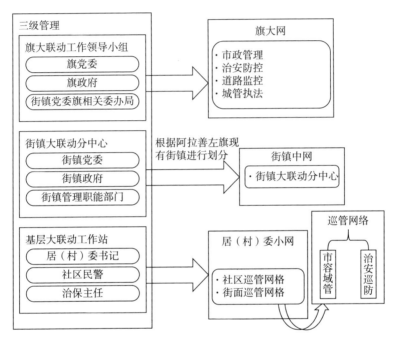

图5－3　阿拉善左旗三级管理组织架构

1. "旗级"层面组织架构的打造

城市管理的职能部门将城市管理和社会管理的绝大多数事项接入旗大联动中心，根据现有问题，联动部门和联动事项需要不断扩展。

同时，由政法委牵头，成立旗城市综合管理应急联动中心，设在旗政法委内，联合公安分局，将公安110指挥中心、城乡网格化管理中心、民生服务热线、"我的阿拉善"App等信息化载体、基层民兵队伍、农村牧区人民武装部基层信息员、城市常态和应急管理资源统一接入旗大联动中心，进行信息资源的集中整合。以民生服务热线及"我的阿拉善"App为例，市民可以随时拨打民生服务热线或通过"我的阿拉善"App对涉及城市管理和社会管理的问题进行反映、咨询和投诉，旗大联动中心将对反馈的问题进行分类，派发至相应职能部门处理并督办。

2. "街镇"层面组织架构的打造

在街镇层面，成立实体化的街镇大联动分中心，街镇党政主要领导分别担任大联动分中心的主任、副主任，分管领导负责具体落实，街镇综治办、派出所、城管、房管等涉及城市管理的职能部门的主要负责人为街镇大联动分中心成员。

街镇大联动分中心负责统一指挥街面和社区网格化巡管工作，及时关注分析居（村）委、相关职能部门上报的问题隐患，视情况迅速组织街镇联动执法力量，尽可能及时将问题解决在街镇层面，若管理事项超出街镇范围，及时向旗大联动中心上报。

3. "居（村）委"层面组织架构的打造

在居（村）委层面，阿拉善左旗可以依托现有的居（村）委建制，在全旗成立基层大联动工作站，各居（村）委书记任站长，社区民警和治保主任为副站长。居（村）委大联动工作站是联动机制最基层的信息触角，负责居（村）范围内各类社会管理日常信息的收集、汇总和上报工作。

（四）四级网络组织架构

为了打破职能部门条块分割导致的信息壁垒，在全旗打造由"旗大网—街镇中网—居（村）委小网—巡管网格（十户连防农牧民、都贵楞、居边戍边堡垒户）"组成的"纵向到底、横向到边"的四级联动治理网络，集管理与服务于一体，实现各类社会管理信息的分类收集、上报和集中共享。

1. "旗大网"组织架构的建立

在旗层面，由旗公安分局将市政管理、治安防控、道路监控、城管执法等主要城市管理信息统一集中形成旗级城市社会管理大网，便于在全旗开展综合协调。

2. "街镇中网"组织架构的建立

在旗级大网基础上，以行政区划为单位，将全旗已有的街镇划分为独立的街镇中网，设街镇大联动分中心。

3. "居（村）委小网"组织架构的建立

以居（村）委和街面为单位，进一步划分为社区和街面巡管网格，组建小网。再视情况将小网设为若干巡管区或责任块。每个巡管区或责任块都包括村宅、牧区、企业单位等不同类型的巡查区域，居（村）"两委"班子成员、居（村）民小组联络员、治安管理服务队队员、环卫工人、农村牧区人民武装部基层信息员等各类协管员共同参与网格的日常巡查管理。

4. "巡管网格"组织架构的建立

阿拉善左旗可以将已有的市容城管和治安巡防两个巡管网格组成街面巡管网格，下设多个巡管区，巡管区下设多个责任区，明确相应负责人。在居（村）委层面，组建社区巡管网格，形成多个小网，社区巡管网格下再分设多个责任块，明确相应责任人。

街面巡管员主要负责网格内的市容市貌、市政管理以及社会治安防控等信息的巡查，形成城市管理基础信息库；社区巡管员负责社区范围内的各类隐患信息排查、报送等工作，形成社区管理基础信息库。

（五）多方联动运行机制

如图 5-4 所示，多方联动包括信息联动、条块联动、社会治安防控联动、内外联动四个维度，旨在实现全旗条块执法过程的协同联动。这也是阿拉善左旗基层治理联动机制建立的重要一环。

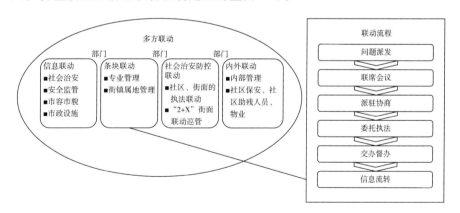

图 5-4 阿拉善左旗基层治理多方联动运行机制

1. 信息联动的构建

信息联动是实现组织间联动的前提，阿拉善左旗可以按照集中采集、信息共享的原则，建立以地理信息系统和视频监控为基础的多技术集成的信息化综合指挥平台，在全旗实现旗、街镇、居（村）委三级管理主体间信息接口对接、互联互通。

因此，在实践中，阿拉善左旗建立起旗大联动信息平台。该平台集中旗一级社会治安、安全监管、市容市貌、市政设施等多个城市管理职能部门的综合管理信息以及多个街镇（包括街镇下属企事业单位）分中心、多个居（村）委工作站和民生服务热线等反馈的各类社会管理信息，汇聚全旗前端管理、民生诉求、事项处置（诉求办理）、政府信息公开等各类城市管理信息资源，实现信息的一门式集中采集与管理，是集城市管理、社会管理和应急处置为一体的旗级综合业务管理平台。它对各联动单位既可以按照行政隶属关系进行管理，也可以按照业务（行业）组织关系进行管理，实现行政隶属关系和业务（行业）组织关系双向交叉管理、常态管理和应急管理相结合。

2. 条块联动的构建

针对条线垂直管理和街镇属地管理间缺乏联动、信息屏蔽导致的难以形成长效合力的情况，阿拉善左旗可以将"条条"部门的专业管理与"块块"部门的属地管理优势相结合，实行"条线执法、街镇牵头、条块结合、以块为主"的属地化条块联动管理模式。

首先，阿拉善左旗大联动中心先后通过问题派发、联席会议、派驻协商、委托执法、交办督办、信息流转等方式建立起制度化的条线专业管理与街镇属地管理的联动机制，明确街镇是前端管理主体，以综合管理为主，委办局是后端管理主体，以专业管理和协同街镇等部门实施综合整治为主。在经过职能部门确认、法制办认定的基础上，形成事件名称、事件说明、处置部门、联动部门、管理依据、处置流程、处置要点、处置时限等八大类大联动的具体工作标准，使部门之间推诿扯皮问题和不作为问题有了制度层面的处置规范和流程。

其次，阿拉善左旗积极推进管理力量和执法权限下沉，注重发挥街镇前端管理的作用，赋予街镇相对独立的执法权限以及对条线（委办局）后端管理资源充分的考核管理权。

最后，旗大联动中心对反映到大联动平台的每一件管理事项均实行"派发、督促、反馈"的标准化处理流程，相关职能部门需将处理后的情况及时反馈到旗大联动中心，旗大联动中心通过满意度回访确认后予以结案，对逾期未办结的事项进行亮红灯警示。同时，将旗大联动中心对城市管理职能部门的绩效评价纳入机关目标管理考核范围，并作为年终考评和干部晋升的重要参考依据，起到一定的倒逼督促作用。

3. 社会治安防控联动的构建

阿拉善左旗的社会治安防控联动包括社区、街面的执法联动以及"2 + X"街面联动巡管两个层面。

在社区和街面，旗市容绿化、城管、社会治安等城市管理部门采取人员混合编组的方式组建执法巡逻队，以网格划分为行动单位进行巡查。白天，执法巡逻队以市容市貌管理巡查为重点，兼顾社会治安等违法犯罪信息的排查。夜间，执法巡逻队以社会治安巡逻为主，兼顾市容市貌管理信息的收集。这种社区和街面的联动执法模式，兼顾了城市管理中街面和社区管理的联动、市容市貌和社会治安防控管理的联动。

"2 + X"街面联动巡管主要是为了破解执法过程中单个部门执法合法性不足、部门间互相推诿的难题。"2"是指派出所、城管执法中队两支街面巡管的主要力量；"X"是指街面巡管的相关辅助力量，主要由专业管理职能部门构成，如食药监、工商、税务等部门。在"2 + X"街面联动巡管过程中，除了派出所、城管执法中队等牵头部门必须参加外，会根据执法对象的特殊情况来灵活确定参加巡管的其他专业管理职能部门，实现"条条"专业执法和"块块"属地管理的有机结合。

4. 内外联动的构建

内外联动是在强化职能部门内部联动的基础上，积极整合外部社会协管力量，夯实联动机制的社会基础。

阿拉善左旗坚持旗级统筹协调、街镇规范管理、社区集中使用的原则，积极整合社区、街面的相关协管力量。

在社区，综合统筹社区保安、社区助残人员、物业等社会协管队伍，组成社区网格化巡管力量，开展社区管理日常信息的排查上报工作。

在街面，重点整合市容市貌管理和社会治安两支主要巡管力量组成街面巡管队伍。社区网格化巡管和街面巡管力量均由街镇统一领导，共同开展市容市貌、市政设施等城市管理以及社会治安、流动人口等社会管理信息的采集上报和隐患排查整治工作，实现了行政力量与社会力量的有效衔接。

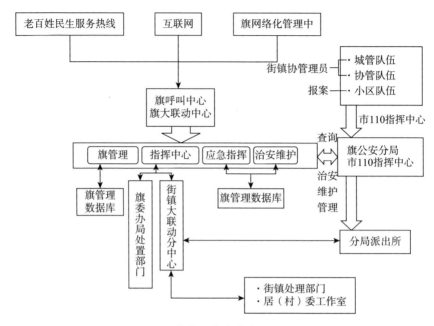

图 5 - 5 阿拉善左旗大联动机制运作规划

(六) 跨域协作应用架构

1. 建立联动中心

建立联动中心, 即社会管理联动中心, 是实现跨域社会问题整体性治理的组织保障。

为顺应城市经济社会发展的需要, 回应市民需求和提高政府效率, 阿拉善左旗成立社会管理联动中心, 由阿拉善左旗社会管理联动工作领导小组统一领导。

社会管理联动中心是阿拉善左旗社会管理的具体事项和市民各类需求受理、派遣、协调、推进、监督和考评的常设机构。社会管理联动中心以问题需求为导向, 通过功能、空间、网络的拓展, 资源、人力、职责的整合, 建立社会管理联动处置机制、流程和体系, 实现对跨域社会问题的整体性治理。

2. 赋予行政权力

赋予行政权力是实现跨域社会问题整体性治理的权力基础。

跨域社会问题的治理涉及如何协调"条和条"以及"条和块"之间的

管理活动。由于社会管理联动中心与职能部门（条）和各街镇（块）之间没有直接隶属关系，为有效协调政府各职能部门（条）和各街镇（块）的行动，实现对跨域社会问题的整体性治理，就需要赋予社会管理联动中心一定的行政权力。在实践中，阿拉善左旗委、旗政府赋予了社会管理联动中心以下三种行政权力。

其一，指令权。针对政府各职能部门在回应市民需求和解决社会问题中职责交叉、管理重叠、叠床架屋等现状，阿拉善左旗委、旗政府在赋予社会管理联动中心协调处置权的基础上授予了其处置的指令权。在一时难以确定部门处置职责的情况下，社会管理联动中心拥有"指令谁、谁处置"的权力，加快了政府回应的速度，提高了效率。

其二，督办权。在处置市民重复来电、舆情披露事项、市民关注热点等社会问题的过程中，阿拉善左旗建立了社会管理联动中心、监察局、督查室"三位一体"的督办工作机制，以促进相关职能部门对社会难点和顽症问题治理的协同配合。

其三，考核权。社会管理联动中心把社会问题处置过程中市民的满意程度、办理诉求的主动程度和部门履职尽责的程度作为考核依据，兼顾市民诉求阶段性的热点、焦点的变化，综合第三方中介机构调查结果，建立科学合理的评估机制，考核结果为旗监察局采用。

3. 整合信息系统

整合信息系统是实现跨域社会问题整体性治理的技术支撑。在实践中，只有以信息系统为链接，才能形成以城市网格化管理为基础、以市民需求和管理需要为指向、以处置规范为标准的常态化社会管理模式。

4. 再造行政流程

再造行政流程是实现跨域社会问题整体性治理的协同程序。城市管理中的一些社会顽症问题反复发作、久治不愈，严重影响城市的环境、形象、秩序、安全，对这些市民关心的热点问题的治理需要进行跨层级和部门的合作。

为此，阿拉善左旗制定《社会管理联动处置暂行规定》，建立固定式联动处置机制（24 小时值班处置部门）和捆绑式联动处置机制（指令接受与责任人）。《社会管理联动处置暂行规定》明确了联动处置的基本原则、社会管理联动中心与联动单位的职责、联动处置基本流程以及联动处置"先行回应、限时办结"的基本要求。按照扁平、高效的原则拓宽联动处置网络，阿拉善左旗将政府职能部门中涉及市民事项较多、社会管理事项较为集中的基层部门纳入联动处置网络，直接接受社会管理联动中心派单，联动处置扁平化程度逐步提高，确保了服务市民、解决问题更快捷、更有效。

5. 定期会诊问题

定期会诊问题是实现跨域社会问题整体性治理的信息研判。

阿拉善左旗社会管理联动中心组建信息分析研判平台，每月将涉及社会稳定、城市运行安全、城区市容管理、市民需求反映等方面的信息进行全方位采集、全时空汇集，形成社会问题和信息的"月度分析、专项研判、动态预测"的分析研判和会诊机制，从中梳理出各阶段、各时期城市管理中市民反映最多和民生服务中市民最需要解决的问题。

社会管理联动中心还围绕政府的中心工作，把对社会问题的分析研判融入政府工作的推进中，提供复杂地区整治、民生需求服务保障、公共服务体系建设等方面的准确信息，发挥社会管理联动中心的辅助决策和参谋作用。

6. 畅通参与渠道

畅通参与渠道是实现跨域社会问题整体性治理的政社合作。发挥公众参与社会管理的作用是跨域社会问题整体性治理的有效措施，也是拓展信息渠道、广泛延伸管理触角、更有力地加强城市管理和公共安全保障的基本要求。为此，可以采取以下举措。

一是组建社会管理议事员队伍。阿拉善左旗动员和引导人大代表、政协委员、居委干部、地区居民、企事业职员和热心参与社会管理的志愿者等加入收集反映市民呼声、监督评价处置情况、查找管理建议、跟踪督促隐患整改等社会管理的工作中。

二是建立健全公众参与社会管理工作奖励办法。阿拉善左旗可通过研究制定"鼓励市民参与社会管理奖励办法"，明确参与范围、参与主体、奖励程序、评奖要求等内容，提高市民参与社会管理的积极性。

三是开发使用社会管理互动智能模块。按照更加有利于市民参与社会管理、更加便捷地建立政社渠道的要求，社会管理联动中心会同研发公司，开发社会管理互动智能模块，让市民便捷地从网络下载软件，建立起互通渠道。

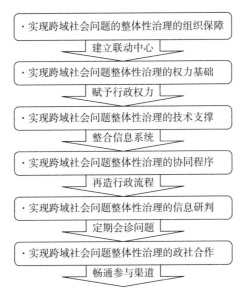

图 5 - 6 跨域协作应用架构

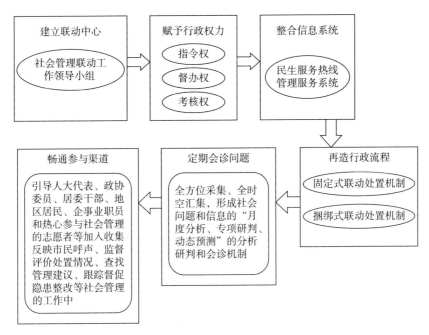

图 5 - 7 跨域协作应用流程

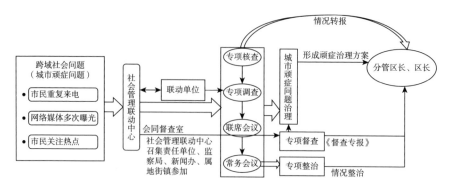

图5-8 跨域协作社会管理流程

（七）数据共享架构

1. 依职能按需共享

建立依职能按需共享的信息共享机制。数据提供部门依职能采集和提供信息，业务部门在履行职能开展业务过程中产生和采集政务信息资源目录数据。数据使用部门依职能获取和使用政务共享信息，获取履行职能所需的信息，并在履行职能开展业务过程中使用。

2. 政务信息资源目录

依据各部门权责清单，梳理建立权责事项与数据资源的关联关系，明确部门履行权责产生的数据资源和所需的数据资源，形成政务信息资源目录与共享信息目录。结合政务信息系统数据资源大普查工作要求，组织相关部门进行政务信息资源目录梳理，摸清数据家底，更新完善自治区政务信息资源目录，梳理确立共享信息目录，建立权责事项与数据资源的关联关系，通过政务信息资源目录系统进行政务信息资源管理和发布。

3. 政务信息资源共享平台

以旗政务信息资源共享平台为中心，全面完成各级政府的接入与应用，并实现与自治区级平台的对接，形成覆盖全旗、统筹利用、统一接入的数据共享平台，构建政务信息资源共享体系。

第一，建立共享业务管理系统，支撑依职能按需共享业务活动开展，进行信息共享申请、授权、协调、仲裁及数据反馈核准等信息共享业务管理。

第二，建设专项应用支持系统。支持快速实现相关专项数据共享管理，满足各部门专项应用需求，实现统一管理和对外服务，为各级政务部门的业务协同、公共服务和辅助决策等提供可靠的数据交换、数据授权共享等服务。

第三，改造政务信息资源目录系统。优化现有政务信息资源目录，在现有信息资源基础上，以责任采集部门和权威来源部门所提供的信息资源为基准进行整合，形成跨部门、跨层级的统一政务信息资源目录，确保信息资源的有序共享和使用。

第四，构建政务数据交换系统。完善数据库、文件、消息等批量交换，监管信息整合比对及数据统计分析辅助决策等后台应用；优化服务调用个案访问方式，支撑巡检、执法、办事等前台应用。

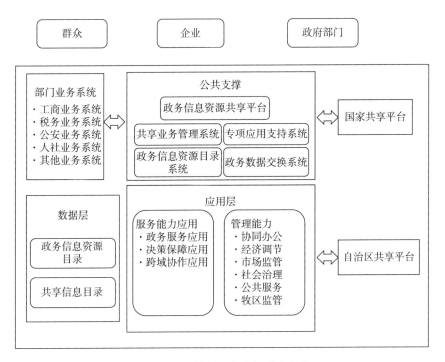

图 5－9　阿拉善左旗数据共享架构

（八）地理公共信息架构

1. 目标

依托自治区自然资源地理空间框架建设基础，汇聚、整合旗直各单位、行业、社会等第三方地理空间信息资源，纵向实现自治区、苏木和嘎查三级框架的联通，形成全旗统一的自治区、市、县级地理信息服务体系，依据国家相关安全保密的要求为全旗各单位、社会公众提供地理信息数据的共享与服务，为城市公共管理、应急处理、公共服务以及科学决策等提供"一张图"的地理信息数据的支撑。

2. 建设内容

（1）基础地理信息数据库

完善现有基础地理信息数据库，为城市公共管理、应急处理、公共服务以及科学决策等提供优质的地理底图数据。首先，要推进旗一级基础地理信息资源建设和大比例尺地理信息数据建设，实现苏木、嘎查、乡镇和农村基础地理信息全覆盖；其次，在丰富和细化现有地形地貌、交通、牧区、境界、植被、地名等要素基础上，进一步拓展草原覆盖、地名地址以及生态、环境、资源等方面的信息内容；最后，要完善国家、自治区、苏木、嘎查四级基础地理信息数据库联动更新机制，实现不同尺度地理信息数据及时同步更新，保障基础地理信息数据鲜活。

（2）地理信息公共平台

依据国家标准，以现有旗一级地理空间框架建设为基础，建成全旗统一、权威的旗地理信息公共平台，为给全旗政府部门和社会公众提供统一、集成的地理信息应用与服务奠定基础。一是要整合行业地理空间信息数据，融入具有时空标识的第三方POI数据；二是要完善数据管理、数据交换等功能；三是要与国家、自治区级地理信息公共平台实现纵向关联。

（3）地理信息服务

依托旗地理信息公共平台及基础地理信息数据库，按照国家相关保密政策要求，完善现有地理空间信息数据服务功能，提供认证、地图应用、地理编码、数据接口、数据发布、服务注册和二次开发服务等功能，为全旗政府部门和社会公众提供经过组合与分装的地理信息及其服务，支撑"一张图"的时空数据展现、空间定位、数据时空分析等多层次的需求。

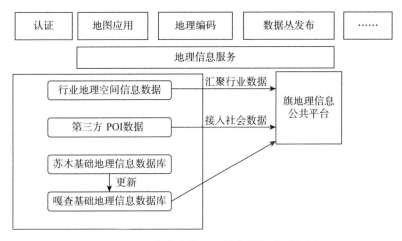

图 5 - 10　阿拉善左旗地理信息服务建置规划

五　阿拉善左旗联动机制四大创新应用

（一）党建引领

无疑，党建引领是中国基层治理最大的特色和创新。党建是基层治理的底色，党建"红线"是基层治理的资源供给线。政党所具有的政治优势、价值优势、组织优势、制度优势和能力优势是联动治理得以展开和推行的终极前提。只有把加强基层党的建设、巩固党的执政基础作为贯穿社会治理和基层建设的主线，充分发挥党建引领作用，着力构建纵向贯通与横向协作的党建网络体系，推动基层党建全面覆盖、全域提升、整体提质，才能推动基层联动治理有效落地。

阿拉善左旗依靠党的力量和优势地位将市场化、现代化催生出来的多种社会力量重新串联、整合、联结在一起，通过联动治理的方式，充分发挥政党在中国社会治理和社区治理中最为重要的行动者作用，推行区域化党建、社区党建、基层党建、街区党建、网格党建、楼宇党建、楼组党建、网络党建等多种探索与实践。

在联动治理实践中，以党建引领为轴心，要着重建立党政、党社、党群三方面的联动机制。

1. 党政联动

基层治理的联动应采取党政主要领导抓总，民政部门牵头对接，其他相关部门和街道密切配合的工作模式，借助联席会议制度，形成党委政府、街道社区"上下联动、左右贯通"的组织协调体系，实现"党建强、服务强"。

2. 党社联动

党组织应扮演创新主导者的角色。在社区层面，社区党组织应不断创造党建新载体，打造出一系列党建新阵地，开辟党务信息管理系统新平台，构建党建促民生新机制。无论是党组织主办，还是党组织对社会组织给予支持或者党组织对社会组织进行监管，党组织和社会组织的联动都能使双方更好地发挥自己的优势，共同构成基层联动治理的重要一环。

3. 党群联动

（1）治理型党群联动机制

中国共产党通过社区、社会组织和社会工作者来巩固和加强与人民群众的血肉联系，创新构建治理型联结。

首先，党建引领下联动治理的轴心是党群联动，即在党建引领下基层党组织通过有效整合"三社"资源，服务群众的治理需求和满足人民对美好生活的向往，从"党内建设"外溢到"社会建设"。

其次，联动治理的根本动力来源于党群联动。党组织和党员首先成为积极行动者，以党的组织力为"三社联动"提供动力保障，调动群众和社会组织协作构建"一核多元"的新型治理结构。

（2）红色空间生态圈

在党建统领联动治理的大格局下，积极探索治理空间和党建空间的有机高效融合，通过打造"红色社区"，给基层治理注入党建精神，同时为城市基层党建提供治理元素和活力生机，进而打造集治理和党建于一体的红色空间生态圈。

（3）党员——积极行动者

党员作为积极行动者的先锋模范作用显得格外重要，联动治理创新基层治理，积极打造"党员行动主义"，通过机制优化、精准责任、绩效量化等方式塑造党员积极行动者的形象，形成党员带动社会治理和服务群众的行动策略闭环。

（4）治理中的群众路线

一是机制优化。制度化和机制化是党员行动力的重要保障。围绕"三联三领"工作不断创建和优化各类机制，加强对党员群体能动性的综合塑造。首先，可以创新开展"百名党员干部联系基层领办项目"主题活动和建立"党员固定活动日制度"，从党员干部自身教育成长角度出发，以锻炼干部和破解基层治理难题为目标，通过上下联动、横向协调，促进机关作风转变，进而打造一支高素质、能担当、经得起风浪考验的党员干部队伍，同时督促党员干部联合社会力量和基层群众形成治理合力，推动和谐社区建设和发展。

二是群众工作清单化。积极行动的塑造除了机制成熟和目标清晰，还需要责任精准。在基层治理和社区服务的具体工作中，党员干部结合"社区双报到、双服务、双管理"的相关要求，积极发挥服务群众、领跑示范的作用，围绕精准的责任清单和任务清单，深化落实"上门看、当面谈、马上干"的居民走访服务机制。

三是群众联系网格化。为了更好地动员和管理党员，塑造其成为基层治理和群众服务的积极行动者，精确有效的考核指标必不可少。首先，在制度规范中要明确党员活动的频率和时间；其次，要加强党员精细化、规范化和智能化管理，健全党员发挥先锋模范作用的长效机制，以此推动党员服务基层治理的规范化和常态化。

四是党群干群智能化管理。执政党为实现从实体社会领域党建全覆盖到虚拟社群团体的党建延伸，重组联建，期望形成党建统领的运行新体系。熟悉的陌生人社区中社群的不断发展，网络空间的不断壮大，对根植于传统社会的党的执政能力和执政方式提出了新的挑战。对社群、群组的领导与治理，是中国共产党网络治理能力的体现，也是其社会治理能力体系中新的生长点。提升中国共产党在基层社会新媒体等网络中的声誉维护能力、媒介交流能力、意见表达能力、舆情引导能力和组织凝聚力等，是夯实中国共产党执政之基的必要之举，同时也是中国共产党加强和完善基层治理能力的不断尝试。

构筑党员与党组织、党员与群众的互动平台，实现党员信息查询、星级评定、先锋宣传、问题反映等全网式公开、监督和评议，能有效激发党员、党组织活力。特别是在在职党员服务社区方面，街道可按照积分情况对在职党员进社区作用发挥情况进行量化管理，提高党员直接联系和服务群众的积极性。

（二）政社联动

政社关系是影响基层治理结构的核心要素。在政社联动的过程中，政府负责与政府主导是基础和保障，社会组织的参与是核心，家社联动是关键，良性互动型治理是目的。政府通过提供政治性资源和经济性资源来推进基层治理，即通过制定政策、推动制度实施、提供经济支持，为社区和各类社会组织之间的公益服务、商业服务创造良好的市场环境；社会组织通过与基层党组织、政府、社区居民、企业以及其他社会组织的互动，搭建全方位、多层次、立体化的社区联动网络体系；家社联动试图打破家庭之间的相互隔绝状态，依靠一个支点将家庭串联起来形成联动式社区参与治理模式，这种模式将推动基层党组织、政府、社会组织、企业和社区居民在社区治理中良性互动，逐步形成基层共建共治共享的治理格局。

1. 政府负责与政策主导

在中国政治体系中，政府被赋予行政职责，负责各项政策的实行，因此行政权力的运作技术在政治体系中经常是最充分也是最发达的。行政权力真正发挥作用，最重要的是政府作为权力格局和互动网络的主导者所提供的合法保障。在这个过程中，政府制定政策、落实制度保障，为社区自治互助服务、社区其他各类组织的商业服务和公益性自治性服务提供坚实基础。政府不仅在制度和政策上为社区治理创造了良好的环境，自身也不断地改革创新，扮演城市治理创新的示范者角色。

2. 社会组织与联动治理

党组织扮演了创新主导者的角色。在社区层面，社区党组织创造出党建新载体，打造出党建新阵地，开辟了党务信息管理系统新平台，构建党建促民生新机制。无论是党组织主办，还是党组织对社会组织给予支持或者党组织对社会组织进行监管，党组织和社会组织的联动都能使双方更好地发挥自己的优势，共同构成基层联动治理的重要一环。

（1）政府部门与社会组织的互动

无论是政社合作、政社互动，还是政社协同，都基于政社分开，这种政社分开不是单纯地为了孤立二者而把政府和社会进行隔绝，而是根据政府和社会各自职能角色的不同，建立优势互补的机制：让政府更高效地处理宏观的公共事务，让社会组织有效地衔接政府和社会之间无法有效协调的"灰色地带"，通过社会组织的联动让大众更好地参与到社区自治当中，积极配合党和政府的工作并为其建言献策。

政府购买社会组织服务也是社区合作治理的一个主流模式。以居民需求为导向、以项目为载体，"项目引领型治理"是社区外来力量参与社区建设的重要方向，为专业社区社会组织自我发展与和谐社区建设开辟广阔的空间。

（2）社会组织之间的互动

虽然市场机制在运行，但由于社区治理领域未完全被市场渗透，所以市场并未完全淘汰掉不合格、同质化、运转低效的社会组织，也未形成具备行业规模的联合体，因此需要消除社会组织之间的隔阂，打通信息沟通机制。

（3）社会组织与居民的互动

社会组织与居民的互动大体可以分为培育式参与和参与式监督。虽然社会组织已合法化，但人们对社会组织的信任度有待提高。社会压力的增加及网络的碎片化致使人们主动参与性较低，因此居民和社会组织之间的互动也存在互不匹配的状况。与社会参与相关联的是社会监督。由于很多社会组织参与的公共服务项目由政府出资购买，而这些资金大多来源于居民的纳税，因此居民在积极行使监督权的同时，社会组织也应该积极地进行信息披露和财务公开。

（4）社会组织与企业的互动

由于政府补给的资金有限，因此社企合作成为公益组织自我"造血"的重要方式。在社企合作中，企业不仅惠及了当地居民，提高了社会地位，塑造了良好的社会形象，无形之中也培育了忠实的顾客群体，在一定程度上反哺其利润。而公益社会组织在不改其非营利性的前提下，不仅为社会群体提供了有效的公共服务，也保证了自身的运转。

3. 家社联动

家社联动的模式，不仅使得公众参与的力量充分涌流，也有效推动了以居民需求为导向的良性互动治理。通过社会组织直接搭建家社沟通的桥梁，不仅为居民参与社区事务提供了多元渠道，也使得居民自身成为解决公共事务主体的一员，即从"需求被动解决的提出者"到"解决问题的主动参与者"，实现了社区资源与行动主体的有机整合。

（三）政企联动

1. 政企关系：从分离到共生

政企关系由分离向共生转变。促进共生型政企关系需要政府发挥较强的主动性，承担引导企业的职能。政府要积极承担为企业和社会"兜底"的素质，避免政企分离产生的诸多弊端，走出一条政企共生的新路。为了跟得上企业的节奏，政府要主动向内用力，强力推行政府管理和公共服务标准化改革，打造为企业服务的"无缝隙政府"：实行绿色通道制度，进行并联审批制度创新，为入驻企业提供全程化的跟踪服务等。

探索政府管理和公共服务标准化，政府要做到职能梳理和顶层设计，形成覆盖全面的政府管理与公共服务标准化体系，包括政府管理与公共服务标准化总框架，经济调节、市场监管、社会管理和公共服务等职能分工体系，以及部门子体系。同时，政府也要梳理出具体职能事项及法律法规和政策依据等文件。

2. 打造政企联动平台

在社区公共产品供给中，如果企业纯粹是出于政府的号召而捐钱捐物，那么充其量可以被称为政企互动，而无法成为联动。因此，可以利用社区既有的联动网络，打造政企联动的平台。

首先，在民意收集阶段，社区居委会、社区党组织、社会组织要进行充分动员，使社区居民对自己有把握解决哪些公共产品的供给问题有大致了解。其次，政府和企业并非简单互动，而是深度嵌入在社区的联动网络之内。正如杭州市上城区的民生设施公益众筹的运作一样，资金使用、资金监管、项目流程的监管，均活跃在社区居委会、社区党组织、社会组织等基础网络的包裹内。

（四）网络联动

1. 社会联动新空间——网络参与

提供网络平台让居民参与到社会治理的相关活动中，共同推动城市管理合理化、精细化、高效化，是实现社会治理预期目标和科学发展的又一创新。在实践中，一方面，要搭建网络监督平台，优化治理格局；另一方面，要依托互联网技术及其衍生出来的新型媒介工具，收集舆情。基于网络建构的社会认知和集体认同搭建起来的互联互通资源共享平台和弱关系结构联结机制能让不同时间、不同地点、不同身份、不同阶层的公众的意见瞬间汇聚在一起。

2. 打造智慧社区

（1）社区大脑

在网络化社会治理体系中，社区大脑所指的便是依托网络化逻辑、大数据和人工智能技术建立的数字化、信息化中枢平台，发挥着整合、协调社区资源，统筹社区居民需求，解决社区问题的关键作用。

基于前述信息化社会背景，引用网络化逻辑，搭建信息平台，充分发挥网络空间的优势作用已成为创新社区治理的重要理念。通过多元主体对社区治理的参与，在多元主体职责分明又互相依赖的基础上实现社区善治，最终可以帮助阿拉善左旗达到发扬民主、整合资源、满足社区公共服务需要、促进社区发展的目的。

（2）社区神经

在社区大脑的统筹下，社区各多元治理主体作为社区网络中的一系列节点持续发挥作用，利用现代化的媒介进行深化合作、资源共享，形成一根根"神经"，共同推动社区治理实现共建共治共享新格局。由于治理主体的多元，每一根神经也有各自的特色，如为孵化社会组织建立的社会组织孵化中心，针对社区协商、社区自治建立的居民议事制度，为实现精细化管理而建立的网格化制度等，都是针对特定问题而建立的相应制度和平台。

（3）社区通

社区通是指在大数据的支持下，通过网络化逻辑，实现"在场空间"与"缺场空间"的联动，使线上线下实现有机统一。这样不仅能够实现网络空间的有序发展，减少社会矛盾的发生，同时也能够更好地实现政社协同，实现政府与社会的良性互动。

在具体规划上，可在旗一级设立民情信息中心，在各个职能部门设立民情信息收集处置平台，并在各街道设立民主民生沟通工作室，在各社区设立民情气象站，以推进服务型政府建设。同时，以互联网为纽带，推动与智慧社会治理相适应的政府职能体系建设。在民生互动上，改进民意收集、民生响应制度。整合全盟、旗资源建立信息化指挥平台，包括职能部门、社会组织、社区网络等，采取多种途径广泛收集群众的各种诉求，并上报联动处置中心，接着由联动处置中心根据服务标准确定受理部门，各个职能部门对上报的问题进行解决并及时反馈。

六 阿拉善左旗联动机制两大信息基础设施

（一）大数据

采用数据汇聚、数据治理等技术手段，建设结构合理、质量可靠的政务大数据体系，建立和完善政务数据采集、提供、维护、管理长效机制，提升政务大数据的准确性、完整性、一致性，为实现社会大联动提供有力的数据支撑。

1. 建设政务大数据资源池

通过自治区政务信息共享平台，采集、汇聚、整合自治区级、旗级基础数据，建设人口、法人、自然资源和地理空间、社会信用等四大类公共基础数据库，为政务服务、社会治理、市场监督等应用提供信息支撑。围绕网上办事、企业经营、市场监管、公共安全、社会保障、精准扶贫、用户画像等主题，梳理主题信息资源，建设各类主题数据库，为政务服务、宏观调控、行业协同监管、应急指挥等提供大数据辅助决策支持。整合共享各部门专用数据库，对接融合科研机构、公共事业单位、互联网企业等的社会数据。

2. 推进数据资源开放利用

完善数据开放平台，升级完善政府数据统一开放平台的接口，做好与自治区政务信息资源共享平台的衔接和自治区政府门户网站的连接，以及与国家公共信息资源开放平台及地市级公共信息资源开放平台的互联互通。完善联动平台的目录发布、数据汇集、安全存储、元数据发布、便捷检索、数据获取、统计分析、互动参与、应用展示等功能，提供数据预览、可视化展现、分析组件、数据下载、接口访问等服务。建立完善数据资源开放制度规范。建立政务数据资源负面清单管理模式，明确不开放的范围。完善联动平台技术规范，建立数据开放标准，制定信息资源管理办法，落实信息资源安全管理制度和保密审查制度。促进公共数据资源开放与利用，构建政府开放数据 API，实现数据资源以可再利用的数据集形式开放，营造全社会广泛参与和开发利用公共信息资源的良好氛围。

3. 建设数据分析平台

建设包括政务服务、决策保障、跨域协作、经济调节、市场监管、社会治理、公共服务、环境保护等领域专项大数据分析与可视化展示应用。政务大数据资源池为各部门利用数据进行决策分析提供数据基础，各部门不再自建大规模数据库，只需开发算法模型，在数据分析平台中加载算法，便可获取分析结果。

4. 开展数据治理

一是建立数据治理机制。以旗一级政务数据资源目录为基础，结合数据确权制度，落实"一数一源"。各部门按照数据质量管理制度和标准规范，落实数据质量维护责任。基于政务数据管理，组织数据提供部门、需求部门及行业专家共同制定数据标准，确保同一数据在各类政务应用中名称、类型、编码、单位、范围等要素一致；对各类数据资源涉及的元数据进行系统分析，逐步实现元数据标准化。通过开展数据共享交换绩效评价，在制度上促进自治区各部门共享数据鲜活更新。对各部门现存的政务服务数据资源进行统一采集，并按照统一标准清洗、整合、比对，形成有效数据，促进数据质量提升。

二是建设数据治理平台。实现对数据资源产生、采集、存储、交换、加工、整合、使用、反馈等环节的管理。落实统一的数据标准和采集规范，从数据资源产生源头抓数据质量，规范管理数据资源采集；通过数据共享平台支撑政务大数据的存储和交换，形成物理可分布、逻辑可集中的数据资源存储分布格局；按应用领域进行数据关联整合，形成基础信息库，支撑宏观调控、动态监测、风险预警、执行监督等应用。

三是建立数据使用和反馈机制。基于依职能按需共享的原则管理数据使用，建立数据使用反馈机制，打通数据产生、采集环节，实现数据资源流通全程闭环管理。

（二）政务云

按照集约建设的原则，统一规划建设自治区政务云平台，为自治区政府各部门、部分地市提供高效、安全、可按需使用的数据信息资源。政务云平台按照"1 + N + M"的布局规划建设，即"1"个旗一级政务云平台、

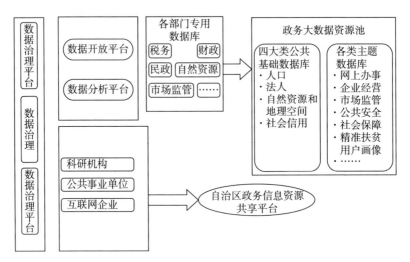

图 5-11　阿拉善左旗联动治理政务信息资源共享平台规划

"N"个特色行业政务云平台、"M"个苏木级政务云平台。政务云平台还
预留接口，下一步将为党委、人大、政协以及群团组织等提供服务。在技
术上支持与第三方云平台对接，实现资源整合、管运分离、数据融合、业
务贯通，改变以往部门系统分割、业务隔离、资源分散的局面。以"我的
阿拉善"App 为媒介，将相关文件发布在该平台上，发挥其作为政务云沟
通手段的作用。

1. 旗一级政务云

充分利用基础电信运营商全旗各地的数据中心资源、网络资源，以现
有旗电子政务云平台为基础，构建"1"个旗一级政务云平台，支撑旗一
级政务云应用。旗一级政务云平台作为全旗政务云的主平台，承载各类旗
级政务应用，实现基础设施共建共用、信息系统整体部署、数据资源汇聚
共享、业务应用有效协同。旗直部门对现有租赁的云资源统一接管，对其
按统一云架构体系改造后继续使用，直至租赁期结束。

2. 特色行业政务云

构建"N"个特色行业政务云平台，承载旗一级业务专业性强、安全
要求高、数据信息量大的政务应用。已建的特色行业政务云平台，要统筹
管理、迁移和升级，逐步与旗一级政务云平台整合对接。同时，在保障网
络互通和信息安全的基础上，通过自治区政务信息资源共享平台实现业务
数据共享和交换。

3. 苏木级政务云

结合苏木的基础情况，构建"M"个苏木级政务云平台。各苏木已建设的本地政务云平台，依据旗一级统一规范实现与旗一级政务云平台对接。各苏木需要建成电子政务云数据中心，要与旗一级电子政务云数据中心互联，共同构建数据共享交换和资源互联支撑的全旗电子政务云数据中心体系，同时实现旗一级与苏木级政务云平台接口的统一监控管理，支撑各级政府部门数据共享和业务协同。

4. 旗一级政务云的可靠性设计

在阿拉善左旗建设旗一级主数据中心及苏木级副数据中心，以支撑关键政务应用系统同城双活，选择在旗内其他具备条件的地区建设异地远程灾备数据中心，形成"两地三中心"架构的自治区级电子政务云数据中心布局。通过三组 A 类超大数据中心，依托光纤网络资源保障业务连续性，满足部署在政务云平台上的旗一级部门系统与相关行业机构系统的联通和资源调度需求。灾害（雪灾、沙尘暴等）发生时，核心业务系统可以快速恢复，保障关键数据不丢失。异地远程灾备数据中心主要应对区域性重大灾难，承担主要政务系统的数据级容灾。

旗一级主数据中心机房充分评估现有资源，进行首期统筹资源利用。选择基础电信运营商数据中心进行构建，划分物理隔离、资源独立空间，将其统一纳入旗电子政务网络体系，并与互联网逻辑隔离。

苏木级副数据中心机房选择基础电信运营商数据中心进行构建，副数据中心与主数据中心构成同城双活。

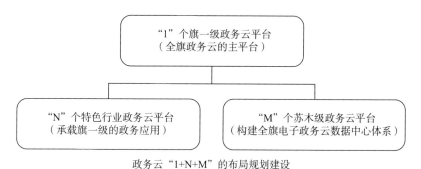

政务云"1+N+M"的布局规划建设

图 5－12 阿拉善左旗联动机制政务云平台建置规划

第六章

三社联动与社区治理

——以呼和浩特市"三社联动"社区实务模式为例

一 呼和浩特市"三社联动"发展背景

（一）社会管理改革趋向社会化

改革开放后，政府开始从管理型政府向服务型政府转变，这就意味着政府开始下放权力，越来越多的服务职能要由社区、社会组织来承担。在这一过程中，呼和浩特市政府也开始精简部门、划分职责，加之自 2007 年《地方各级人民政府机构设置和编制管理条例》颁布以来，地方各级人民政府的机构编制工作，实行中央统一领导、地方分级管理的体制，地方行政部门聘用人员的多少得通过行政手续上报给中央，呼和浩特市政府的用人权力受到了限制，政府权力开始逐步下放，这就意味着呼和浩特市各个社区要承担更多的职责，社区以及社区组织的功能更加凸显。

（二）呼和浩特市群众利益的要求趋向多元化

随着西部大开发进程的加快，内蒙古自治区焕发出蓬勃的生机，作为首府城市，呼和浩特吸引着越来越多的人前来发展，人口的大量迁入意味着对服务有更多元的需求，而政府的目标也从之前的管理性目标变为追求最大限度地实现社会利益，除此之外，呼和浩特市是一个民族构成比较复杂的城市，所以，传统的政府服务以及社区提供的服务已经很难满足民众的需求，民众对于多元化服务的需求以及政府的追求目标为"三社联动"

发展提供了一个服务空间和目标市场。

（三）社会工作专业服务趋向职业化

职业化是指某种社会活动被社会认定为一种职业，并得到发展的过程。一种社会活动被认为是一种职业是由人类生活和社会发展的需要所决定的。

在现代社会中，某种职业的社会认可常常表现为政府的职业管理部门的认定，而这种认定又以社会的需要、该职业技术与服务的特殊性及不可替代性为基础。当19世纪末、20世纪初开始社会工作培训，社会工作被认为具有专业特征的时候，社会工作作为一种职业得到了快速发展。

呼和浩特市相较于内蒙古其他地区来说，有一个天然的优势，那就是它拥有数量众多的高校，而这些高校绝大多数都设置了社会工作专业，除此之外，高校老师中有一部分开设了社会工作机构，而这些意味着呼和浩特市专业社会工作的发展每年都会有为数众多的专业人才支持，这些专业人才被培养出来以后，也拥有对口的岗位，保证呼和浩特市社会工作的职业化进程不断加快。但是，呼和浩特市社会工作职业化仍需进一步发展，应该进一步强化项目开发、岗位落实、薪酬设计、财力和政策支持，进一步提高社会工作的专业水平，营造社会工作职业化发展的良好氛围。

（四）社会组织发展趋向内源化

近年来，各级社会组织主动服务行业发展，承接政府转移职能，参与社会管理和公共服务，其作用和影响正在不断扩大。但社会组织要真正发挥作用，还需要建立一个稳固、强劲的动力系统，这包括建立健全社会组织发展体系，形成政府与社会组织互动、互补的体制和机制；建立科学的运作体系，制订社会组织发展规划，积极探索政府购买服务、项目专业化运作等多种形式；建立严密的监督体系，确保社会组织良性发展；建立全面的评估体系，探索建立一套行之有效的激励机制。

呼和浩特市社会组织的数量不断增长、质量不断上升，民政局也设立了相应的科室来对社会组织进行管理，包括社会组织的注册、分类、评级等。但是呼和浩特市社会组织还是有较大一部分没有在民政局注册，那么，政府就很难有合适的手段对其进行管控。而要将这些社会组织解散，从现实情况来说，也是一件不太可能的事情。所以，政府必须寻找合适的手段引导这些社会组织良性发展。在此过程中，专业社会工作机构可以发挥正面作用，与其他社会组织进行合作或者培育社会组织，从而更好地促进社区的发展。

（五）社区建设目标趋向人本化

在社会转型期单位制解体后，单位所负担的多元化职能必然要回归社区，体制外的民工、流动人口等的社会空间急剧膨胀，加上市民物质生活水平的提高，这些都对社区安全、服务、环境等提出更高的要求。更加值得关注的是，社区矛盾呈现主体多样化、表现形式多样化、利益问题复杂化等新特点。应对这些新特点，在实践中，社区建设必须创新"三社联动"方式，确立政府服务于社区的观念，通过有效政策引导和财政投入，更加突出以人为本的目标导向，强化社区精神培育，回归社区发展本质。

（六）社区基金会在社区建设中趋向制度化

为了改变社区行政化的状况，满足社区居民多种需求，激发社区居民参与的热情，还社区宜居、和谐、繁荣的环境，有必要根据社会发展趋势，选择另外一种战略思路，那就是社会化的运作机制，建立新型的组织平台——社区基金会。社区基金会一般成立于社区、服务于社区，具有聚集、整合和运营社会公益资源的功能，可以充当社区需求与资源之间联系的纽带。

在呼和浩特市政府购买服务中，资金大多是福彩公益金，其宗旨是"扶老、助残、救孤、济困"，对服务人群有限制，无法惠及更多的服务领域。同时，社会组织单纯依赖于政府的资源，而导致获得支持的不可持续性。在此情况下，如果未来有更多的社区基金会能在社区里面和政府、社会组织建立伙伴关系，就能合力改善社区治理。

二 呼和浩特市推动"三社联动"实施方案设计

（一）指导思想

以习近平新时代中国特色社会主义思想为指导，全面贯彻落实党的十九大和十九届一中、二中、三中全会精神，以党的十九大报告提出的"加强社区治理体系建设，推动社会治理重心向基层下移，发挥社会组织作用，实现政府治理、居民自治良性互动"为指引，紧紧围绕创新社会基层治理体制、提高社会治理水平的总体要求，不断增强社区服务能力，激发社会组织活力，提高社会工作专业服务能力，形成社区、社会组织和社会工作资源共享、优势互补、相互促进的"三社联动"工作机制。

（二）工作目标与路径

1. 工作目标

围绕社区治理和社区服务改革创新，以筑牢基层党的建设为抓手，以基层民主自治协商为切入点，以建设幸福社区为目标，以为基层社区共建共治共享提供多样化服务为手段，加强社区治理和服务创新，培育扶持社会组织健康发展，鼓励社会工作专业人才进驻社区和社区社会组织，调动社会组织和社会工作人才参与社区治理与服务试点的积极性。

按照夯实平台、健全队伍、完善机制、"一年试点、两年形成模式、三年全面复制推广"的原则，分阶段推进"三社联动"试点工作。2015年，在全市选定试点示范街道的 10 个社区开展试点工作；2016～2019 年，在总结经验的基础上，形成呼和浩特市"三社联动"社区实务模式，确定 50 个社区进行初步复制推广；2020 年，在市四区的社区按 60% 继续复制推广；2021 年实现 80% 覆盖；到 2022 年实现 100% 覆盖。

在上述目标指导下，近年来，呼和浩特市积极落实"三社联动"模式，不断探索创新社会治理的新方式、新手段，坚持以基层党组织建设为关键、以政府治理为主导、以居民需求为导向、以改革创新为动力，健全体系、整合资源、增强能力、完善城乡社区治理体制，努力把城乡社区建设成和谐有序、绿色文明、创新包容、共建共享的幸福家园。

2. 工作路径

（1）推动多元主体参与"三社联动"的机制建设

一是打破社区壁垒，建立"三社联动"社会化参与机制。将政府下沉到社区的政务服务梳理分类，依据相关法律，将适合由社会组织承担的政务服务事项通过委托、采购等方式交给社会组织来承接，为社会组织、社会工作者参与社区治理和社会服务提供空间和平台。

二是厘清政社职责，建立"三社联动"合作机制。依据法律法规的规定，梳理出《社区党组织履行职责事项》《社区居委会依法依规履行职责事项》《社区居委会依法依规协助政府工作事项》三份清单，厘清了政社边界，促进了政社分离，实现了社区"还权""赋能""归位"，形成了社区"两委"引领带动、社会组织和专业社会工作者积极参与的社区服务供给新格局。

（2）健全社会组织培育和介入机制

完善社会组织孵化机制。搭建社会组织发展的服务平台，重点发展政府倡导建立的城乡社区服务类、公益慈善类社会组织；探索社会组织服务政策创新，积极培育社区社会组织，进一步推动我国社会组织登记管理体制改革，为"三社联动"机制的建设培养更多的服务载体。

健全服务社会组织机制。推动建立各级社会工作协会，发挥各级协会在行业自律、专业发展和服务支持中的积极作用，提高社会工作服务机构的组织化程度，促进功能发挥。

推动社会工作服务机构介入社区治理机制建设。了解居民需求，实现社会工作服务与社区居民需求的有效对接，提供专业化的服务，推动社会工作服务机构有效融入社区治理。

（3）以项目牵引促联动，完善"三社联动"项目化机制，创新实践路径

加强顶层设计。要进一步完善政府购买服务和"三社联动"项目化运作的相关政策，进一步明确政府职能的转移，以及社会组织之间的合作关系。

建立以政府投入为主的"三社"建设财政支持机制。以整合资源促联动，推动资金、场地、人才等要素向社区下沉，实现"三社"资源的共享共用；以平台共建促联动，全市建立和打造"1＋4＋N""三社"培育服务平台，其中，"1"是建立1个市级服务平台，"4"是建立4个区级服务平台，"N"是建立多个街（镇）级服务平台。

完善资本投入机制。探索政府购买服务、公益创投、社区发展基金等多元资金投入方式，建立以财政性资金为主体、以社会性资金为辅助的多元投入机制，为"三社联动"提供资源保障。

探索政府购买和社区需求相结合的项目化运作模式。不仅要加强政府购买社区服务中的居民参与，还要充分考虑社区居民意愿和需求，形成以社区居民为核心的购买、监控、评价体系。

（4）建立社区服务融合机制

推动社区服务资源动员机制建设。充分发挥社区和街道的动员作用，对社区居民进行宣传教育，然后根据社区居民的实际需求，从多方链接服务资源，满足社区居民的公共服务需求。

推动社区服务资源整合机制建设。发挥社区基础平台作用，建立健全功能完备、覆盖全体社区居民的社区综合服务体系。

建立服务平台。构建信息共享、资源整合、协调有序、服务高效的"大服务"体系，进而在这一大的体系之下为社区居民展开实际的具体服务。

（三）工作实施

1. 推动呼和浩特市"三社联动"社区实务模式的深化

呼和浩特本土化的"三社联动"模式，以社区平台为依托，以居民需求为导向，进行资源需求评估，形成项目清单，建立"三社联动"核心团队，培育和发展社会组织，开展公益创投，形成政社、校社、企社、社社的多方合作平台，带动社会各界力量参与社会治理的创新。

2. 确立和推动呼和浩特市"三社联动"社区实务模式实施

呼和浩特市"三社联动"社区实务模式的实施主要分为整体设计、试点先行、评估优先、模式复制、分类推进五个步骤（见图6-1）。

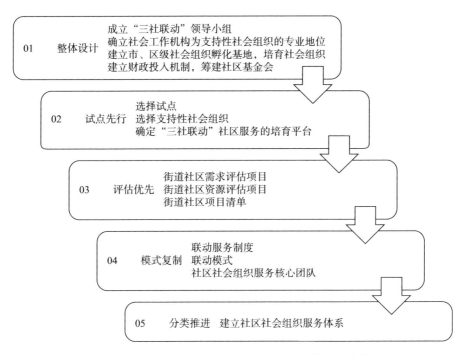

图 6-1 呼和浩特市"三社联动"社区实务模式实施步骤

（四）工作机制

"三社联动"要在党委和政府的领导下，充分发挥社区的基础平台作用、社会组织的服务载体作用、社会工作的专业支撑作用，重在完善社区发现居民需求、统筹设计服务项目、支持社会组织承接、引导专业社会工作团队参与的工作体系。其工作机制如图6-2所示。

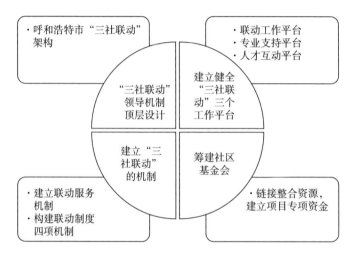

图6-2 呼和浩特市"三社联动"工作机制

1. "三社联动"领导机制顶层设计

一是建立联动服务制度。在街道层面引入社会工作机构，设立"三社联动"联合办公室，对社区服务的各类资源进行梳理，统筹分配；建立街（镇）、社区两个层面的联席会议制度，促进各项服务与需求有效对接；建立服务联办制度，专业社会工作者和社区工作者协同，带动志愿者服务居民，共同解决社区问题；建立需求反馈制度，以需求为导向进行项目设计、开发和实施，注重评估和反馈，满足社区和居民的动态化需求。

二是明确职能定位。对市、区两级民政部门在统筹协调、制定政策、监督管理等方面的职责进行了明确，落实了街（镇）对"三社联动"的基础保障和组织实施的责任。同时明确了社会工作机构的专业引领作用和社区社会组织的服务功能。从人才角色定位来看，专业社会工作者是督导，负责配置各类社会资源，把握专业服务标准；社区工作者是实施主体，负责依托各类社区平台开展服务；志愿者和社区居民发挥配合作用，在专业社会工作者和社区工作者的带动下有效参与社区治理。

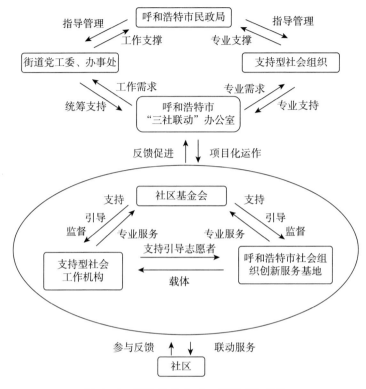

图 6 - 3 呼和浩特市 "三社联动" 架构

2. 建立 "三社联动" 的机制

（1）建立联动服务机制

服务供给机制。在街道层面引入专业社会工作服务机构，形成合作关系，协调分配服务资源。

服务运作机制。在呼和浩特市 "三社联动" 办公室的统筹协调下，对策划、申报、实施和评估进行综合协调管理。

服务反馈机制。综合评估专业服务项目对社区发展、居民服务产生的影响，重新定义社区需求、能力建设，结合居民、社会组织对服务提出的新需求形成新的项目方案。

（2）构建联动制度四项机制

"三社联动" 的四项机制，分别是联席会议机制、信息联通机制、服务联办机制和需求反馈机制。

联席会议机制。包括街（镇）和社区两个层面的联席会议。前者由社会工作机构和街道办事处参加，主要解决服务项目规划、资金保障、资源配置等问题。后者由社区社会组织、社区工作者和专业社会工作者参加，研讨居民服务需求、社区治理需求和落实服务项目等事项。

信息联通机制。由呼和浩特市"三社联动"办公室负责建立政府与社会组织、社区与社会组织、各社会组织之间的信息联通渠道，确定信息交流的重点内容和工作要求，及时沟通和交流服务项目、社会组织建设和社会工作人才队伍建设等相关信息，促进各项服务与需求有效对接。

服务联办机制。由专业社会工作者引领社区社会组织根据社区问题和居民需求，整合社区服务资源，搭建公共服务网络，带动社区志愿者和居民骨干，以项目化的方式为社区居民提供服务，解决社区问题。

需求反馈机制。以需求为导向设计和开发社区服务项目，根据项目目标和内容，调动多方力量配置资源。在服务项目实施过程中注重评估，形成社区社会组织、专业社会工作者、居民等多方反馈机制，不断调整服务项目方向，满足社区和居民动态化需求。

3. 建立健全"三社联动"三个工作平台

为了更好地发挥集成效应，呼和浩特市"三社联动"需建立健全以下三个工作平台，从而使社会资源、社会力量在社会工作者的专业引领下有效发挥作用。

第一，联动工作平台。"三社联动"实施基础主要在街道，服务群体主要是社区居民。因此，街道要为居民提供服务场所以及一定的资金、人员支持，并且对项目进行指导、支持和监督。

第二，专业支持平台。社会工作机构充分利用项目资金和设施，运用专业的理论和方法进行项目设计和实施，形成资源的联动力，进而开展社会工作的专业培训和社会服务工作。

第三，人才互动平台。建立专业社会工作者、社区工作者和志愿者相互协作机制，形成社区行政力量、社会力量和专业力量有机结合的多元共治平台。专业社会工作者对社区工作者和志愿者进行督导培训，提升他们的服务水平，丰富"三社联动"的人才资源。

4. 筹建社区基金会

社区基金会是指利用自然人、法人或者其他组织捐赠的财产，以从事街镇公益事业、参与社区治理、推动社区健康发展为目的，按照《基金会管理条例》规定成立的非营利性法人。2008 年，深圳桃源居公益事业发展基金会成立，是我国第一家社区基金会。随后，在深圳和上海的带动下，越来越多的社区基金会在政府的支持下发展起来。在国家大力推动社区治理的背景下，社区基金会对推动社区公益事业发展和社区问题解决、聚集和整合社会资源促进社区共建共治发挥着越来越重要的作用。

社区基金会实际上是起着枢纽作用的社会组织，以居民需求为导向，把政府、企业、社会组织、社区居民等力量和资源汇集起来。筹建社区基金会，必须做好以下几点。

一是把握设立原则。必须立足社区实际，整合社区资源；必须坚持以人为本，服务民生发展；必须推动广泛参与，坚持多元共治；必须做到公开透明，坚持规范运作。

二是以政府为主导，坚持多元发起。鼓励各街（镇）作为发起单位建立；支持发展水平高、筹款能力强的社区，以社区为发起单位建立；同时，积极动员各辖区内企业或爱心人士捐助资金，并作为发起单位或发起人建立。

三是严格遵守法律法规，按法定程序建立并依法运作。以社区发展需求、居民需求为导向，确保公益项目符合社区发展需要和居民迫切需求。

四是建立健全支持和培育引导机制，推动专业化能力建设。各街（镇）要积极动员辖区内企业和公益人士捐资助推社区基金会成立，并从提供办公场所、人员培训、党建指导、表彰推荐、评价激励等方面，为其发展提供有力支持。职能部门要积极引导社区基金会参与社区共建共治，并积极研究制定补助措施。围绕能力建设，通过培训、学习、借鉴等方式持续打造社区基金会的专业性。

（四）保障措施

1. 组织领导

各级党委和政府把"三社联动"摆上重要工作日程，形成党委和政府领导、民政牵头、相关部门配合的工作格局。涉及"三社联动"工作的各有关部门密切配合、通力协作、形成合力。各级民政部门充分发挥社会工作主管部门的职能作用，切实履职尽责，搞好社区基础平台和信息平台建设，落实社区减负增效，发展壮大社会工作专业人才和志愿者队伍，培育和发展城乡社区服务类社会组织。各有关部门依据职责分工，将"三社联动"工作模式运用到本部门负责的、面向城乡社区的相关社会服务和社会治理工作之中，实现"三社联动"信息互联互通、资源共享，形成齐抓共管、整体推进的工作格局。成立市"三社联动"领导小组，由市委、市政府主要领导任组长，下设办公室，成员单位包括发改委、财政、民政、编办、人社、教育、公安、司法、卫生、文化、体育、共青团、妇联、残联等相关职能部门，形成党委政府牵头总抓、民政部门具体负责、各有关部门积极配合、社会公众广泛参与的管理体制。

2. 政策保障

首先，完善政府购买服务和扶持政策，把政府购买服务、政府资助和政府奖励等扶持措施纳入制度化、规范化、程序化轨道。

其次，通过政府购买服务、政策支持等有效途径，为推动社区、社会组织和社会工作专业人才持续健康发展创造良好的政策条件和制度环境，符合条件的社会组织按国家相关规定享受相关税收优惠政策。

最后，为加强保障措施，市委、市政府应出台"三社"工作政策制度体系，建立对县（市、区）和市级部门"三社"工作考核制度。

3. 经费保障

第一，市、区两级要将"三社联动"所需经费纳入财政预算，在福彩公益金中安排一定的项目经费，加强购买服务，加大福彩公益金对"三社联动"的支持力度，保障"三社联动"工作顺利推进。

第二，建立多渠道、多层次"三社联动"工作经费保障机制。多方开拓资金渠道，吸引驻区单位支持，鼓励社区爱心人士捐赠，各级各类慈善基金、公益基金要定向、定额投入，形成多元资金投入"三社联动"的新局面。

4. 宣传保障

充分发挥首府的媒体资源优势，进行广泛宣传，营造舆论氛围，形成共融、共享、共建的良好态势，推动和谐"三社联动"基层治理环境建设。

总之，在总结经验的基础上，要在更大范围内进行推广。各地要从实际出发，坚持问题导向，在实践中反复研究、反复论证。要充分发挥地方、基层、群众的首创精神，推动顶层设计和基层探索的良性互动、有机结合，持续推进"三社联动"工作向深层次发展。

三 呼和浩特市"三社联动"社区实务模式实施

——以呼和浩特市赛罕区大学西路街道为例

本部分，以呼和浩特市赛罕区大学西路街道（以下简称"大学西路街道"）为例，详细了解、研究呼和浩特市"三社联动"社区实务模式。

（一）整体设计——进行顶层设计

一是成立"三社联动"领导小组。成立以民政局领导为正副组长，街道党工委、支持性社会组织等相关职能部门参加的"三社联动"领导小组（简称领导小组），并将办公室设在呼和浩特市社会组织创新服务（孵化）基地，形成一种"虚"（非常设机构）、"实"（依托政府职能部门）结合的体制，负责统筹协调全市的"三社联动"工作。

二是确立社会工作机构为支持性社会组织的专业地位。发挥高校老师办社会工作服务机构的优势，通过校社联动，把"三社联动"中的"社会工作"由通常人们理解的"自然人"转化为"法人"；把服务性的社会组织转化为支持性社会组织，通过运营市级、区级社会组织孵化基地，强调社会服务专业化，从而推动呼和浩特市的社区治理向专业化方向迈进。同时，社会工作机构通过专业力量，系统整合社区治理的资源。例如，通过社区居委会、街道办的购买服务，对社区进行调研，绘制社区资源地图，依靠社会联动链接驻区单位，提供专业服务。

三是建立市级、区级社会组织孵化基地，培育社会组织。通过多样性、综合性、专业性的培育，发挥优质社会组织的示范引领作用，辅导初创期的社会组织健康成长，帮助有潜力的社会组织增强实力，提升社会组织的专业服务水平，让更多的社会组织在基地的平台上交流、合作、分享、共赢；通过社会组织交流展示和政府与社会组织的互动，整合社会组织和政府各部门、各区、街道资源，实现政府、社会、市场三方的良性互动。

四是建立财政投入机制，筹建社区基金会。明确财政资金是社会工作资金来源的主渠道，提出政府主要以购买服务的方式加大对公共服务的投入力度，界定市、区两级财政对社会工作经费的分担责任。通过资源评估，整合链接社区辖区内的非正式资源筹建社区基金会。

（二）试点先行——选择示范点和示范单位

呼和浩特市民政局选定大学西路街道所辖的 10 个社区为试点示范项目实施区域。

1. 选择示范点——大学西路街道社区

大学西路街道为内蒙古自治区呼和浩特市赛罕区所辖街道，面积 3.48 平方千米；人口 8.9 万人，其中在校大学生占 53%；辖 10 个社区；办事处驻新建东街电影制片厂西巷南口西 50 米。

1976 年由西街街道、东街街道析置朝阳街道，1982 年更名为大学西路街道。1996 年，面积 6 平方千米，人口 6 万人，辖内蒙古医院、附中东、乌兰小区、兴安路、牧机所、昭乌达、大台路、东影二、师大东西、东影一、林学院、农牧西、农牧东、新建东街、前进巷、乌兰察布路、假肢厂、桥南一、桥南二、草原所、内大北、内大南、新桥靠、三十五中、大学东路、桥靠北、农委、幸福村 28 个居委会。办事处设在附中巷 6 号。2000 年，将新城区的大学西路街道划归赛罕区管辖。2002 年，辖前进、内大、师大、农大、新建东、兴安南路、四千米、群英、学府花园、牧机所 10 个社区。

2. 选择支持性社会组织——呼和浩特市睿联凯舟社会工作发展中心

呼和浩特市睿联凯舟社会工作发展中心成立于 2014 年 12 月，是登记注册于呼和浩特市民政局的一家非营利的综合性社会服务机构。中心秉承社会公平、公正、参与、互助的理念，致力于为呼和浩特市地区提供专业社会服务和政策支持。业务范围涵盖社会工作理论研究、政策咨询、人才培训、交流论坛、社会工作专业评估、培训、咨询、督导、策划等方面。

中心团队由内蒙古大学社会工作专业资深讲师（留学德国不来梅大学）、清华大学社会学博士、上海大学社会学博士、内蒙古大学社会工作专业硕士及内蒙古工业大学社会工作专业硕士等专业人才组成。其中，社会工作师 1 名、助理社会工作师 3 名、国家二级心理咨询师 1 名、国家三级心理咨询师 1 名、会计师 1 名、拥有中华人民共和国律师执业证者 1 名。

2015 年中心被呼和浩特市民政局评为 5A 级社会组织，12 月中国社会工作教育协会学校与青少年社会工作专业委员会在中心成立全国学校与青少年社会工作实务研究基地，2016 年中心被列入"第二批全国社会工作服务示范地区、社区和单位名单"。

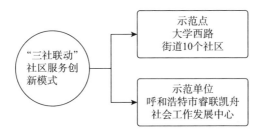

图 6 - 4　呼和浩特市"三社联动"社区服务创新模式试点示范项目实施区域
资料来源：《大学西街社区资源评估报告》《大学西街社区需求评估报告》。

3. 确定培育平台——呼和浩特市社会组织创新服务（孵化）基地

呼和浩特市社会组织创新服务（孵化）基地具有培育扶持、引导规范、成果展示、提升能力和整合社会资源的功能，致力于打造"三社联动"样本基地，促进社区、社会工作、社会组织良性互动和一体化发展。通过孵化培育，各类社会组织有序参与社会服务和管理，充分发挥其在创新社会管理方面的示范和引领作用。

（三）评估优先——大学西路街道购买服务

1. 大学西路街道社区资源评估项目（2015 年 1 月～2015 年 12 月）

社区行政区域的限定、社区资源的不均衡，使得居民无法就近充分享受社区公共资源带来的便利。大学西路街道社区资源评估项目运用社会策划模式的专业方法，打破 10 个社区边界，统一进行资源评估，为街道的社会工作服务中长期规划提供蓝本，紧随其后进行居民需求评估，以居民需求排序对接社会工作服务项目次序，为社区居民提供更科学、更精准的服务。

2. 大学西路街道社区需求评估项目（2016 年 1 月～2017 年 1 月）

需求评估的出发点在于对社区服务的接受方即社区居民进行深度的访谈和了解，把握居民多维度、多层次的需求，在"人在情境中"的视角下进行评估，将需求的复杂性和变动性、人的行为与环境的互动等因素做整体性考量。社区服务的需求评估是社区服务的起点，服务计划、服务方案、服务执行、服务成效都源于此。精准掌握居民需求对后续进行社区服务、社区发展、社区提升项目的开展和推进，都大有裨益。

3. 大学西路街道社区服务项目清单

根据各个社区的资源和居民所反映的需求，按照各社区最需要的服务进行整理和罗列，对相应服务设计社区最需要的共 136 项服务项目，汇总整理成大学西路街道社区服务项目清单，以便社会组织针对相应项目提供服务，助力解决社区居民最亟待满足的需求或问题。

（四）模式复制——"三社联动"社区服务创新模式

呼和浩特市民政局为建立本土化"三社联动"新模式，在呼和浩特市社会组织创新服务（孵化）基地（以下简称"创新服务基地"）成立呼和浩特市"三社联动"办公室，并以大学西路街道前进巷社区等 10 个社区为示范点，以呼和浩特市睿联凯舟社会工作发展中心（以下简称"睿联凯舟社会工作发展中心"）为示范单位。

2014～2018 年，睿联凯舟社会工作发展中心发挥其在社会工作专业领域的核心引领作用，通过前期调研和评估，以社区为平台，在开展社会服务项目和社会工作专业研究过程中，不断创新社会工作服务方式、拓展社会工作服务领域，探索出了一条具有地区特色的社会工作服务模式——"三社联动"社区服务创新模式，该模式为了让"三社联动"真正能联、能动，以"把脉社区需求、提升社会组织能力、增强社会工作者素质"为目标，建立了联动机制、联动模式和社区社会组织服务核心团队。

1. 建立联动机制

（1）支持性社会组织

睿联凯舟社会工作发展中心发挥支持性社会组织的作用，运用专业理念、方法和技能，建立集人才培训、组织孵化、服务指导于一体的专业平台，明确社会工作机构的专业引导作用和社区社会组织的服务功能。

（2）联席会议制度

建立市民政局、大学西路街道两个层面的联席会议制度，明确其在统筹协调、制定政策、监督管理等方面的职责，落实了大学西路街道对"三社联动"的基础保障和组织实施的责任，促进各项服务与需求的有效对接。

（3）联动工作平台

通过创新服务基地，建立政社、校社、企社、社社的多方合作平台，整合社会工作服务资源，发挥社会工作辐射作用，带动社会各界力量参与社区社会治理创新。

大学西路街道购买睿联凯舟社会工作发展中心社会工作专业服务，对10个社区进行资源评估和需求评估服务，以需求为导向进行项目设计、开发和实施，制定服务的标准，注重评估和反馈，满足社区和居民的动态化需求。

2. 建立联动模式

（1）"社会工作者＋志愿者"模式

2016～2018年，打造呼和浩特市赛罕区志愿服务组织孵化基地，引领赛罕区"社会工作者＋志愿者"服务模式。以社会工作者带志愿者，整合志愿资源，规范志愿秩序，发挥志愿服务作用，促进社会工作专业的综合发展，提升社区居民幸福感。

（2）"党建＋公益项目"模式

接受辖区党组织的政治领导，把社会组织党建活动与公益项目相结合，通过呼和浩特市社会组织党群服务中心，对社会组织进行党组织的建设和培育。按照组织部对"两新组织"的党建要求，大学西路街道在党群活动服务中心成立了社会组织"流动党员"之家，重点打造了10个社会组织"流动党员"党建示范点，为每个示范点申请10000元党建专项经费，帮助社会组织成立党组织，以党建促服务，以服务链群众，推动社会工作专业服务与民生工作及党建融合发展，促进非公党建工作有序进行。

（3）"清单式服务"模式

开展为期一年的社区需求资源评估，并撰写评估报告，分析居民真正需求，列出136项服务项目，汇总整理成大学西路街道社区服务项目清单，形成专业对口、点单式社会工作服务模式，让社区活起来。

（4）"公益创投"模式

发展新型的社会组织孵化培育方式，推动社区公益创投，增加社会组织数量，提升社会组织服务能力，增强整体社会服务水平。几年来，创新服务基地实体孵化社会组织28家，落地服务28家，虚拟孵化培育社会组织近200家，辐射近10万人，服务涉及呼和浩特市四区。

3. 建立社区社会组织服务核心团队

呼和浩特市社区社会组织服务核心团队包括社会工作机构、社会组织、社区，只有三者联合，整个社区才能够良性运转。

社会工作机构中的社会工作者担任督导，负责配置各类社会资源，把握专业服务标准，在对社区进行需求评估的基础上，明确社区发展方向，督导社会组织，把握社区发展整体方向。

社会组织是实施主体，在专业社会工作者的督导下依托创新服务基地和社区平台开展服务。社会组织作为实施主体，一方面要把握社区整体发展方向，另一方面在计划实施过程中，要及时将社区居民的需求进行反馈，方便计划调整。

社区的志愿者和社区居民为参与者，也可称为接受服务的主体。志愿者和社区居民发挥配合作用，在专业社会工作者的带动下，有效参与社区治理，他们既是接受服务的对象，也是活动开展的有效配合者。

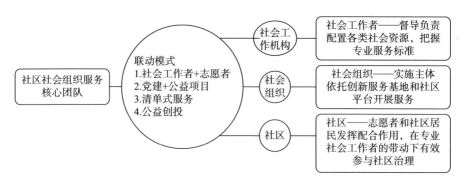

图 6-5　社区社会组织服务核心团队

（五）分类推进——建立社区社会组织服务体系

1. 创新服务基地设计实施架构

以公益创投项目推动社区养老服务体系、社区家庭服务体系以及社区残疾人服务体系的建构。充分发挥各类社会组织在社区养老、家庭及残疾人等服务领域的作用，形成可复制、可推广的"三社联动"社区服务示范模式。

2. 具体操作架构

实施方案一：社区养老服务体系

进行适老化改造，完成居家养老硬件设施的建设。建立日托中心，对

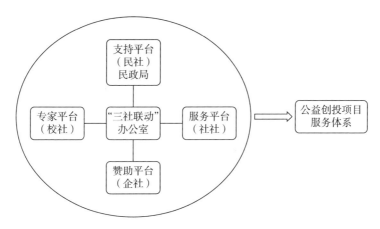

图 6 - 6　呼和浩特市公益创投项目服务体系

社区老人提供短期护理、日常生活照料、健康服务以及文体娱乐等服务，实现社区养老。建立社区医院，打造"医养结合"模式，提高社区老人就医的及时性、便捷性。建立以暂托、家庭喘息服务为主要服务内容的社区多功能服务站，完善社区养老服务。通过社区养老服务体系的构建，打造全方位的社区养老服务模式。

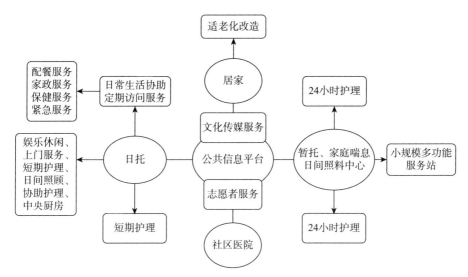

图 6 - 7　呼和浩特市社区养老服务体系

实施方案二：社区家庭服务体系

促进社区家庭和谐，营造社区融洽氛围，共建和谐社区和街道。提供儿童和青少年成长发展服务，提升儿童和青少年综合能力，推广儿童和青少年生命教育服务，保护未成年人合法权益，打造儿童友好型社区。促进家庭女性发展，增强家庭整体功能。服务内容包括就业、身心健康发展、权益保护等。建设社区家庭服务资源网络，支持、鼓励社会组织扎根社区，以清单式服务回应社区家庭多样化需求。

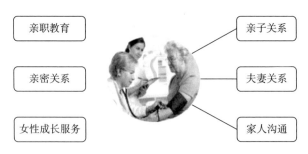

亲职教育　亲子关系　亲密关系　夫妻关系　女性成长服务　家人沟通

图 6-8　呼和浩特市社区家庭服务体系

实施方案三：社区残疾人服务体系

建立社区残疾预防及残疾人康复服务体系；搭建专业化的社区残疾人托养服务平台；建立社区残疾人家庭支持网络；配置社区残疾人康复和托养综合服务设施。

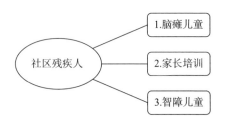

社区残疾人　1.脑瘫儿童　2.家长培训　3.智障儿童

图 6-9　呼和浩特市社区残疾人服务体系

3. 开展公益创投项目

以公益创投的模式培育一批社会组织，打造呼和浩特市社区服务核心团队。通过公益创投形成不少于5个社区养老服务项目，不少于3个社区家庭服务项目，不少于2个社区残疾人服务项目，为社区居家养老、家庭以及残疾人领域提供公益服务。建立多方参与的社会组织培育机制，以服务促培育、以培育促创新、以创新促服务。参与公益创投的社会组织共同致力于试点示范社区养老、社区家庭、社区残疾人三大社区服务体系的建设，打造呼和浩特市"三社联动"社区服务样板模式。

通过公益创投，2017年项目服务的受益对象100%覆盖试点区域的10

个社区。通过公益项目的实施，试点区域内的居民对服务项目的满意度不低于95%。建立首支呼和浩特市"三社联动"社区社会组织服务核心团队。生成"三社联动"社区服务工具量表及服务开发、管理、验收标准。

4. 落实支持平台职责

第一，市民政局落实全市推进"三社联动"工作的意见，负责全市购买服务的组织策划，建立工作协调机制和统筹管理机制，并整合各类资源为项目的实施提供保障。

第二，大学西路街道监督和保障项目实施，提供办公必备的场地、设施等，保障工作开展，组织本辖区内"三社联动"服务项目的实施。

第三，社区居委会是社会工作服务开展的协作者、支持者、保障者和推动者。有效发挥社区公共服务平台的作用，支持、引导、监督社会组织开展专业服务，主动引入社会组织和社会力量。

第四，创新服务基地作为培育社会组织和整合资源的实施主体，是联结民政局、街道、社区和居民之间的桥梁和纽带。创新服务基地通过课程培训、"公益种子项目"等培育社会组织，并与专业社会工作者协同，带动志愿者服务居民，共同解决社区问题。

第五，社会组织是参与社区建设、推动社区发展的重要力量，配合创新服务基地开展"三社联动"工作。其职能是承接服务项目，制订项目执行计划，组织项目实施，开展专业服务。

第六，社会工作者通过开展社区建设与服务的需求调研，策划服务项目，督导项目实施，评估项目成果和影响。动员组织社区居民、驻区单位、社会组织等力量参与社区建设。识别社区需求，参与社会资源、专业资源和社区资源的配置，为社区工作者和志愿者提供专业督导、实践指引和服务指导。

第七，志愿者和社区居民发挥配合作用，在专业社会工作者和社区工作者的带动引领下，有效参与社区自助互助服务和社区治理。

5. 提供服务保障措施

畅通运作机制，发挥联动效应。作为新时期创新基层治理的一个重要突破口，"三社联动"从某种意义上说，是一种政府让渡空间的结果。而要实现这种让渡，畅通有效的运作机制显然是一个重要基础。通过社区资源需求评估，把握群众需求，积极倡导通过购买服务实现群众需求。

强化三大保障，形成长效机制。以社区为平台、以社会组织为载体、以社会工作者为支撑的"三社联动"还可以说是一种需求与供给的智慧。实现需求、供给的平衡，对于提升基层治理水平、巩固党的执政基础意义重大。为保证"三社联动"取得实效，需要不断强化保障体系，以期形成长效机制。

强化组织保障，保证执行效果。呼和浩特市民政局组建"三社联动"领导小组，并成立项目联合办公室，定期就项目执行情况及效果进行讨论。

完善制度保障，确保项目落实。创新服务基地积极出台"三社联动"服务项目工作方案及联席会议、信息联通、服务联办等制度，确保项目的落实。

加强资金保障，增强服务效果。有条件的街道、社区、社会组织，应给予项目一定的配套资金，扩大项目的覆盖人群，保障项目服务效果。

四 "五社联动"

——呼和浩特市"三社联动"社区实务模式的前景

（一）"五社联动"基础探究

1. 发展背景与现状

2019 年年末，新冠肺炎疫情突袭，我国以城乡社区、村庄为基础单元抗击疫情，并取得了疫情防控阻击战的关键性胜利，成为世界抗疫的典范。在全国各地进行疫情防控的斗争中，涌现出除社区、社会工作者、社区社会组织外的两股新力量，即社区志愿者和社区公益慈善资源。

实际上，社区志愿者和社区公益慈善资源这两股力量在正常化的社会情境中，也发挥着重要的作用，只不过在诸如疫情突袭、自然灾难等危急时期，它们的作用显得尤为突出。在新冠肺炎疫情防控期间，全国尤其是湖北，包括社会工作者专业力量在内的大批专业人士，化身社区志愿者，通过线上线下各种方式，在社区、隔离点、方舱医院等一线阵地开展心理疏导、科学知识普及、社会支持、生活照料等服务，获得了广泛的认可。同时，社区公益慈善资源也在疫情防控期间涌现，为社会工作者链接资源拓展了空间。社会工作者参与抗疫，既增长了自身链接资源的能力，又拓展了社会工作在本行业及公益慈善行业的社会资本。

在此背景下，吸纳新要素，将"三社联动"升级为"五社联动"便有了坚实的社会基础。随着党和国家越来越重视社区基层治理，提出"建设人人有责、人人尽责、人人享有的社会治理共同体"，更是要求社会工作者要积极主动融入基层治理大局，与社区、社区社会组织、社区志愿者、社区公益慈善资源等进行整合和联动，发挥社会工作者专业力量，推动社区基层治理全面可持续发展。

于是，在疫情后的重振中，上海、深圳、湖北武汉和黄冈、安徽合肥、福建石狮等全国多地民政部门在"三社联动"基础上，启动"五社联动"机制模式创新，试图通过发挥"五社联动"作用，助力化解"疫后综合征"，推动基层治理发展，并取得初步成效。

以湖北武汉、黄冈和福建石狮为例，湖北省经过周密调研和论证，在民政部的支持下，引入阿里巴巴公益基金会、腾讯公益慈善基金会、中华慈善总会等慈善组织，投入资金4200余万元，在武汉、黄冈等地的210余个社区、街道（乡镇）实施"五社联动"社会工作服务项目，推动形成"五社联动"服务机制，完善城乡社区治理体系，打通社区资源链接路径，促进资源互助共享，实现多方共赢，形成良性循环，在满足居民需求、解决社会问题、提升居民参与度方面取得良好成果。福建省石狮市在全市9个社区试点推行了以党建引领社区营造为中心，以满足居民需求为导向，社区、社区居民、社会工作者、社区企业及社会组织"五社联动"的基层治理模式，促进资源在基层整合、问题在基层解决、服务在基层拓展。

2. 要素内涵及功能界定

在"五社联动"中，"五社"指的是社区、社会工作者、社区社会组织、社区志愿者和社区公益慈善资源。根据要素论，社区、社会工作者、社区社会组织、社区志愿者在性质上属于主体性要素，它们是社区治理中的四大参与主体；社区公益慈善资源则是非主体性要素。下面，我们来了解一下各要素的内涵及功能。

（1）社区

从概念上来说，社区通常是指具有某种互动关系和共同文化维系力的，在一定领域内相互关联的人群形成的共同体及其活动区域。在"五社联动"框架下，它被赋予了两个内涵。一是它可以作为社区治理的主体，这时它代表的是社区党组织和社区居委会。二是它可以作为社区治理的要素，这时它又有三个内涵：其一，作为活动场所或物理实践空间及其承载的物体；其二，基于特定物理范围之上的社会空间及其内容物，如它可以被视为资源平台、社交空间等；其三，借助网络空间与社区之外发生的各种联结。

在实践中，一方面，社区可以有效发挥其基础平台作用，培育社区社会组织，动员社区志愿者，吸纳社区公益慈善资源，支持、监督社会工作机构开展社会工作专业服务，鼓励、支持社区工作者参加全国社会工作者职业水平考试，提升转化为社会工作专业人才。另一方面，社区工作者可以通过加强与专业社会工作者的协作，为社区社会组织、社区居民赋能，带动社区志愿者服务社区居民，共同解决社区问题。

（2）社会工作者

社会工作者一般指通过全国社会工作者职业水平考试、提供社会工作专业服务的人员，也包括拥有社会工作相关专业学历和接受过一定学时社会工作专业培训的人员。

从功能上来说，社会工作者可以开展居民服务需求调研、策划社区服务项目，同时为社区工作者和社区志愿者提供专业参谋、实践指引和服务指导，也可以针对民政系统干部职工和社区工作者开展社会工作知识培训，孵化培育社区社会组织。

（3）社区社会组织

《民政部关于大力培育发展社区社会组织的意见》指出，社区社会组织是由社区居民发起成立，在城乡社区开展为民服务、公益慈善、邻里互助、文体娱乐和农村生产技术服务等活动的社会组织。社区社会组织的功能性主要体现在提供社区服务、扩大居民参与、培育社区文化、促进社区和谐等方面。

（4）社区志愿者

社区志愿者是指以社区为范围，在不为任何物质报酬的情况下，能够主动承担社会责任，参与社区服务与治理，奉献个人时间及精神的人。

社区志愿者，在"三社联动"架构下，原本归于社区社会组织。我国许多城市已建立了多种形式的社区志愿者组织，并制定了有关章程和管理办法。社区志愿者日益成为社区基层治理体系中的重要主体之一，基于其重要性和积极作用的不断提升，我们把它分离出来，作为"五社联动"中的一个独立主体。在"五社联动"架构下，它兼具居民个体和组织化的社区社会组织、志愿者团体成员两个特征。在专业社会工作者和社区工作者的带动引领下，社区志愿者可发挥自身特长和优势，积极参与社区自助互助服务和社区治理。

（5）社区公益慈善资源

2016 年，我国颁布《中华人民共和国慈善法》，将公益和慈善结合起来，倡导指向公众利益的"大慈善"。在这里，慈善活动是指自然人、法人和其他组织以捐赠财产或者提供服务等方式，自愿开展的公益活动。

2014 年，国家推动社区基金会时，社区与公益慈善资源概念的结合被提出来。社区公益慈善资源包括但不限于社区基金会这一类。新冠肺炎疫情更是让我们意识到社区公益慈善资源既包括本地资源，也包括外地资源，尤其是在危急时期，外地资源显得更为重要。

现在，从概念上来讲，社区公益慈善资源被普遍认为是指社区可获得、可支配，用于回应社区需求、提供社区服务、解决社区问题的一切物质、资金、技术、服务等社会资源。社区公益慈善资源要真正发挥其功能，需要社区发挥开发利用平台的作用，更需要社会工作者、社区志愿者做好资源链接。

3."五社联动"基本内涵

综上，借鉴《湖北省城乡社区"五社联动"工作指引》，我们认为"五社联动"就是指立足社区，坚持以党建为引领、以居民需求为导向、以政府购买服务为牵引、以社区为平台、以社会工作者为支撑、以社区社会组织为载体、以社区志愿者为辅助、以社区公益慈善资源为补充的新型社区治理模式。在这一模式下，社会工作者充分发挥专业优势，赋能社区社会组织、社区志愿者和社区居民，发掘和利用好社区公益慈善资源，从而实现提升社区治理效能，推动建设人人有责、人人尽责、人人享有的社会治理共同体。

（二）"五社联动"的优势

作为完善社区服务体系、创新基层治理的重要途径和改善人民生活品质、完善共建共治共享的社会治理格局的重要举措，"五社联动"对于巩固党的执政基础、化解社会矛盾、调适社会关系、增进社会融合、促进社

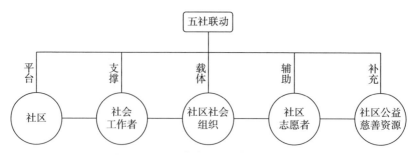

图 6-10 "五社联动"社区治理模式

会协同等具有重要意义。与"三社联动"相比,它具有以下优势。

主体和可获得的资源更为丰富。同"三社联动"相比,"五社联动"中增加了社区志愿者这一独立主体和社区公益慈善资源这一资源要素。这就使得社区治理有了更多的人力资源和财力资源。

改变单一的"输血式"政府供给方式,为社区注入更多活力。由于社区志愿者和社区公益慈善资源这两股新力量加入,"三社联动"中依靠政府的单一"输血式"资源投入模式将被改变,社区集资路径进一步拓宽,从而能够减少政府资金短缺给社区建设和治理带来的制约,增强社区自身活力,推动社区能动性的进一步发挥。

培育社区治理活跃力量,增强社区行动能力。从"五社联动"的探索实践中,我们看到社会工作者的专业优势得到进一步的充分发挥,成为社区治理中的一股重要驱动力量和枢纽。而社区社会组织的蓬勃发展、社区志愿者队伍的壮大、社区公益慈善资源的注入,推动了社区居民的广泛参与,这都使得提升社区治理能力和水平积极可期。

(三) 呼和浩特市"三社联动"社区实务模式的完善

根据当前呼和浩特市经济社会快速发展呈现社会阶层多样化、生活方式多样化、工作形式多样化、人员组成多样化、利益主体多样化、分配方式多样化等六个多样化的趋向,以及转型期各种利益诉求相互交织、博弈导致矛盾增多的特点,呼和浩特市"三社联动"模式应该坚持组织化拉动、社会化运营、多元化发展、项目化支撑、专业化导向五大战略,并逐步向"五社联动"发展。

1. 多维协同的组织化拉动战略

"三社联动"涉及多方协调,仅仅依赖政府或者社区、社会组织和社会工作者一方的力量单打独斗，尚不足以产生持续、稳定的联动效益。从可持续发展角度来看，需要坚持政府主导，广泛吸收社会资源参与联动，积极培育和利用社区志愿者服务组织，采取市场化运作和激励方式，以充分调动社会各界力量为出发点，实现"三社联动"的可持续发展。基于社会管理的实际情况，政府在多维协同中应当承担主导推动的责任，要联合各方创造"三社联动"的资源和信息可以畅通流动的技术基础、制度平台和运营环境，共同探索和制定"三社联动"的新机制和新模式，实现社区、社会组织、社工队伍的一体化联动发展。

2. 借势扩张的社会化运营战略

"三社联动"的社会化运营是新时期城市社区建设工作的一个新发展，也是社会主义市场经济体制的必然要求。"三社联动"要运用市场方式引入社会资源，广泛吸收行业企业、社会组织和社会力量的参与，促使社会各方利益相关者、社会第三方组织、公众等参与需求确定、资源投入和政府管理评价等诸多联动环节，实现增加社区资源供给、改善社区管理效能、节约有限社区财政资源的效果。通过建立健全社会工作者队伍专业服务市场化运营机制、社会组织发展市场化培育机制、社区建设投入资本化运作机制，实现基于社会参与的社会化运营，形成社会服务的"政府—市场—社会"三元模式，并成为党和政府解决社会问题、缓解社会矛盾、增进社会团结、维护社会稳定的有效力量。

3. 聚类突破的多元化发展战略

"三社联动"的多元化发展是由社区事务纷繁复杂、社区问题各式各样、社会需求千差万别、利益关系错综复杂等特点所决定的。在载体建设上，随着产业结构、职业结构、消费结构和生活方式的不断调整和更新，我国城市化进程的速度明显加快，涌现了各具特色的新型社区，呈现多元化发展的特点；在社会工作者队伍建设上，社会工作的发展不一定只是依靠社会工作者或者是社会工作专业学生，它需要的是全社会共同的努力，社会工作的发展需要多元化的道路，除了专业化道路以外，更需要走本土化、市民化道路；在社会组织建设上，由于人群年龄结构、经济收入、职业地位、地区来源、文化程度等背景的不同，对社区服务有着不同的需求，社会组织服务供给应该适应多元化后现代社会人的需求，积极引入社会工作专业服务，同时拓宽社会组织服务社区发展的途径。

4. 重点倾斜的项目化支撑战略

通过对一些居民需求旺盛、专业性要求高的服务进行重点项目化运作，趁此培育和扶持一批社会组织，引导和规范社会组织朝着有利于提升社区建设和社区服务水平的方向发展。这样做可以达到以下几种效果。

一是促进社会矛盾的缓解。项目工作人员依托社区，通过资源整合、心理疏导、人文关怀等多种服务手段，把矛盾化解在基层、解决在萌芽，达到标本兼治的效果。

二是填补社会服务的不足。政府购买服务项目向居民提供一种全新的社会服务，有效地填补政府提供的传统社会福利服务的不足。

三是提升社会服务的品质。在实施服务项目过程中，项目工作人员进行"角色扮演"和"换位"体验，使社区居民深切感受"以人为本"，培养他们对社区、家庭的归属感和自助互助精神。

四是实现社会资本的集聚。项目工作人员在实施服务项目过程中，注重发挥社区志愿者的作用，形成"社会工作者引领社区志愿者、社区志愿者协助社会工作者"的良性循环效应，为经济社会的发展和文明水平的提升增加了优质社会资本存量。

5. 产业运营的专业化导向战略

"三社联动"的专业化导向战略基本可以概括为"组织功能化、服务专业化、社工产业化"。一方面，社会组织逐步实现社会化、专业化的自我管理，加大政社分开、管办分离的力度。通过建设新型社区服务站，培育和壮大社区公益性服务组织，进一步推进政府职能转变，改进工作方式，减轻社区居委会的行政负担，使其更好地为居民服务。另一方面，改革的实践表明，构建精干、高效的政府组织体系和运行机制，必然要将社会管理和社会福利服务等具体事务，从政府职能中剥离出来交由社会承担，而社会工作人才队伍的发展是促进这一改革顺利进行的有效途径。社会组织的健全完善和民间机构的发育壮大，为社会工作职业和专业的发展提供了良好的社会基础。

值得注意的是，我国的经济社会发展需要专业化的社会工作，既要注意转变社会组织职能和提高现有社会工作者的专业素质，又要注意促进社会工作实践与理论的结合以及完善社会工作教育。与专业化相伴随的是社会工作的产业化，实现社会工作的产业化有着巨大的积极意义和现实可能性。

第七章

社会组织的联动与资源整合

——基于鄂尔多斯市"三社联动"模型的建构

一 绪论

（一）选题背景与研究意义

1. 选题背景

（1）政策背景

2013 年民政部、财政部发布《关于加快推进社区社会工作服务的意见》，提出要建立健全社区、社会组织和社会工作专业人才联动服务机制，探索建立以社区为平台、以社会组织为载体、以社会工作专业人才为支撑的新型社区服务管理机制。为"三社联动"这一基层治理形式的推进提供了可能。

党的十九大以来，构建共建共治共享的社会治理新格局成为基层治理的重要着力点，"三社联动"也逐渐显现其重要地位。2021 年《政府工作报告》强调大力发展社会工作，支持社会组织、志愿服务、公益慈善发展，为"三社联动"的发展提供了重要的政策保障。

（2）社会背景

2018 年鄂尔多斯市印发《鄂尔多斯市开展"三社联动"试点工作实施方案》，为"三社联动"在基层地区的实行提供了制度保障。鄂尔多斯市 C 社会组织作为试点单位，承接"三社联动"项目并深入 A 社区开展服务。

本研究基于项目实施背景及后期服务的延展，对 C 社会组织在"三社联动"项目中成效突出且具有创新形式的经验做出及时总结，从而促进"三社联动"更好发展。

2. 研究意义

（1）理论意义：实现对"三社联动"运行机制的模型建构

我国目前对"三社联动"的研究大多是对其模式的宏观概括，而缺乏对微观要素的系统分析。因此本研究将从鄂尔多斯市 C 社会组织"三社联动"项目实际经验出发，对"三社联动"的微观服务模型展开建构，从而在很大程度上弥补这一不足。

（2）实践意义：适应基层治理的发展要求

2021 年《政府工作报告》提出要加强和创新社会治理，夯实基层治理基础。对"三社联动"的推广，能在一定程度上促进基层治理的完善。本研究将通过对"三社联动"实际应用项目的系统梳理，全过程、多角度对"三社联动"进行分析，有助于提升典型意识，从而为基层治理更好地满足公民需求、提升服务质量提供模型参考。

（二）研究综述

1. 国内研究综述

"三社联动"作为具有中国本土特色的基层治理举措，反映出其实践先行的特征。目前国内以协同治理视角分析"三社联动"的研究成果较少，主要集中于对"三社联动"运行机制及存在的问题进行研究。

从协同治理视角分析"三社联动"运行机制，国内学者更多的是聚焦于协同治理视角同该机制的观点嵌套，其中以解释政府同社会的关系为主。"三社联动"是"三社"在政府倡导下，通过资源互补形成合力，从而推进服务最优化的一种协同治理模式。"三社联动"机制主要表现为动力、保障、信任、共享、协作几大层面（左璐璐，2016）。"三社联动"是社区多元主体治理新机制，需要从建构走向协同，并在此基础上重构政社关系（方舒，2020）。通过协同治理审视"三社联动"，将更好地发现双方的契合性，并实现营造多元主体格局、强化社区善治、健全协商民主及构建行为规范体系等目标（陈斌，2020）。除此之外，在"三社联动"机制研究中，也蕴含着协同治理相关概念。"三社联动"作为从实践中来到实践中去的社区治理方式，强调信息共享和"服务型治理"（王思斌，2017）。

"三社联动"还需要重视街道同社区的协同发展（曹海军，2017）。

从协同治理视角分析"三社联动"存在的问题，国内学者多认为在"三社联动"执行过程中有较多协调及互动问题，需要通过多方介入加以改善。"三社联动"在兰州地区的推进过程中，以整合服务力量、引进专业社工和精细化开展服务等形式实现协同治理，但也存在多元主体界定不清晰、民众参与不足等问题（张飞波，2019）。协同治理下"三社联动"项目目前存在责任分工低效、服务供需失衡、人才队伍薄弱和政府收效甚微等问题，在后期实践探索中亟待解决（王晓松，2021）。在具体实践中，有关"三社联动"介入社区治理的分析较多。辽宁以高效推进社区养老的举措为切入点，对当地"三社联动"机制的内在张力做了有效探索（李佩芬，2016）。湖南提出"三社联动""社区自主立体式"的服务理念，形成"1+1+1"的项目服务形式（廖敏，2017）。"三社联动"同乡村振兴结合体现在其在基层党建服务中的适切性上，并在此过程中强调老年服务的重要性（吴小青、黎春娴，2019）。诸如此类基于"三社联动"的分析研究较多，体现出"三社联动"在实践层面经验丰富的优势以及与协同治理视角的适切性。

2. 国外研究综述

"三社联动"概念在国外相关研究中涉猎较少，但存在协同治理视角下对多元主体参与社区治理的相关研究，下面将对此部分做系统梳理。

在解决公共问题时，政府应倡导社区治理多元主体化，并在此期间厘清彼此之间的关系，从而为提升公共服务质量提供保障（奥斯特罗姆，2000）。协同治理逐渐介入地方治理，主要形式是公民与社区机构代表进行理性协商（Cooper et al.，2006）。在社区治理中，政府应当承认多元主体协作参与治理的合理性，并将推进社区实现自治作为最终发展目标（帕特南，2015）。

有关协同治理在西方维度的诠释，集中于多学科领域。联合国全球治理委员会认为协同治理是使多元主体参与利益协调，强调了治理主体的多中心化、治理权威的多样化、子系统之间的协作性、系统的联合动态性、自组织的调和性和社会秩序的规范化。协同治理以组织之间互换信息、改变行为、共享资源、提升能力为过程，并在这一过程中承担责任、共享利益，最终实现公共利益最优化，达成共有目标（Himmelman，2002）。

总之，国外协同治理视角下对社区治理的研究更多的是聚焦于对多元主体形式和种类的分析，且大多以政策倡议为主，缺乏对应的实践经验总结。

（三）研究方法

扎根理论是 20 世纪 60 年代美国学者 Glaser 和 Strauss 基于实地研究所提出的。其主要研究路径为基于大量研究资料，将资料通过开放式编码—主轴式编码—选择性编码的顺序进行归纳并形成科学结论。该研究路径强调理论建构是个不断比较、连续抽象的过程。本研究基于扎根理论，采用调查研究中的结构式访谈和实地研究中的参与式观察收集相关资料，并在总结比较后形成"三社联动"模型建构。

1. 调查研究：结构式访谈

本研究主要依据"求异法"原则（潘绥铭等，2010），即对"三社联动"项目中成员内部差异性信息收集分析。访谈人数为 13 人，考虑到服务主体的受教育程度及对方言的熟悉程度不同，共设计 3 个结构式访谈阶段，每段访谈时间均在 20～30 分钟。在保证数据来源真实的基础上达到沟通渠道的多元。访谈内容主要涉及"三社联动"项目的基本情况与运行流程等。访谈对象构成及访谈提纲见附件一。

2. 实地研究：参与式观察

本研究还以实地走访和参与项目实施全过程等方式，获得 C 社会组织"三社联动"项目的运行情况；通过长期的观察总结经验，反思不足。除此之外，在征得"三社联动"项目工作人员的允许下，获取到其在"三社联动"项目执行期间的项目书和评估材料，为扎根理论编码过程中缺少的书面资料提供补充，也可以从侧面印证访谈的真实性，使研究更具有可信度。

（四）研究思路与写作框架

1. 研究思路

本研究分为前期准备、模型建构及总结三个阶段。前期准备期间对协同治理和"三社联动"相关文献进行梳理，并对研究对象和资料做到基本厘清。模型建构期间采取扎根理论编码对已有资料加以分析并形成基本结论。总结期间采用协同治理视角对已建构的模型进行分析与解释，从而深化"三社联动"模型建构。

2. 写作框架

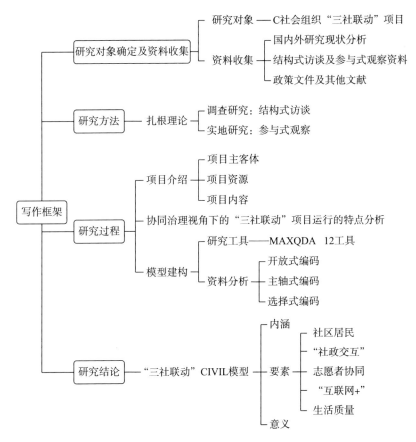

图 7 - 1 　写作框架

（五） 创新点

1. "三社联动" 项目全过程梳理

本研究将聚焦于 "三社联动" 项目运行的全过程，并在汇总相关资料的基础上做到对过程的系统性描述。对 "三社联动" 项目全过程梳理将有利于明确参与各方的关系，从而为厘清 "三社联动" 项目具体运行机制提供经验。

2. "三社联动" 模型建构

本研究将在 "三社联动" 项目经验资料收集和编码的基础上形成带有示范意义的 "三社联动" 模型，这将更好地为 "三社联动" 多样化、多维度、多主体的项目活动形式提供经验总结，为有效满足社会需求、解决多元问题提供模型参考。

3. 协同治理视角与"三社联动"的结合

协同治理作为服务型政府的一种探索模式,在基层治理中逐渐得到运用;"三社联动"多主体协同开展服务的形式同协同治理的理念存在相通之处。因此本研究将聚焦于此并进行展示。

二 相关概念界定

(一)"三社联动"

"三社联动"作为我国探索基层治理的创新性举措,更多地带有经验先行的特征。目前学界对"三社联动"的研究主要聚焦于概念辨析、运行机制及案例分析三大方面。

我国目前对"三社联动"概念的界定大多集中于"三社"关系、形成机制及其同政府的关系等层面。"三社联动"是对"三社"共同介入社会建设、创新社会治理的通俗概括(王思斌,2015)。"三社联动"是继"单位制""社区制"后第三大嵌套社会治理的模型(徐永祥、曹国慧,2016)。"三社联动"强调政府同社会的关系从对立走向共生,通过政府购买服务激励社会发展(徐选国、徐永祥,2016)。

综上,"三社联动"是以城乡社区为平台、以社会组织为载体、以社会工作专业人才为骨干的顶层工作机制。其特点在于多主体参与、多服务维度和多需求适切,是当前服务型政府探索出的基层治理的创新性举措。

(二)协同治理

协同治理,作为20世纪90年代西方社会为改善政府同社区治理的关系所提出的概念,得到了较为广泛的运用。近些年来我国学者在结合本国国情的基础上采用协同治理分析政府治理成效及出路探索等问题。

我国学者对协同治理的研究更多集中于视角分析及学理探究,近些年来有融入服务型政府构建讨论的趋势。协同治理的内涵是主体间匹配性、一致性、动态性、有序性和有效性,强调政府从治理到善治的职能角色转变(李辉、任晓春,2010)。协同治理以治理主体多元、治理范围有限和治理模式互动为特征(朱纪华,2010)。协同治理指的是利益相关者为解决现有社会问题，以联合互动的方式共同参与建设并共同承担责任的过程，其特征在于公共性、多元性、互动性、正式性、主导性、动态性（田培杰，2014）。

综上，协同治理是政府同非政府组织在共有目标支持下发挥各自优势从而促进公共利益最大化的社会治理过程，其主要特点在于主体多元性、系统协同性、联合动态性、治理有序性。

三　鄂尔多斯市 C 社会组织"三社联动"项目的运行情况

（一）项目介绍

2018 年，鄂尔多斯市政府将推进"三社联动"项目作为工作重点，以政府购买服务的形式针对市内各社区进行项目招投标。C 社会组织在这一背景下同 A 社区进行结合，开展许多面向公众、提升居民社区参与度的项目。其实施过程、效果及影响见图 7-2。

1. 项目主客体

（1）项目主体

本项目涉及主体包括 A 社区、C 社会组织、社会工作者、政府部门及志愿者，在政府部门中，涉及"三社联动"项目的有退役军人管理局工作领导小组，主要工作人员有 8 人。志愿者包括老年志愿者、儿童志愿者和其他志愿者三部分，目前共有 76 人。

（2）项目客体

本项目涉及客体主要为 A 社区居民，包括学龄儿童、60 岁以上老年人。A 社区下辖 7 个住宅小区，社区现有 3268 户 8172 人。其中 60 岁以上老年人约占总人口的 10.7%，共有 878 人，老年人数量较多，在社区常住人口中占比较大，且目前有约 70% 的老年人属于农转非居民。学龄儿童占比较少且流动性较大，统计资料目前缺失。

2. 项目资源

（1）人力资源

人力资源包含服务方及其他人员。其中作为服务方，该"三社联动"

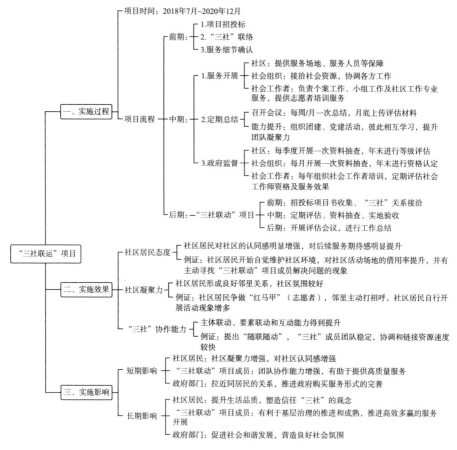

图7-2 "三社联动"项目实施过程、效果及影响

项目涉及A社区领导8人、工作人员56人，C社会组织员工6人、社会工作者3人，其他人员包括志愿者。他们作为"三社联动"项目得以正常运行的推动者，所发挥的作用不可小觑。

（2）财力资源

财力资源主要指"三社联动"项目的申报资金。总项目资金为21.5万元，其中涉及老年服务项目（包括个案工作、小组工作、社区工作等形式）资金共计16.5万元，涉及学龄儿童服务项目资金为2万元，剩余资金用于志愿者团队培训及"三社联动"项目成员团建活动。

（3）物力资源

物力资源主要指"三社联动"项目运行中的办公场所、活动场地、文娱设施及其他设施。在办公场所方面，A社区办公场所与C社会组织办公场所（由社会组织员工同社会工作者共同经营）相对独立。在活动场地方面，A 社区作为主要平台，有小广场、多媒体辅导室等设施。在文娱设施方面，A 社区有功能齐全的棋牌室、排练厅及乒乓球室，可供居民日常活动。在其他设施方面，A 社区有独立的卫生中心和完备的助餐食堂，也为 A 社区居民的日常生活提供场地。

3. 项目内容

（1）满足文化需求

"三社联动"项目通过开展论坛等活动，从而发展社区居民兴趣，丰富其文化生活，提供健康方面知识支持。现有论坛内容包括慢性病饮食及防治、节日习俗讲解及文化大联欢等。

（2）培育社区后备力量

"三社联动"项目还以开展志愿知识学习和能力建设培训会议的形式，培养、发展志愿者团队，提升服务能力，从而为社区日常管理提供后备力量。

（3）提升社区凝聚力

在"三社联动"项目中，社会工作者携手社区开展"睦邻社区日"和团圆宴等活动，促进社区融入和社区参与，从而增强居民归属感，倡导子女关爱长辈的家风形成。

（4）提供专业服务

对 A 社区中存在困境的居民给予个案工作、小组工作和社区工作等社会工作专业服务，从而及时了解其诉求，提升服务质量。

（二）协同治理视角下的"三社联动"项目运行的特点分析

1. 主体多元性

在"三社联动"项目中，政府、社区、社会组织、社会工作者和志愿者协同体现出主体多元性的特征。这在很大程度上体现出当前政府治理从"以管理为主"向"社区治理"的转化。

多元主体的参与更有利于"三社联动"项目在运行期间侧重于对服务质量的提升和对关系责任的厘清。各主体在构成平等协商关系的同时构建良好的信任基础，在整合资源的同时促进社区居民的有效参与。

2. 系统协同性

本研究涉及的"三社联动"项目体现了系统协同性的特点，表现为

"三社联动"的推进以项目运作为出发点,通过社会组织承接政府招投标项目的方式,将专业服务纳入基层治理,并在此期间通过各方主体参与,让社区居民享受专业的服务。

社会组织是项目承接方,社会工作者是服务提供方,社区是服务受益方。在协同治理过程中社会组织、社会工作者及社区三方的协作以活动和服务为依托,同时强调与政府进行合作,达到公共利益最优化的效果。

3. 联合动态性

"三社联动"作为动态联动过程,在具体服务中体现出联合动态性。本研究涉及的"三社联动"项目更多地强调"三社"之间的服务机制动态性,也强调"三社"同政府的沟通动态性。

"三社"之间的服务机制动态性体现在三者信息传递、服务互学、互评互监、联动认同和成员流动的动态循环上。"三社"同政府的沟通动态性主要表现为在项目运行过程中,政府部门介入、监督和提升机制。

4. 治理有序性

在"三社联动"项目推进期间,也体现出了治理有序性的特征。政府作为服务购买方,在此过程中发挥着引领作用。社区则更多地同社会组织、社会工作者作为服务输出方在项目执行中发挥着核心作用。志愿者同社区居民一道,作为项目执行过程的参与方及受益方,保障项目执行的最终效果。

四 "三社联动"模型的建构

(一) 基于扎根理论对"三社联动"项目运行资料的分析

在对信息进行整理的过程中,将涉及"三社联动"项目核心成员的A1、C1 和 S1 三人的访谈记录及项目申请和评估资料等用于饱和度检验,将剩余 10 人的访谈资料用作扎根理论编码分析,从而符合最大差异的信息饱和原则。

1. 开放式编码和主轴式编码

在开放式编码的过程中,通过逐字逐句地分析访谈内容,尽可能地采用专业化和理论化的概念对其中的日常行为和态度观念进行加工和囊括,经过汇总最终在开放式编码中获得 71 个概念。之后通过对概念类属进行主轴式编码，推敲其中的语义关系、因果关系及逻辑关系，得到 16 个主范畴。开放式编码—主轴式编码详见附件二。

2. 主轴式编码和选择性编码

选择性编码是通过对主轴式编码得到的 16 个主范畴进一步加工汇总，从而挖掘其核心范畴的过程。对"社区居民基本情况"和"社区居民需求评估"这两大主范畴进行分析可以发现，"三社联动"的服务客体是社区居民；从"政府介入机制"至"互促共进"的八大主范畴则展现了"三社联动"项目在开展服务时的交互过程；"志愿者分类"和"志愿者培育"这两大主范畴表明志愿者作为后备力量在"三社联动"中的辅助作用；"信息化"和"智能化"两大主范畴体现"互联网＋"在"三社联动"中的技术媒介作用；"服务群体"和"服务内容"两大主范畴体现提升生活质量是"三社联动"服务的总体趋势与最终目标，由此总结出五大核心范畴。主轴式编码—选择性编码详见附件三。

3. 理论饱和度

为有效验证五大核心范畴的真实性和准确度，本研究还对 A1、C1 和 S1 的访谈记录及项目申请和评估资料按照相同方式进行开放式编码—主轴式编码—选择性编码，最终得到的概念、主范畴和核心范畴包含现有结论，因此停止采样，从而证明现存模型的完整性。

（二）"三社联动" CIVIL 模型

1. "三社联动" CIVIL 模型的内涵

从已有编码可知，C 社会组织的"三社联动"项目共有五大核心范畴，分别是社区居民、"社政交互"、志愿者协同、"互联网＋"和生活质量。通过对其进行整理汇总发现，这五大核心范畴是构成"三社联动" CIVIL 模型的主要要素，具体运作形式如图 7 - 3 所示。

综上可以把"三社联动" CIVIL 模型概括为以社区居民（Community resident）为服务客体、以"社政交互"（Interactive）为互动特征、以志愿者协同（Volunteer）为后备力量、以"互联网＋"（Internet＋）为服务媒介和以生活质量（Live quality）为服务目标的"三社联动"模型。该模型是对社区、社会组织及社会工作者"1＋1＋1"互动形式的合理扩充，是对"三社联动"运行机制的归纳总结。

2. "三社联动" CIVIL 模型的构成

（1）五大要素

通过图7-3可知，该模型由社区居民、"社政交互"、志愿者协同、"互联网＋"和生活质量五大要素组成。反映出"三社联动"项目在具体运行中出现的基本事项，厘清各方角色的定位。

（2）三大层面

在"三社联动" CIVIL 模型中，体现出"三社联动"项目服务的三大层面。即"社政交互"和志愿者协同构成的服务主体、社区居民和"互联网＋"构成的服务媒介、生活质量构成的服务目标。

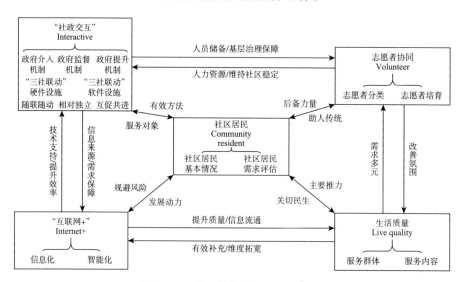

图7-3 "三社联动" CIVIL 模型

（3）双向关系

社区居民、"社政交互"、志愿者协同、"互联网＋"和生活质量这五大要素并非是孤立存在的，而是彼此存在双向关系，从而共同为"三社联动"项目的推进起促进作用。

3. "三社联动" CIVIL 模型的意义

（1）"三社联动"机制具象化

"三社联动" CIVIL 模型的形成，是对"三社联动"机制的具象化诠释，该模型对"三社联动"中参与要素、各方权责划分及资源支持做到集中展现，该模型的构建将有利于对"三社联动"这一社区治理举措的把握，取得经验反哺实践的效果。

（2）完善"三社联动"机制

"三社联动"CIVIL 模型建构有利于对多方主体参与基层治理的机制加以系统总结。通过"三社联动"机制来实现治理效果的最优化，发挥"三社"等治理主体"1＋1＋1＞3"的服务综合效应。

（3）优化协同治理权责

结合协同治理视角分析得出的"三社联动"CIVIL 模型，有助于优化基层治理实践中的各方权责。例如对治理主体及其相互关系进行准确梳理，对服务过程中的主体、媒介及目标进行清晰界定，有助于"三社联动"机制在基层治理中推广。

（4）阐释"三社联动"资源支持

"三社联动"CIVIL 模型的建构可以更好地阐释项目运行过程中的资源支持。社区具有包容共享的平台优势，社会组织具有机制灵活的载体优势，社会工作者具有助人自助的专业优势，因此该模型能够更好地同协同治理的观点达到契合。

（三）对"三社联动"CIVIL 模型的阐释

1. "三社联动"的服务主体

（1）"社政交互"

"社政交互"作为对"三社联动"在组织层面的系统阐释，以专业方法推进社区项目、以志愿者培育落实基层社区自治保障、以信息传输拓宽"互联网＋"发展门路。作为满足居民合理诉求的实践路径，是形成模型的互动特征。"社政交互"内容主要包括政府介入机制、政府监督机制、政府提升机制、"三社联动"硬件设施、"三社联动"软件设施、随联随动、相对独立和互促共进。由于其涉及"三社"同政府的协同联动，所以"社政交互"是该模型的核心。

在这里"社政交互"除牵涉"三社联动"原有的主体部门之外，还增加了对政府部门的功能分析，是对"三社联动"机制的扩充。"社政交互"机制强调将社区、社会组织和社会工作者作为行动主体，将随联随动、相对独立和互促共进作为互动特征，将政府介入机制、政府监督机制和政府提升机制作为政府保障。有关"社政交互"机制的具体细节见图 7－4。

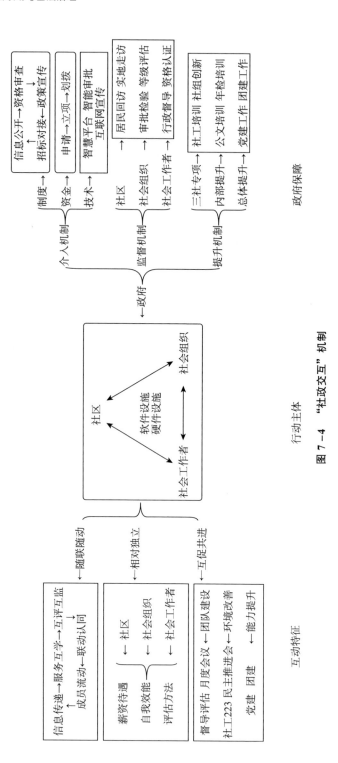

图 7-4 "社政交互"机制

（2）志愿者协同

志愿者作为"三社联动"中自发催化而生的民间力量，在秉持乐人乐己传统、维持社区稳定及改善社会风气等维度提供及时补充，是形成模型的后备力量。涉及志愿者分类和志愿者培育等多元内容。

2. "三社联动"的服务媒介

（1）社区居民

社区居民作为"三社联动"服务接受者，在落实"社政交互"、志愿者协同、"互联网＋"技术完善和生活质量提升等行动方面起到助推作用。

（2）"互联网＋"

"互联网＋"作为"三社联动"服务落实的有力工具，通过信息化和智能化技术对社区居民规避风险、"社政交互"提升效率和提升生活质量提供切实保障。

3. "三社联动"的服务目标：生活质量

作为"三社联动"服务开展的目的，生活质量是政府和"三社"关切民生、志愿者满足多元化培育倾向及"互联网＋"拓宽发展维度的主要推动力，是该模型日后的服务目标和落脚点。

五　结论

（一）研究成果

本研究主要在"三社联动"模型概括、机制梳理和服务普及方面取得相关成果，下面将进行简要论述。

1. 模型概括

本研究以协同治理为视角，采用扎根理论对"三社联动"项目具体运行机制展开模型建构。从而得出以社区居民、"社政交互"、志愿者协同、"互联网＋"和生活质量为构成要素的"三社联动"CIVIL模型。该模型对"三社联动"项目全过程做到基本梳理，为"三社联动"这一基层治理举措的普及和经验化总结提供借鉴。

2. 机制梳理

本研究以协同治理为视角，对"三社联动"项目的运行机制做到全过程梳理。对"三社联动"项目全过程梳理将有利于明确参与各方的关系，从而为厘清"三社联动"项目具体运行机制提供经验。

3. 服务普及

本研究对"三社联动"这一基层治理形式进行总结，在一定程度上起到了对"三社联动"服务普及的作用。聚焦社区、社会组织和社会工作者的日常服务，有助于厘清三方权责，更有利于将科学、高质量的服务惠及人民。

（二）研究不足

本研究在资料收集和研究时效方面存在不足，下面将进行简要论述。

1. 资料收集

在资料收集方面，访谈对象受限于方言系统的影响，尤其在编码转换过程中，需要对访谈文本进行语言转换，可能会造成有效信息流失。除此之外，对定量数据的收集和处理较少，导致资料收集不全，需要后期进一步完善。

2. 研究时效

在研究时效方面，本研究涉及时长较短，因此对"三社联动"项目执行期间的细节信息和后续效果的掌握程度不够，需要进行长期跟踪研究。

（三）研究展望

正如 CIVIL（公民的；民事的）的本意一样，"三社联动"作为依托居民发展的、带有中国特色的基层治理体制，在近些年的发展过程中取得许多成效。"三社联动"CIVIL 模型虽然只是"三社联动"在基层地区探索创新的一个缩影，但其中所体现的爱民、尊民的氛围却是中华大地上不可磨灭的存在。希望通过对"三社联动"机制的研究，全社会能更为清晰地认识到统整社会资源的重要性，也更能认识到在社区治理的长期探索与付出中，人民才能生活得更加幸福美好。

内蒙古自治区的社区联动与整合治理项目案例研究

|第八章|

"陪读妈妈"社会工作服务项目案例研究

一　项目研究的缘起

（一）社会背景——流动人口带来的基层治理困境

党的十九大报告指出我国现阶段的基本矛盾已经转变为"人民日益增长的美好生活需要和不平衡不充分的发展之间的矛盾"，与郑杭生提出的"促进社会进步，缩减社会代价"高度一致，共建共治共享已然成为新的社会治理结构取向。

以内蒙古为例，改革开放以来，内蒙古经济社会持续发展，流动人口数量从 1982 年的 24.5 万人，增加到 2020 年的 906.84 万人，年均增速达 9.97%。

流动人口在当地经济社会发展中扮演着重要角色，是推进城市现代化、工业化的宝贵人力资源。随着流动人口主体意识的增强和权利意识的觉醒，其参与社会治理的意愿越来越强烈。因此，改变传统的一元化或单中心的治理模式，让社会力量实质性地参与到社会治理中，有利于化解基层矛盾、提升治理实效，为社会治理输入持续性动力。

（二）项目背景

陪读人员作为流动人口的一种类型，他们随子女的学校变动而选择在不同的街道、社区陪读。陪读人员在相对陌生的环境生活，同时因为陪读子女学业时间跨度大，不得不持续一段时间。对于当地街道、社区而言，陪读人员是非户籍常住人口，流动性大、差异性大、需求复杂。从内因和外因两个方面具体分析，非户籍常住人口参与社会治理的阻碍因素有以下两个方面。

1. 个人参与能力不足与社会支持网络弱化

（1）个人参与能力不足

在我国，陪读人员以家庭中的女性角色为主，即陪读妈妈，在当今社会文化背景下，家庭中的女性角色成为陪读的"优先"选择，从生活照料到学习辅导再到心理疏导，对子女进行无微不至的照顾。陪读妈妈可能选择放弃工作和事业，或者陪读与工作二者兼顾，这无疑导致陪读妈妈在日常生活中承担着较为巨大的压力和责任。同时，在如今的教育背景下，陪读妈妈在自我综合能力再社会化方面严重缺乏支持和资源整合。

个人作为社会力量中的一员，参与治理能力的发挥取决于对社会治理重要性的认知和对自己在社会治理中的角色定位。显然，陪读妈妈作为当地的"外来户"，她们在社会治理中作用的发挥是当地居民对她们的身份认同和接纳的一个重要表征，更彰显出她们对当地的归属感和价值认同。

参与社会治理需要具有社会意识与社会责任感、了解社区历史、具有系统参与社会建设等能力，而陪读妈妈在这些方面还存在一定程度的不足，这些不足成为其参与社会治理的障碍。

（2）社会支持网络弱化

社会支持网络，是指社会各方面包括父母、亲戚、朋友、社会组织等给予个体的精神或物质上的帮助和支持的系统。它是个体对外界的应激反应，目的是通过个体与外界的互动，个体恢复到和谐的生活状态。而非户籍常住人口在当地缺乏社会支持，尤其是在经济立足与文化融合方面存在困难，这将严重影响他们对社会治理的参与热情及参与效果。

2. 社会制度顶层设计有待完善

目前，我国城乡"二元"结构尚未完全消除，户籍制度对人口流动的影响仍然深远，非户籍常住人口参与社会治理的制度保障不健全，这是阻碍其参与社会治理的重要外因。社会制度包括利益引导机制、信息整合机制、服务管理机制和责任追究机制等，可以在很大程度上保障非户籍常住人口参与社会治理的权益，并在其利益受损时提供处理方案。

保障制度的不健全导致非户籍常住人口参与社会治理缺乏信心和热情，

也会影响到参与效果。因此，应加强宣传，提高社会各界对非户籍常住人口的接纳度和容忍度，营造其参与社会治理的氛围，健全相关保障制度。

（三）文献梳理与问题深化

1. 社会治理的研究视阈

通过查阅文献，发现社会治理的研究主要集中在国家与社会的关系、治理结构、政权内卷化、公共产品供给、治理体系、社会资本、治理方式从政府主导到社会主导的转变等方面。此外，学界普遍认为社会治理的困境根源在于社会转型造成的国家与社会关系错位、基层治理结构混乱、基层民主与社会参与不足三个方面。针对上述困境，学界提出了不同解决措施，通过协调国家整合和社会融合提升我国基层治理实效；通过自下而上的实践和创新，发展基层民主自治，构建"小政府、大社会"；建立"市—区—社区"三级管理体制，强化社区服务功能和自治功能等。

2. 非户籍常住人口的研究视阈

（1）参与社会治理的影响因素研究

在非户籍常住人口参与社会治理的影响因素方面，主要有社会排斥和社会融合两种理论。孔媛（2011）把非户籍常住人口与本地城市居民的分割状况归纳为"二元结构"，丁煜（2008）提出构建以社区为主体的非户籍常住人口社会管理体制，以破除"二元社区"的阻隔。还有学者提出参与式治理，强调参与式治理涉及多主体的互动建构过程，能够实现党政社的有机衔接，对提高社会治理实效具有积极作用。

（2）参与社会治理的保障机制研究

对非户籍常住人口参与社会治理的保障机制研究已成为学界研究的一种趋势。保障机制包括利益引导机制、自我管理机制、信息整合机制、服务管理机制和责任追究机制，创设互动合作平台，改变流动人口的内卷化交往现状，完善户籍、就业等流动人口参与的体制机制，营造鼓励流动人口参与的氛围。另外，在非户籍常住人口参与社会治理的研究中，有不少学者提出了社会组织的重要载体作用。社会组织在解决社会问题过程中可以形成一整套自我运转的规则和秩序。这样的规则和秩序内化于社会内部，久而久之，就可以转化为人们的一种生活习惯，即用理性的态度参与社会治理。

3. 陪读群体的研究视阈

陪读现象产生于20世纪70年代末80年代初，在90年代之后快速发展，近年来陪读群体的规模不断壮大。与此同时，陪读现象的变化可归纳为以下四类：由中产阶层扩展到各个阶层；由中等教育向初等、高等教育蔓延；由低成本向高成本演变；由主动陪读向被动陪读转变（王文龙，2012）。在有关陪读群体形成原因的研究中，有学者认为中国城乡二元教育结构是重要原因，城乡教育资源分配不均制约农村孩子优质教育资源的获得，使得农村孩子难以通过教育向上流动，从而促发陪读现象的产生（王晓慧，2011）。但鲜有关于陪读妈妈这一群体的探究，在有限的关于陪读妈妈的研究中，有学者基于性别主义视角指出，陪读母亲的产生，主要受到传统的文化观念以及社会角色形塑的影响，一旦家庭生活与工作发生冲突，女性往往会在传统性别秩序的作用下被迫选择前者而放弃后者，这会导致女性在职业发展中处于不利地位、与社会脱节以及对男性过度依赖，不利于自身的发展（罗曼，2015）。

（四）创新性分析

综观现有文献，学界对非户籍常住人口参与社会治理做了诸多研究，但在很大程度上停留在社会现象层面，很少思考其背后的社会变迁，如资源不平等、各主体间的失衡运作等，也较少涉及陪读妈妈这一话题，仅有的文献也是从性别主义或教育资源不平衡的角度进行探究。

因此，本研究参考非户籍常住人口"无参与—参与自我事务—参与社会治理"的参与变迁特点，从内因和外因两方面探索其参与社会治理的障碍，并通过积极构建多主体间沟通交流机制，深化利益融合、促进互信、达成共识，从而使非户籍常住人口理性、合理地表达自己的诉求，有效参与社会治理，为解决城市新"二元"问题做出贡献。

"陪读妈妈"社会工作服务项目的创新之处在于，从联动和资源整合出发，以优势视角发掘陪读妈妈的潜能和资源，将陪读妈妈视为基层流动人口治理和社区资源整合的重要动力。

二 项目的调查问卷结果分析

随着家庭生活水平和教育意识的提高，在城乡教育资源分配不均的背景下，许多家庭因重视孩子的教育而选择陪读甚至异地陪读。在这个过程中，陪读妈妈群体逐渐形成。本次调查针对呼和浩特市某区的陪读妈妈可能遇到的困境和需求进行了系统的分析，以便为她们提供切实可行的社会工作专业服务。

本次调查由睿联凯舟社会工作发展中心设计并完成，采用线上发放、回收问卷（问卷见附件四）的方式收集数据，共获得有效问卷584份，现将调查结果报告如下。

（一）陪读妈妈的个人基本情况

1. 年龄情况

问卷统计结果显示，陪读妈妈的年龄主要分布在30～39岁，占比为67.3%。其次是40～49岁，占26.5%，而20～29岁和50～59岁年龄段的陪读妈妈占比较小，总计只有6.2%（见图8-1）。根据计算，陪读妈妈的平均年龄为37.2岁。由此可见，陪读妈妈多属于中年女性群体。

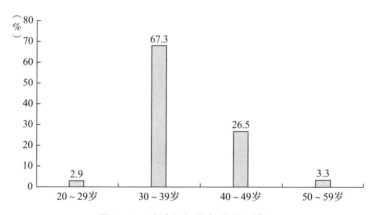

图8-1 陪读妈妈的年龄分组情况

2. 文化程度情况

从统计结果来看，陪读妈妈的文化程度集中在初中和中专/高中，这两部分约占2/3；其次是大专/大学及以上，占18.78%；小学占11.34%（见图8-2）。由此可见，陪读妈妈群体的文化程度处于中等偏上水平。

3. 民族情况

调查结果显示，陪读妈妈所属的民族主要是汉族（89.17%），还有7.28%的陪读妈妈是蒙古族，其他少数民族占3.55%（见图8-3）。

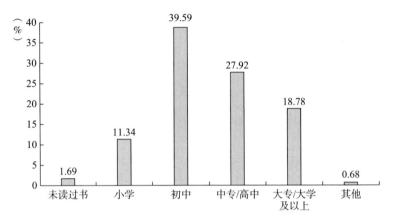

图 8 - 2　陪读妈妈的文化程度

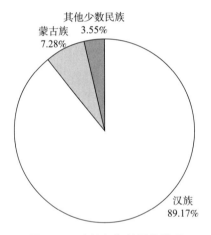

图 8 - 3　陪读妈妈的民族情况

4. 婚姻情况

我们不仅想了解陪读妈妈的婚姻情况，同时也想了解陪读妈妈与配偶是否同住的情况。调查结果显示，陪读妈妈有配偶同住的占 89.00%，还有 5.58% 的陪读妈妈有配偶不同住，离婚和丧偶的比例较低，分别为 3.21% 和 0.85%（见图 8 - 4）。

（二）陪读妈妈的住房、工作和家庭月收入情况

1. 陪读妈妈的住房情况

调查结果显示，陪读妈妈居住的房屋为自有房屋的占 68.19%，还有 29.95% 的陪读妈妈租住房屋，仅有 1.86% 的陪读妈妈住亲朋好友的房子（见图 8 - 5）。

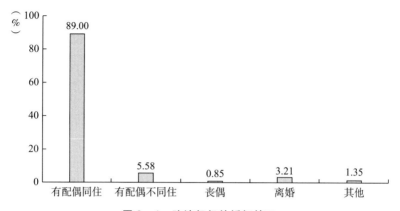

图 8 - 4　陪读妈妈的婚姻情况

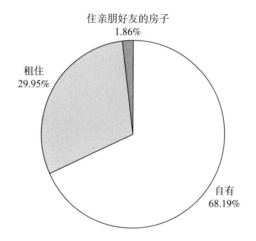

图 8 - 5　陪读妈妈的住房情况

2. 陪读妈妈的住房面积情况

调查结果显示, 陪读妈妈的平均住房面积为 79 平方米。其中, 住房面积为 50 ~ 99 平方米的人数最多, 占 74.5%, 其次是 100 ~ 149 平方米, 占 15.6%; 住房面积在 10 ~ 49 平方米的陪读妈妈占 8.5% (见图 8 - 6)。由此可见, 陪读妈妈的住房面积情况一般, 多数人居住在 100 平方米以下的房子中。

3. 陪读妈妈的工作情况

调查结果显示, 在被调查的陪读妈妈中, 全职陪读的约占一半, 全职工作的占 23.01%, 还有 26.73% 的陪读妈妈在陪读的同时还会打零工/兼职, 以增加收入 (见图 8 - 7)。

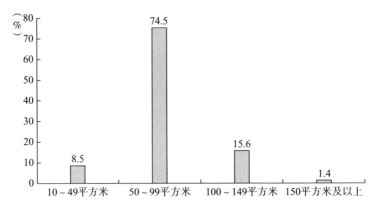

图 8 - 6　陪读妈妈的住房面积情况

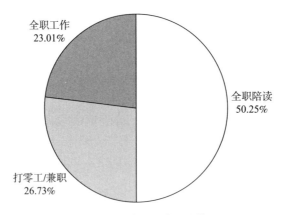

图 8 - 7　陪读妈妈的工作情况

4. 陪读妈妈的家庭月收入情况

调查结果显示，家庭月收入占比最大的区间是 3000～6000 元（38.41%），其次是 1000～3000，占 36.04%。家庭月收入在 6000～10000 元的占 13.20%，在 1000 元以下的占 8.80%，仅有 3.55% 的家庭月收入在 10000 元及以上。可见，陪读妈妈的家庭月收入情况一般（见图 8 - 8）。

（三）陪读妈妈的陪读情况

1. 陪读妈妈的迁徙距离

通过询问被访者现居住地距离老家的交通时间（按最常用的交通工具计算）来衡量其迁徙距离。调查结果显示，约 2/3 的陪读妈妈回老家的时间在 6 小时之内，另有 1/4 的陪读妈妈回老家的时间在 6～24 小时（见图

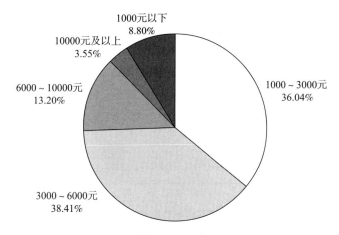

图 8 - 8　陪读妈妈的家庭月收入情况

8 - 9)。由此可见,多数陪读妈妈现居住地与老家的距离并不是很远。

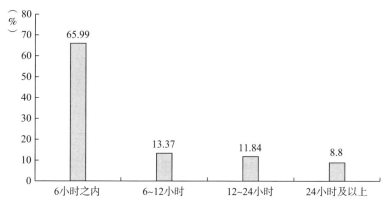

图 8 - 9　陪读妈妈回老家的交通时间

2. 陪读妈妈的陪读时间

调查结果显示,有 69.20% 的陪读妈妈到目前居住地陪读三年以上,一年到三年的比例为 14.04%,半年到一年的比例为 11.17%。半年之内的仅占 5.58%(见图 8 - 10)。由此可见,多数陪读妈妈在目前居住地居住的时间已经比较久,对当地已经较为熟悉。

3. 陪读妈妈照顾孩子的数量

调查结果显示,有 57.87% 的陪读妈妈照顾 1 个孩子,有 38.58% 的陪读妈妈照顾 2 个孩子,照顾孩子数在 3 个及以上的仅占 3.56%(见图 8 - 11)。由此可见,陪读妈妈基本上照顾 1 个或 2 个孩子。

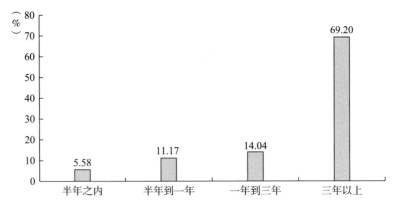

图 8 - 10 陪读妈妈到目前居住地陪读的时长

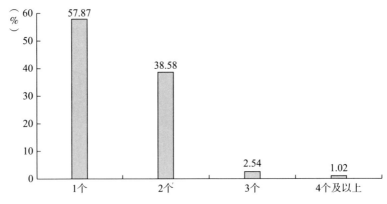

图 8 - 11 陪读妈妈照顾孩子的数量

4. 孩子所处的上学阶段

通过询问陪读妈妈照顾的孩子的上学阶段，来了解陪读妈妈在亲职教育方面的需求。调查结果显示，超过90%的陪读妈妈照顾的孩子在小学阶段，还有16.75%的陪读妈妈照顾的孩子处在幼儿园阶段。孩子正在读初中和职高/高中的陪读妈妈的比例只有10%左右（见图 8 - 12）。

5. 孩子的上学距离

调查结果显示，43.15%的陪读妈妈照顾的孩子上学距离在一公里以内，有36.55%的孩子上学的距离在二公里到五公里，上学距离在五公里以上的孩子占20.30%（见图 8 - 13）。由此可见，大多数陪读妈妈的孩子的上学距离并没有因为陪读而变得非常近，超过两公里可能已经无法步行上学，需要借助交通工具。

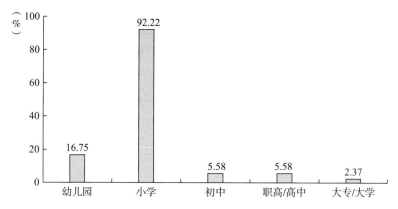

图 8 - 12　陪读妈妈的孩子所处的上学阶段

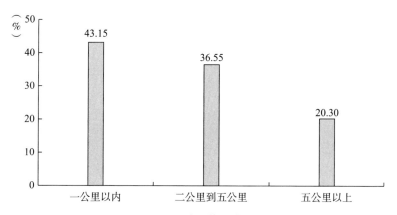

图 8 - 13　孩子的上学距离

6. 陪读妈妈接送孩子的情况

调查结果显示，有 77.16% 的陪读妈妈需要每天接送自己的孩子上下学，还有 15.91% 的陪读妈妈偶尔接送孩子，仅有 6.94% 的陪读妈妈不需要接送孩子（见图 8 - 14）。

（四）陪读妈妈的生活状况和人际关系

1. 陪读妈妈的日常生活安排

调查结果显示，陪读妈妈日常生活安排中，投入时间比较多的就是辅导孩子学习（91.71%）、家务做饭（89.68%），其次是工作赚钱和与孩子聊天/陪孩子玩耍，均为 50% 左右（见图 8 - 15）。

2. 陪读妈妈的闲暇时间安排

调查结果显示，陪读妈妈的闲暇时间更多地投入看电视玩手机和与人聊

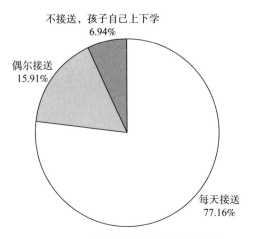

图 8 – 14　陪读妈妈接送孩子的情况

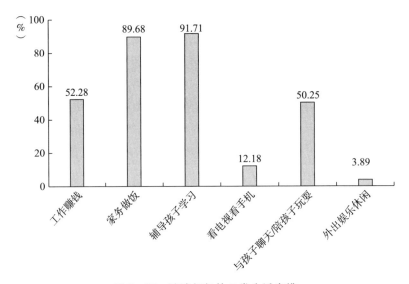

图 8 – 15　陪读妈妈的日常生活安排

天，这样的事情可以利用碎片化的时间完成，不需要占太整块儿的时间。此外，还有 41.12% 的陪读妈妈运动健身，27.58% 的陪读妈妈闲暇时间会逛街购物。唱歌跳舞、乐器演奏和打麻将/扑克的陪读妈妈所占的比例较小（见图 8 – 16）。

3. 陪读妈妈的生活改变

调查结果显示，陪读妈妈在陪读之后，生活发生的改变主要是收入减少（61.93%）和社会参与减少（54.99%）。还有约 1/4 的陪读妈妈表示

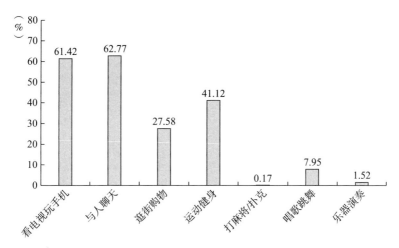

图 8 – 16　陪读妈妈的闲暇时间安排

生活没什么改变（见图 3 – 17）。

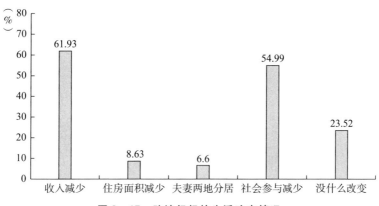

图 8 – 17　陪读妈妈的生活改变情况

4. 陪读妈妈的亲子关系状况

陪读妈妈表示亲子关系很融洽和比较融洽的分别占 36.89% 和 46.53%，不太融洽的占 15.06%，仅有 1.52% 的陪读妈妈表示和孩子的关系很不融洽（见图 8 – 18）。

5. 陪读妈妈的夫妻关系状况

陪读妈妈表示夫妻关系很融洽和比较融洽的分别占 44.16% 和 42.13%，不太融洽的占 10.83%，仅有 2.88% 的陪读妈妈表示和丈夫的关系很不融洽（见图 8 – 19）。相较亲子关系而言，陪读妈妈的夫妻关系更为融洽。

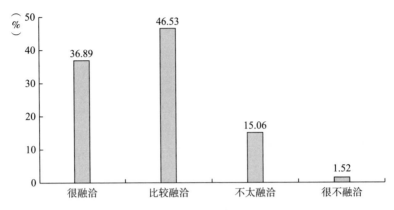

图 8 - 18 陪读妈妈的亲子关系状况

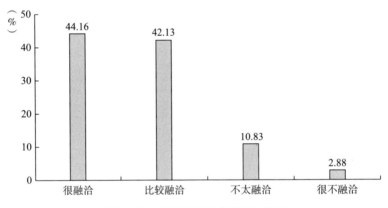

图 8 - 19 陪读妈妈的夫妻关系状况

6. 陪读妈妈的社会关系状况

关于陪读妈妈和哪些人建立了稳定的关系的调查结果显示，多数陪读妈妈都与其他陪读妈妈建立了稳定的关系，占 70.22%，还有 46.70% 的陪读妈妈和社区邻居建立了稳定的关系，和工作同事建立稳定关系的占 28.93%。没有建立关系的陪读妈妈占 9.64%（见图 8 - 20）。由此可见，陪读妈妈的社会关系局限在邻里和其他陪读妈妈中，与社区工作人员和其他人员的关系较为薄弱。

（五）陪读妈妈的困境和需求

1. 陪读妈妈面临的困难

调查结果显示，陪读妈妈最大困难在经济来源方面和子女教育方面，分别占 60.74% 和 58.38%。此外，还有孩子生活（26.57%）和居住环

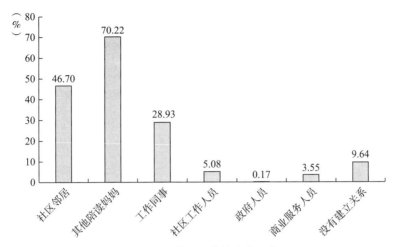

图 8 – 20　陪读妈妈的社会关系状况

境（18.61％）方面的困扰。有 17.43％ 的陪读妈妈表示没有困扰（见图 8 – 21）。

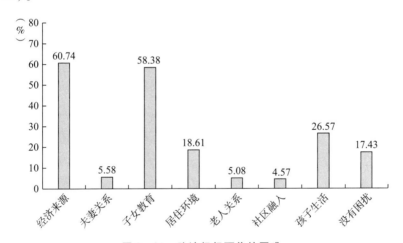

图 8 – 21　陪读妈妈面临的困难

2. 陪读妈妈的帮助来源

调查结果显示，当陪读妈妈遇到困难时，选择自己解决的比例最大，为 82.57％，其次是来自直系亲属和亲朋好友的帮助，分别占 49.92％ 和 41.46％。来自邻居、社区和政府帮助的比例较小，分别占 8.97％、3.21％ 和 2.71％。而来自妇联、社会组织和宗教团体等组织的帮助则更少，占比均不到 1％（见图 8 – 22）。

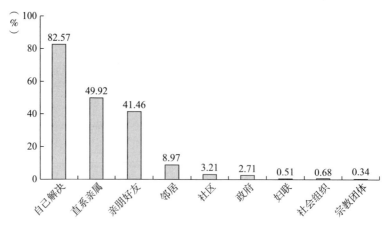

图 8 - 22　陪读妈妈的帮助来源

3. 陪读妈妈参与公共活动的状况

关于陪读妈妈是否参与过社区或邻里组织的活动，结果显示，没参与过的占 64.13%，偶尔参与的占 31.81%，经常参与的仅占 4.06%（见图 8 - 23）。由此可见，陪读妈妈参与公共活动的状况不太乐观。

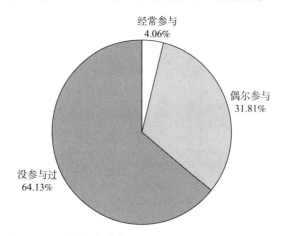

图 8 - 23　陪读妈妈参与社区或邻里组织的活动的情况

4. 陪读妈妈对专业服务的需求情况

关于陪读妈妈是否需要工作介绍服务、知识技能培训、亲职教育学习等方面的专业服务的情况，调查结果显示，陪读妈妈对亲职教育学习的服务需求最大，占 80.20%；其次是陪读妈妈刊物（63.62%）、知识技能培训（58.38%）、健康饮食讲座（57.53%）、工作介绍服务（51.95%）。对其余的服务项目的需求比例均未达到 50%（见表 8 - 1）。

表 8 - 1   陪读妈妈对专业服务的需求情况

单位：%

服务项目	需要	不需要
工作介绍服务	51.95	48.05
知识技能培训	58.38	41.62
政策讲解服务	45.35	54.65
亲职教育学习	80.20	19.80
健康饮食讲座	57.53	42.47
社区妇女联谊	38.07	61.93
文化娱乐活动	47.88	52.12
陪读妈妈刊物	63.62	36.38
心理慰藉辅导	44.84	55.16
家庭矛盾调解	31.30	68.70
法律咨询服务	36.21	63.79

5. 陪读妈妈接受专业服务的意愿

关于陪读妈妈是否愿意参与上述专业服务的调查结果显示，表示有时间/需求就参与的占 39.42%，愿意挤出时间参与的占 35.70%。表示可以偶尔参与的占 18.44%，不会参与的占 6.43%（见图 8 - 24）。可见，陪读妈妈参与专业服务的意愿较高。

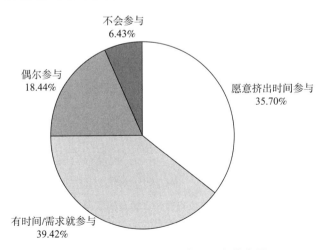

图 8 - 24   陪读妈妈接受专业服务的意愿

6. 陪读妈妈接受专业服务的阻碍因素

关于陪读妈妈在接受专业服务方面的阻碍因素，超过一半的陪读妈妈表示没时间，还有11.34%的陪读妈妈表示不习惯参与（见图8-25）。因此，时间问题是最主要的阻碍因素。

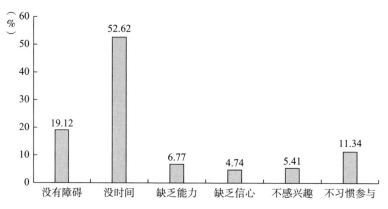

图8-25　陪读妈妈接受专业服务的阻碍因素

7. 陪读妈妈当志愿者的意愿

关于陪读妈妈当志愿者参与到服务陪读妈妈的活动中的意愿，结果显示，有1/3的陪读妈妈表示愿意，还有接近2/3的陪读妈妈表示看情况而定。此外，仅有3.72%的陪读妈妈表示不愿意当志愿者（见图8-26）。

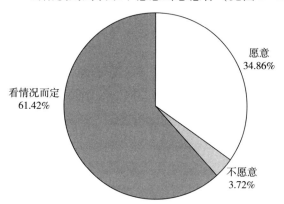

图8-26　陪读妈妈当志愿者的意愿情况

（六）陪读妈妈的诉求和希望

在调查问卷的最后，我们设置了一道开放式问题，借此询问陪读妈妈在陪读生活中所遇到的困境，以及所期望的改变。通过总结调查结果，我们看到，陪读妈妈在回答这道问题时，所呈现的主要关键词是"挺好""孩子认真学习""不耽误照顾孩子""没有困难""早点开学"等（见图8-27）。

图8-27 陪读妈妈的诉求和希望

由此可见，陪读妈妈的希望大多放在孩子身上，对现状并没有太多怨气和不满，对自己生活的改善也没有太多的期望。陪读妈妈作为较为特殊的社会群体，既扮演了无私妈妈的角色，也是踏实生活、勤劳朴实的社会一员，她们在用自己默默无闻的生活，为社会贡献着自己的青春。

三　项目方案设计

（一）项目概况

2019年内蒙古妇联向社会购买项目，通过招投标的方式，购买了睿联凯舟社会工作发展中心的"'陪伴让爱掷地有声'——陪读妈妈社会工作服务项目"（以下简称"陪读妈妈"社会工作服务项目），项目围绕"妇女之家"功能，发挥基层妇联组织及社会力量作用，通过社会工作服务项目，为社区陪读妈妈建立多元化社会支持网络，建立妇联与社区、社会组织、学校、企业之间的链接，促进辖区内妇联组织参与社区共建共治，维护稳定社区治理格局。

1. 基本情况

项目购买方：内蒙古妇女联合会。

项目执行周期：2020年1月～12月。

实施区域：内蒙古呼和浩特市某街道 A 社区。

受益群体：社区陪读妈妈。

2. 项目运营方

睿联凯舟社会工作发展中心成立于 2014 年 12 月，是登记注册于呼和浩特市民政局的一家 5A 级非营利综合性社会服务机构。中心秉承社会公平、公正、参与、互助理念，致力于为呼和浩特市地区提供专业社会服务和政策支持。中心始终坚持"枢纽型社会组织"核心定位，发挥孵化培育、沟通协调、资源支撑、平台搭建和人才聚集五大功能，全心全意为社会组织服务，支持呼和浩特市社会组织发展。

3. 项目服务对象

（1）概念界定

陪读妈妈，学界尚未对这一概念做出统一的定义，这里将项目中的陪读妈妈这一概念界定为，从原居住地迁移到子女学校所在地，照顾孩子日常起居及学习的家庭成员中的母亲。

（2）项目服务对象界定

项目的服务对象主要是呼和浩特市某街道 A 社区内的陪读妈妈。项目组通过前期在 A 社区向陪读妈妈发放调查问卷，了解陪读妈妈群体需求，为有效服务提供参考。

4. 项目目标

（1）满足陪读妈妈需求，提升自身能力

项目的初衷是满足陪读妈妈的需求，为陪读妈妈个人成长提供全面服务。希望通过开展六个目标和内容不同的子项目，发掘陪读妈妈自身的优势，并让她们掌握新技能，为她们的自我发展和价值实现助力。

（2）为社区陪读妈妈建立多元化社会支持网络

陪读妈妈为孩子付出了大量的时间和精力，这使得她们原有的社会支持网络发生变化，并开始缩小。因此，本项目希望通过六个子项目，围绕"妇女之家"功能，发挥基层妇联组织及社会力量作用，通过社会工作服务项目，为社区陪读妈妈建立多元化社会支持网络。

（3）建立妇联与社区、社会组织、学校、企业之间的链接

社区内的联动和整合资源关键在于构建社区内部的社会支持网络，特别是要构建横向的关系网络，横向关系网络越密集，居民合作的可能性就

越高,居民合作越频繁,就越能推动社区内的循环服务,构建社区社会资本。因此,本项目希望在构建陪读妈妈社会支持网络的同时,增进妇联与社区、社会组织、学校、企业之间的链接,促进辖区内妇联组织参与社区共建共治,维护稳定社区治理格局。

5. 项目意义

社会治理的高效达成不仅需要政府政策的有效贯彻落实,更需要社会各方力量的共同参与,项目核心意义在于发掘资源、联动整合,促进陪读妈妈融入社区、提升亲职教育能力、参与社区治理、共享家庭与社区和谐成果。

(二)项目的顶层设计

1. 基层治理下"三社联动"架构

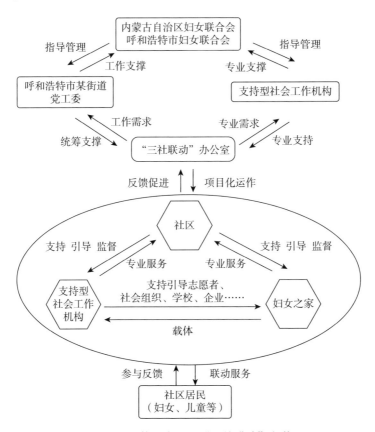

图 8 - 28 基层治理下"三社联动"架构

2. 双建融合模式

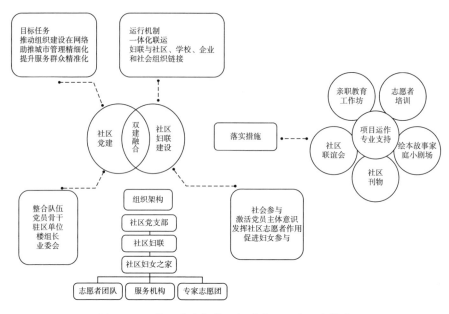

图 8 - 29　社区党建与社区妇联建设双建融合模式

（三）项目设计

项目组对 A 社区内的陪读妈妈进行了问卷调查，本次调查由睿联凯舟社会工作发展中心设计并完成，采用线上发放、回收问卷的方式收集数据，共获得有效问卷 584 份，基于以上调查结果进行分析梳理，完成以下项目设计。

1. 收集资料，界定问题

为了聚焦"陪读妈妈"社会工作服务项目需解决的问题，我们需要对面临问题的群体进行界定，以确定哪些问题最为急迫。问题一：谁？发生了什么事？问题二：问题有多急迫？

（1）问题一：谁？发生了什么事？

在初步了解项目回应的问题后，需要界定哪些群体是项目的目标服务对象，以保证有限的项目资源能用到真正有需要的群体上。界定需求群体，可按照以下社区内的群体类别来进行：从整个群体开始，识别处于危机的群体，逐步收窄需要服务的群体，最后界定能接受服务的群体（见图 8 - 30）。

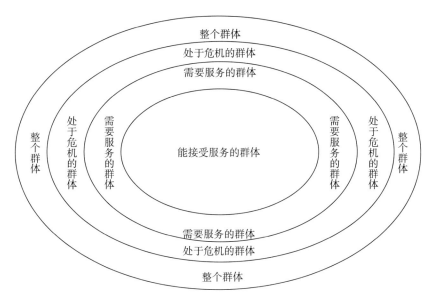

图 8 - 30　能接受服务的群体

针对"陪读妈妈"社会工作服务项目的人群界定可以按以下步骤进行。

整个群体：社区内所有有孩子正在上学的妈妈。

处于危机的群体：社区内所有面临陪读问题的妈妈。

需要服务的群体：社区内有需求的面临陪读问题的妈妈。

能接受服务的群体：社区内有需求且有时间的面临陪读问题的妈妈。

（2）问题二：问题有多急迫？

不是每个问题都需要回应或者以项目的方式回应，我们可以通过问题树、目标树来识别问题的急迫性。

·何为问题树、目标树？

问题树、目标树是一种用于分析问题和寻找目标的工具，以一棵树来体现。如图 8 - 31 所示，左边为问题树，右边为目标树。问题树用于分析问题的成因及后果，而目标树则用于制定目标和寻找目标策略。为什么以树来体现呢？因为就像一棵苹果树，当土壤不够肥沃、水源不够充足时，所生长的苹果将会不够丰满；相反，如果加入肥料、补充水源，让土壤肥沃，所生长的将会是硕果。有这样的因，就有这样的果，很好地体现出一种因果关系。

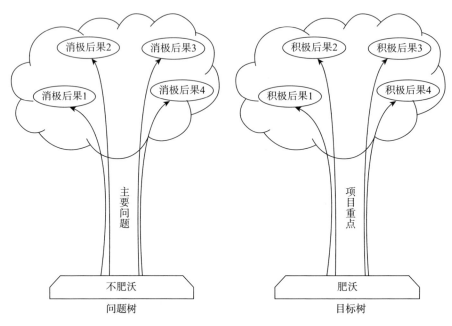

图 8 – 31   问题树和目标树

通过分析调查问卷结果，梳理了"陪读妈妈"社会工作服务项目的问题和目标。如图 3 – 31、图 3 – 32 所示。

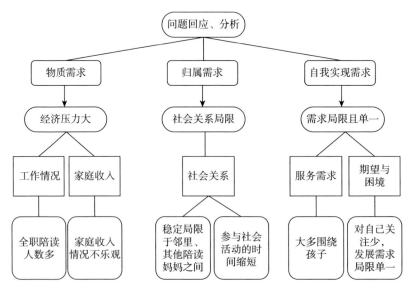

图 8 – 32   "陪读妈妈"社会工作服务项目问题树

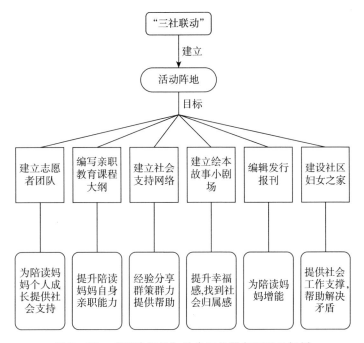

图 8 – 33 "陪读妈妈"社会工作服务项目目标树

2. 需求评估

（1）什么是需求

需求（need）是人类维持生活质量的最低标准，不管有没有意愿，都必须有它，例如：冷了要穿衣，饿了要吃饭，累了要休息，感到孤独希望被爱等。在社会工作角度上，需要可以理解为：个人、家庭或群体因受到环境及其他因素的限制，未能发挥其内在潜能去面对一些社会、经济或健康方面的问题。换句话说，当人们想要走出在生活适应和个人发展方面的困境时，需求就产生了。

（2）项目需求评估

项目组对 A 社区发放并回收 584 份调查问卷，调查内容涉及陪读妈妈基本情况，住房、工作和家庭月收入情况，陪读情况，生活状况和人际关系，困境和需求，诉求和希望六个方面。基于对问卷的分析，现将陪读妈妈的现状和需求情况做出如下分析。

第一，物质需求——经济压力大。根据问卷可知，在住房情况方面，68.19% 的陪读妈妈居住在自有房屋中，但 74.5% 的陪读妈妈住房面积为

50～99平方米。50.25%的陪读妈妈是全职陪读，在有关家庭月收入部分的调查中，结果显示家庭月收入占比最大的是3000～6000元（38.41%），其次是1000～3000元，占36.04%，家庭月收入在6000～10000元的占13.20%，在1000元以下的占8.80%，仅有3.55%的家庭月收入在10000元及以上。并且在有关陪读妈妈面临的困境部分，60.74%的陪读妈妈认为最大困难来自经济方面。

可见，大部分的陪读妈妈虽然无住房压力，但她们的工作情况和家庭月收入情况并不乐观，经济压力较大。

第二，归属需求——社会关系局限。根据问卷结果可知，91.71%的陪读妈妈将自己最多的时间投入在辅导孩子学习上，在陪读后，生活中发生的改变主要是收入减少（61.93%）和社会参与减少（54.99%）。在社会关系方面，多数陪读妈妈都与其他陪读妈妈建立了稳定的关系，占70.22%，还有46.70%的陪读妈妈和社区邻居建立了稳定的关系，由此可见，陪读妈妈的社会关系局限在邻里和其他陪读妈妈中，与社区工作人员和其他人员的关系较为薄弱。当陪读妈妈遇到困难时，82.57%的陪读妈妈表示自己解决，其次是来自直系亲属和亲朋好友的帮助，来自邻居、社区和政府的帮助较少，来自妇联、社会组织和宗教团体等组织的帮助则更少，占比均不到1%。

陪读妈妈将自己的时间大部分都投入在孩子教育之中，这使得她们参与社会活动的时间大幅缩减，稳定关系局限于与其他陪读妈妈之间，并且难以建立较为健全的社会关系网络，因此她们在面临困境时在很大程度上会选择自己解决。因此，陪读妈妈在选择为孩子陪读后，她们的社会关系发生了很大改变。

第三，自我实现需求——需求局限且单一。在专业服务需求方面，80.20%的陪读妈妈表示需要亲职教育学习，其次是陪读妈妈刊物（63.62%）、知识技能培训（58.38%）、健康饮食讲座（57.53%）、工作介绍服务（51.95%）。在调查问卷的最后，我们设置了一道开放式问题，借此询问陪读妈妈在陪读生活中所遇到的困境，以及所期望的改变。通过总结调查结果，我们看到，陪读妈妈在回答这道问题时，所呈现的主要关键词是"挺好""孩子认真学习""不耽误照顾孩子""没有困难""早点开学"等。由此可见陪读妈妈最大的需求是亲子教育，生活重点围绕孩子成长，对自己的关注很少，对自我发展的需求较为局限且单一。

3. 运用 QQA 陈述问题

一个清晰的问题陈述能够带出问题的重点，而且有助于接下来项目策划工作的开展。如何从一堆资料、数据中陈述问题？可参考 QQA 组合技巧。

质性陈述（Qualitative Statement）：说明问题的性质与内容。

量性陈述（Quantitative Statement）：量化说明问题的严重程度。

有依据的行动陈述（Justification for Action Statement）：综合质性和量性的陈述，针对问题应采取的行动。

表 8-2 "陪读妈妈"社会工作服务项目的 QQA 问题陈述

初步问题陈述	陪读妈妈作为无户籍常住人口，存在社区融入问题
增加质性陈述	陪读妈妈作为无户籍常住人口，因为社会支持网络不够健全，存在社区融入问题
增加量性陈述	陪读妈妈作为无户籍常住人口，因为社会支持网络不够健全，存在社区融入问题，该社区陪读妈妈众多，在需求评估的过程中，收集到 584 份有效问卷，其中 93.8% 为 30~49 岁的中年女性
增加有依据的行动陈述	陪读妈妈作为无户籍常住人口，因为社会支持网络不够健全，存在社区融入问题，该社区陪读妈妈众多，在需求评估的过程中，收集到 584 份有效问卷，其中 93.8% 为 30~49 岁的中年女性，基层治理困难，应当采取措施增强陪读妈妈的社会支持网络，推动陪读妈妈的社区融入

4. 制订计划

项目组基于对 A 社区内的陪读妈妈的调查问卷，通过分析问卷了解陪读妈妈的生存现状以及她们最真实的需求，针对问卷分析中的需求，为陪读妈妈设计有针对性的服务，以求发掘陪读妈妈的内在资源，健全她们的社会支持网络，促进她们融入社区，共建家庭与社区和谐，最终达至社区资源的联动和整合。

本项目计划从陪读妈妈多元化需求分析出发，设计不同项目服务内容及目标，为陪读妈妈个人成长提供全面服务。

（1）子项目一：建立社区陪读妈妈志愿者团队

目标：为陪读妈妈个人成长提供社会支持。

内容：开展志愿者人才调查，筛查并组建志愿者团队；由陪读妈妈志愿者团队自主完成团队 logo 及服务设计；开展志愿者团队理念、公约、工作方法与技巧、人际沟通、工作坊等培训。

（2）子项目二：开设亲职教育工作坊

亲职教育的含义为对家长进行的如何成为一个合格称职的好家长的专门化教育。

目标：提升陪读妈妈的亲职教育能力，在尊重中同理孩子，与孩子一起成长。

内容：针对不同年龄阶段孩子的特点，分别开展亲职教育，传授知识、技巧；帮助陪读妈妈更好地接纳自己、以更加科学的方式陪伴孩子成长；课程内容包括接纳情绪、了解孩子、换位思考、榜样力量等。

（3）子项目三：开设陪读妈妈联谊会

人类在生命发展历程中都会遭遇一些可预期和不可预期的生活事件，人类需要与他人共同合作，获取资源以应对问题，通过多途径、多群体的联谊方式，强化陪读妈妈的社会支持网络。

目标：集合陪读妈妈分享交流教育子女的经验，同时交友。

内容：预计分别与家庭、妇联、社会组织、社区居民、学校等举办六次不同主题的联谊会，丰富陪读妈妈的业余生活。

（4）子项目四：举办"我爱我家"绘本故事小剧场

营造一个勇于表达、敢于表现自我的支持环境，促进陪读妈妈自我能力的提升，为社区文化多元化发展提供新思路，并帮助陪读妈妈增强社区归属感。

目标：促进自我能力提升，增强社区归属感。

内容：以家庭为单位，引入志愿者团队力量，定期开展表演培训与排练，最终以家庭剧的方式呈现，参加社区比赛进行风采展示。

（5）子项目五：开办社区刊物

目标：用刊物记录社区陪读妈妈的成长历程，为其增能，促进其改变。

每季度出版一期刊物，招募陪读妈妈、孩子、社区居民作为社区刊物工作志愿者从事写作、采访、编辑等工作，以自己所长为社区刊物添砖加瓦。

（6）子项目六：建设社区妇女之家

目标：为社区妇女提供社会支持，促进社区家庭与社区和谐发展。

内容：选择办公场地进行布展，购置办公设施设备，营造"家"的氛围及办公环境。

为了更好实现"陪读妈妈"社会工作服务项目目标，专业社会工作者进入社区开展工作将采用社区整合式的工作模式与方法，以社区资本为视角看待社区和以家庭为本的社区基础服务过程，提高居民参与社区治理的积极性和自主解决社区问题的能力。计划从陪读妈妈多元化需求分析出发，设计六个内容及目标不同的子项目，为陪读妈妈个人成长提供全面服务。

5. 项目的风险评估

表 8 - 3　项目的风险评估

维度	相关方	风险	可能性/影响力	应对措施
人（专家、学校服务提供人员等）	第三方服务力量	服务质量不高	中/高	1. 督促提升第三方服务质量，提高服务质量标准 2. 强制解除合同，重新招标更加适合此项目的服务方
		中途退出	低/高	重新选择第三方服务，优中选优
	妇联	不支持	低/低	争取政府相关部门负责人对此项目的重视和支持，做变更或调整
	社区	人员不配合	低/高	与社区相关工作人员沟通，共同协商，使其配合相关工作
	陪读妈妈	积极性不高	低/高	1. 做好陪读妈妈需求评估，有针对性地进行服务 2. 了解陪读妈妈心理，给予心理支持
财（项目资金）	政府	资金不到位	低/高	沟通政府相关负责人，根据合同申请资金
	第三方服务力量	找不到补充资金	中/高	1. 链接企业资金赞助 2. 链接志愿者服务团队
物（场地、物资、基础设施等）	第三方服务力量	物资质量差	低/高	1. 督促更换物资 2. 提前抽查物资质量
重大公共卫生事件	第三方服务力量	项目实施期间疫情来临	低/高	1. 培训、研讨会由线下改为线上 2. 主题活动做好替代方案，获取项目购买方认同

6. 项目服务与产出

表 8 - 4   项目服务与产出

阶段	项目名称	项目目标	项目实施内容	项目产出
预备期	项目前期调研	精准定位服务群体	问卷设计、实地调研、撰写调研评估报告	前期调研分析评估报告1份
启动期	建立社区陪读妈妈志愿者团队	为陪读妈妈个人成长提供社会支持	开展志愿者人才调查，筛查并组建志愿者团队	志愿者队伍1支
			由陪读妈妈志愿服务团队自主完成团队 logo 及服务设计	设计1个 logo
			开展志愿者团队理念、公约、工作方法与技巧、人际沟通、工作坊等培训	10场培训
实施期	开设亲职教育工作坊	提升陪读妈妈的亲职教育能力，在尊重中同理孩子，与孩子一起成长	帮助陪读妈妈更好地接纳自己、以更加科学的方式陪伴孩子的成长。课程内容包括接纳情绪、了解孩子、换位思考、榜样力量等	建立1个陪读妈妈亲职教育工作坊
	开设陪读妈妈联谊会	集合陪读妈妈分享交流教育子女的经验，同时交友	以不同主题进行联谊，彼此分享教育子女的经验，群策群力为遇到困境的陪读妈妈提供帮助	开展6场联谊会
	举办"我爱我家"绘本故事小剧场	促进自我能力提升，增强社区归属感	以家庭为单位，引入志愿者团队力量，定期开展表演培训及排练，最终以家庭剧的方式呈现，参加社区比赛进行风采展示	表演5个家庭剧
	开办社区刊物	用刊物记录社区陪读妈妈的成长历程，为其增能，促进其改变	招募志愿者，每季度做出一期刊物	制作4期季刊
	建设社区妇女之家	为社区妇女提供社会支持，促进社区家庭与社区和谐发展	由社区提供场地；社会组织负责布展；妇联负责监督并提供相关政策支持	建成1个20平方米的社区妇女之家
评估期	项目成效评估	制定评估指标	对项目服务成效进行评估	制定1个评估指标，形成1份评估报告

四　项目的监测与评估

（一）项目监测机制

1. 项目监测的相关概念——"3W1H"法

What：监测什么内容？

Who：由谁来监测、向谁监测？

When：何时进行监测？

How：采用哪些监测方法？

（1）监测的内容

"陪读妈妈"社会工作服务项目的监测内容包括项目预算、项目进度和项目表现。

项目预算（budget），即项目支出是否控制在预算内、各预算内容（员工薪酬、活动经费、设施和设备的费用、管理费用）的运用情况、是否超支、是否有效地投入了资源。项目进度（schedule），即实际执行是否依据项目方案所设计的各项任务，进度是否在控制之内、是否拖延。项目表现（performance），即各项任务是否有效地达成了该任务的目标，项目执行过程中所使用的方法是否合适。

（2）监测的管理和时间

"陪读妈妈"社会工作服务项目的监测为内部工作，担当监测者的人员包括项目运营机构管理者、项目管理者等。分配监测任务时每项任务设置两名监测人员，一名为上级领导，主要负责监测项目的重点事项，包括支出是否在预算内、进度是否按方案进行等，定期向项目管理者了解相关信息。另一名为项目团队成员，负责对应项目，监测项目的实际实施情况。监测人选包括项目管理者，负责监测项目的具体实施情况，向团队成员了解各任务的完成情况、团队成员的表现及其所使用的方法等。

"陪读妈妈"社会工作服务项目监测横跨项目各个阶段，早在项目方案未形成之前，就需要对各种任务进行监测。项目启动前的监测工作与项目进入实施期的监测工作有所不同，主要的区别在于项目方案形成之前，监测工作侧重于项目策划者是否完成了项目方案的策划与设计工作，当项目进入实施期之后，监测工作则会关注项目团队是否完成了项目方案所设计的内容，是否达到所预计的目标。以一个周期为一年的项目为例，建议每个月对财务支出进行监测；对项目进度的监测可以每个季度进行；团队成员的表现需要每时每刻予以关注；团队成员考勤则建议每天进行。

（3）监测的方法

"陪读妈妈"社会工作服务项目监测涉及财务、服务以及人力资源管理等领域，因此，监测是与机构的管理制度分不开的。要做好监测，非一个项目团队能力所及，需要机构在制度上的配合。监测本身就是机构现有的管理制度，但往往我们只知道机构需要完成这些任务，却忽略了其真正可发挥的监测作用。

若能重视机构的监测功能，将有助于提升项目管理的效果。以下是机构常见的几种监测方法。第一，定期收集监测所需的资料。在项目实施阶段，通过各种记录或者表格，例如月报表、服务数据统计表、财务月报表等，了解项目的实施情况，发现潜在问题，提出解决方案，并加以修正。第二，报告。项目团队定期对监测的信息进行整理、分析及书写，提交给相应负责人或部门作为项目进展汇报资料。第三，现场检查。通过现场检查，收集额外的信息或者确认已收集到的信息。第四，督导。定期对团队成员进行督导，了解其开展服务的情况及困难，适当地向其提供指导，以提升其胜任工作的能力。第五，会议。定期与团队成员以及相关人士召开会议，汇报进展，分享经验、困难，提出建议。

2. 项目监测机制的建立

经过睿联凯舟社会工作发展中心专家组和项目组的多次线上、线下的讨论，建立了"陪读妈妈"社会工作服务项目的监测机制，包含以下4个步骤。

第一，确定项目方案。建立监测机制的前提，是确定项目方案里的目标、内容及预算，因为项目方案可以作为监测预算、进度和表现的基准。

第二，思考监测的"3W1H"。项目组一起思考，监测什么内容（What）？由谁来监测、向谁监测（Who）？何时进行监测（When）？采用哪些监测方法（How）？

第三，编制监测机制。根据"3W1H"思考所得的结论，形成该项目的监测机制。

第四，与项目团队明确监测机制。监测机制需要团队成员去执行，因此，"陪读妈妈"社会工作服务项目召开三次团队会议，向整个项目团队介绍所编制的监测机制。在会议上，向团队成员重申，监测不只是为了检查团队成员是否完成工作，以及完成效果如何，避免团队成员对监测怀有戒心；同时从人才培养角度出发，向团队成员强调，监测可了解到团队成员的表现及遇到的困难，如果有团队成员未能有效地完成所负责的任务，项目管理者会及时提供适当的指导，以协助团队成员更好地完成其所负责的任务。

表 8-5 "陪读妈妈"社会工作服务项目监测机制

活动		数据收集内容、方法和时间	总次数/时间
预算	人员薪酬	劳动合同、考勤表、社保，每月 1 次	24 次
	活动经费	财务月报表，每月 1 次	24 次
	督导费用	督导记录表、财务月报表，每月 1 次	360 小时
	管理费	财务月报表，每月 1 次	12 次
项目进度		督导每月工作统计表、会议，每月 1 次	20 次
		项目管理者每月工作统计表、会议，每月 1 次	12 次
表现	活动成效	督导现场检查、活动总结，活动后一周	30 次
	过程与手法使用	督导现场督导、活动总结，活动后一周	30 次

需要注意的是，一套有效的监测机制并不是单从一份表格中就足以体现出来，还必须结合机构的相关制度、项目在运行过程中的反思和行动研究加以完善。

（二）项目的评估

1. "陪读妈妈"社会工作服务项目评估流程

"陪读妈妈"社会工作服务项目是否给社会带来好的影响，是否促进服务对象好的改变，是否让购买方的钱花得匹配？在诸多客观需求之下，对该项目成效的评估成为项目实施与运营中的重要环节。评估是有其操作程序的，具体包括以下几个方面。

（1）建立项目的评估机制

评估是对项目进行深入、系统的回顾和分析，旨在检查项目的效果，并分享这些效果是如何获取的。"陪读妈妈"社会工作服务项目的评估目的是了解已完成的各项活动是否达到目标，而不是深入地探讨服务对象的改变是否归功于项目活动及设定目的，因为这会牵涉复杂的研究设计。

与监测一样，我们同样可以运用"3W1H"来认识评估。What：评估什么内容？Who：由谁来评估、评估谁？When：何时进行评估？How：常用的评估资料收集方法有哪些？

（2）确定项目评估的内容

评估与逻辑模式是息息相关的，逻辑模式里的投入、过程、产出、成效和影响五个环节，是项目评估的基本元素。项目评估主要是评估以下内容。

效率：评估项目是否有效地善用投入与资源（如经费、人员、时间）以获得最多的产出，这些产出包括活动单位（如建立志愿者团队1个）、事件或接触单位（如亲职服务30人次）、物资单位（如提供邻里节T恤20个）。

成效：评估项目是否为服务对象（个人、家庭、群体或社区）带来了所预计的益处或改变，这些益处或改变包括知识、技巧、行为、态度等的改变，带来的改变可以是增加的（如认识增加），也可以是减少的（如吸烟次数减少）。

影响：评估项目是否给组织、社区或体制带来整体的改变和深远的影响。

项目的评估报告需要体现效率、成效及影响的三个方面的内容。对于效率，一般我们会以"经费使用情况""人员情况"等来回应；对于成效，我们会以"目标达成情况"来回应；对于影响，我们会以"项目为组织、社区或体制带来什么整体的改变和深远的影响"来回应。

（3）确定项目评估的方式和时间

评估可分为内部评估和外部评估。内部评估主要由机构管理层、项目管理者和团队成员等参与；外部评估会由出资方针对项目而聘请或邀请第三方评估机构参与，需要投入更高的成本。受评方包括出资方、服务对象、团队成员、机构管理层以及合作伙伴等。

有别于监测，评估多在项目收尾时进行。"陪读妈妈"社会工作服务项目也接受了中期评估，主要由第三方评估人员，通过查看资料来了解项目的进展及目标达成情况。评估人员会针对项目的一些不足给予建议，为接下来的工作提供修正方向,这种中期评估也可被称为审查(review)。

(4)确定评估资料收集方法

表 8 – 6　评估资料收集方法

方法	说明	佐证工具
调查研究法	了解被访者的现实/历史状况,对调查关注的问题持有的观点/态度	问卷、量表等
观察法	根据一定的研究目的、研究提纲或者观察表,直接观察被访者,从而获得资料	观察表、行为量表等
分析现有数据和资料	对一些现有的资料,即一些项目日常运作中的资料,进行查阅	项目方案、监测报告、活动总结报告等
焦点小组	邀请服务对象、出资方、团队成员等代表参与小组,收集他们对服务的看法及建议	访谈大纲、访谈笔记
个人访谈	与被访者面对面交流,收集他们对服务的看法及建议	访谈大纲、访谈笔记

2. "陪读妈妈"社会工作服务项目评估框架的设计

首先,需要确定设计评估框架所需考虑的问题(见图 8 – 34)。

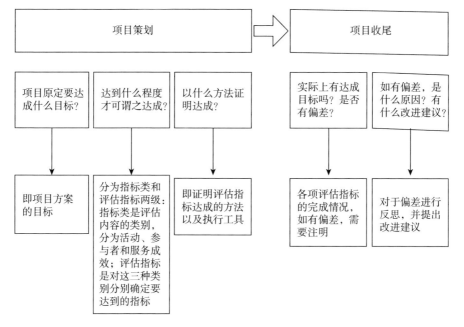

图 8 – 34　设计评估框架所需考虑的问题

其次，评估机制的建立。"陪读妈妈"社会工作服务项目评估机制的建立与监测机制一样，需要在项目实施前就建立好。评估机制的建立与监测机制的建立类同，以下简单介绍两个步骤。第一，思考评估的"3W1H"。参考上文的讨论，思考评估什么内容（What）？由谁来评估、向谁评估（Who）？何时进行评估（When）？采用哪些收集资料的方法（How）？第二，编制评估机制。根据"3W1H"所得的结果，编制评估机制。评估机制没有固定格式。与监测机制一样，一套评估机制也必须结合机构的相关制度而设定。

3. "陪读妈妈"社会工作服务项目的成效评估

经济学家弗里德曼说："花自己的钱办自己的事，既讲节约，又讲效果；花自己的钱，办别人的事，只讲节约，不讲效果；花别人的钱，办自己的事，只讲效果，不讲节约；花别人的钱办别人的事，既不讲效果，又不讲节约。"

这句话道出了一般的人性特征，"陪读妈妈"社会工作服务项目比较接近最后一种情况，"花别人的钱办别人的事"（需要特别注意的是，这两个"别人"可能还不是同一个人）。"陪读妈妈"社会工作服务项目成效评估的必要性与复杂性由此可见。

（1）确定评估的类型

自评：项目实施方——睿联凯舟社会工作发展中心作为评估主体对项目成效进行自我评估。他评：服务对象、购买方、合作方等利益相关方作为评估主体对项目成效进行评估。第三方评估：聘请专业的第三方评估机构对项目进行专项审计。

（2）评估聚焦

评估聚焦在以下五个方面。

第一，项目的有效性。项目的实施是否达到了预期的目标，有什么目标已完成，有什么目标未完成；目标达成的程度如何，是部分达成，是100%达成，还是超额达成。比如，"陪读妈妈"社会工作服务项目其中一个目标是"提升80%的陪读妈妈的亲职教育能力"，经过前后测，项目实施过程中，项目实施方通过讲座、个别辅导等服务形式，确实促进了服务对象的亲职教育能力提升，那么一定程度上，可以证明项目的有效性符合预期。

第二，项目的效率。项目的效率是项目投入的资源与产生的成效之比。项目要以最优的资源达成最大的成效。

"陪读妈妈"社会工作服务项目其中一个目标是"建立一个陪读妈妈社区志愿者团队"。为了达成这个目标，购买方及项目实施方都要考量项目的效率，即要投入多少资金、人力、物力等资源，刚好可以达成这个目标。

第三，项目的影响力。项目产生的积极的社会影响力，社会公众对项目的知晓度与美誉度，以及项目引起的社会倡导议题和社会变化。

"陪读妈妈"社会工作服务项目中"朝向社区的课后教育行动"的"世界咖啡馆"[①]，本次研讨会采用"世界咖啡馆"模式，形式新颖，给予在场人员充分的发言机会，会议现场气氛非常热烈。经过"陪读妈妈"社会工作服务项目的实施，陪读妈妈这一群体能够很好地凝聚在一起，共同探讨陪读妈妈群体未来发展之路，是非常有意义的。有很多项目相关方开始了解并关注陪读妈妈社会支持的议题，项目认可程度得到了提升。

在现实中，有些第三方评估机构基于评估成本，仅以过往"媒体报道"、"所获荣誉"及"相关方满意度"作为项目影响力的衡量标准，实在不全面。项目的社会影响力评估，是一种涵盖面大、历时久的评估，如要全面反映项目的社会影响力，需要更多的评估成本投入。

第四，项目的公信力。项目的公信力是项目实施方以及项目成效让公众信服的事实与行为。顾客购买商品，其实一般不太关心这商品背后的公司是怎么做的，而是更加关心结果，即这个商品是否真的好。

"陪读妈妈"社会工作服务项目则不同，大家要关心的不仅有项目实施方是否做得好，还要关心是怎么做的。所以，机构的荣誉资质、内部治理、人员资质、信息公开等，也会成为"陪读妈妈"社会工作服务项目成效评估的考核标准之一。原因在于上面提到的"陪读妈妈"社会工作服务项目多元主体参与性与"花别人的钱办别人的事"的特点。

第五，项目的可持续性。项目资助停止后，该项目是否能够继续存在

---

① 世界咖啡馆（The World Cafe）是一种创造集体智慧的会谈办法。世界咖啡馆是一种集体研讨教学模式，是一种工作讨论方式，是一种解决问题的有效方法。世界咖啡馆由美国华妮塔·布朗（Juanita Brown）和大卫·伊萨克（David Isaacs）等于1995年开发，随后风靡全世界，2004年被引入中国。

并运行，这是很关键的，尤其是对于政府购买服务的项目。

"陪读妈妈"社会工作服务项目中"朝向社区的课后教育行动"的世界咖啡馆，以开放式的研讨会方式，邀请了妇联、社区、学校、社会组织、企业、高校学者、陪读妈妈、志愿者等项目相关方，针对"朝向社区的课后教育行动"这一主题展开深入交流。会上，不同专业背景、不同职业、不同需求的代表，从多角度展开分议题，深入探讨项目中关于社会支持网络的可持续发展。而具体实施起来，有一定的挑战。

（3）项目评估注重的两个维度／方式

"陪读妈妈"社会工作服务项目评估的维度／方式：过程性评估与结果性评估。

第一，过程性评估。在项目方案实际执行过程中所进行的评估。根据项目实施过程中的信息进行评估，项目实施方可以借鉴评估结果来修正方案运作。

这种方式一般体现为项目监测或项目督导。主要表现为项目实施方自我监测，评估在项目实施过程中目标是否有偏离，应该做何调整，或者购买方、合作方检查项目进展是否顺利，是否按照协议内容进行。现实中，考虑到评估成本，过程性评估一般很少出现第三方评估机构。

第二，结果性评估。项目方案实施结束时，对项目进行的总体评估。比如，协议到期、预算周期结束，大家要一起检视项目方案的成果或成效。

此外，除了自我评估，还有服务对象、购买方、合作方等多元评价主体参与，第三方评估机构也会对项目成效进行系统性评估，分别进行各方面的评估：项目的有效性、项目的效率、项目的影响力、项目的公信力、项目的可持续性等。由于"陪读妈妈"社会工作服务项目没有设置第三方评估机构费用，同时也没有具备相应资质的第三方评估机构，所以"陪读妈妈"社会工作服务项目没能进行第三方评估机构的评估。

（4）项目成效评估的反思

"陪读妈妈"社会工作服务项目成效评估是项目运营管理中的核心环节，但现实中，在评估过程中，针对评估本身的有效性，我们都希望能有一套万全之策，既能有效评估"陪读妈妈"社会工作服务项目的成效，又能避免"劳民伤财"的无用之功。

然而，评估也有成本。提升评估的全面性与科学性，评估成本也会随之增加。比如，如果评估方要更加全面客观地验证"陪读妈妈"社会工作服务项目"提升陪读妈妈的亲职教育能力，在尊重中同理孩子，与孩子一起成长"的目标，较为科学的做法，评估方可能需要做"前后测"的工作，即在项目开展前，评估方需要做一个基准测试，以对比项目实施前后的效果。这就需要更多资金、人力与物力的投入。

一般情况下，评估成本会低于项目运营的成本。因此，基于成本的考虑，目前评估的方式多以"事后查看资料"的方式进行。最后，大家都深受所谓"资料佐证"的文书之苦，而这种貌似从"实证为本"形式出发的评估方式，看起来"很客观"，然而最后，还是要基于双方诚信的底线。

尽管我们尝试用不同的方法，去评估"陪读妈妈"社会工作服务项目的成效，但我们还是无法以足够科学的方法验证其完全的真实成效。

法学学者罗翔说出了"法律之谜思"，法律是道德的底线，道德是法律的高标准。就项目而言，评估是"陪读妈妈"社会工作服务项目的底线，而道德是"陪读妈妈"社会工作服务项目的高标准。我们还需要不断反问，评估到底是为了什么，评估会不会衍生出新的问题。

涉及对人服务的"陪读妈妈"社会工作服务项目，我们仍要对未知保持敬畏心，切忌"专业霸权"，切忌只是通过书面资料、冰冷的数据，以片面的角度、武断的方式判断一个项目的好坏。

（三）项目逻辑模型

项目的逻辑模型将用于项目评估和社会工作实践研究（见表 8 - 7），留意是否能满足以下 SMART 要求：是否具体（Specific）；是否可量度（Measurable）；是否可以达至（Achievable）；是否和要处理的问题相关（Relevant）；是否能在指定时间内完成（Time-frame）。

五　项目的成果与总结

（一）项目实施

项目实施时间为 2020 年 1 月 ~12 月，分为三个阶段。

表 8 - 7 "陪读妈妈"社会工作服务项目逻辑模型

项目目标	投入资源 [A]（为达到项目目的而需要投放的资源）	项目内容 [B]（在资源条件 [B] 下，为达到项目目的要进行的各项活动）	交付的产出 [C]（在完成项目内容 [C] 后，可以产生的服务证据）	预期成果 [C]（在完成项目内容 [C] 后，可以在若干时间内达到的改变）	备注
目标一 建立社区陪读妈妈志愿者团队	人：项目专家小组、服务团队、社区工作者、社会组织、家长、实习生、志愿者 财：约（ ）万元 物：社区会议室、活动室、社区广场	A：开展志愿者人才调查，筛查并组建志愿者团队 B：由陪读妈妈志愿服务团队自主完成团队 logo 及服务设计 C：开展志愿者团队理念、公约，工作方法与技巧、人际沟通、工作坊等培训	A："陪读妈妈"社区志愿服务团队登记表 B："陪读妈妈"志愿者信息登记表 C：设计一个 logo；制作印有 logo 的马甲、旗子 D：10 场志愿者主题工作坊的新闻稿、照片、签到表、满意度评估表等	该阶段服务为期 2 个月，预期达到： 建立一支在社区注册的社区陪读妈妈志愿团队，为 90% 的陪读妈妈个人成长提供社会支持	
目标二 编写一个亲职教育课程大纲	人：项目专家小组、服务团队、家长、实习生、志愿者 财：约（ ）万元 物：社区会议室、活动室、社区广场	A：提高陪读妈妈的亲职能力，在尊重中同理解孩子，与孩子一起成长 B：针对不同年龄阶段孩子的特点，分别开展亲职教育，传授知识、技巧，帮助陪读妈妈更好地接纳自己，以更加科学的方式陪伴孩子成长。 C：课程内容包括接纳孩子、了解孩子、换位思考、榜样力量等	A：12 次亲子主题工作坊的新闻稿、照片、签到表、满意度评估表等 B：一个亲职教育课程大纲	该阶段服务为期 2 个月，预期达到： 80% 陪读妈妈提升自身的亲职能力，尊重并同理孩子，与孩子一起成长	

续表

项目目标	投入资源 [A]（为达到项目目的而需要投放的资源）	项目内容 [B]（在资源条件[B]下，为达到项目目的的各项活动）	交付的产出 [C]（在完成项目内容[C]后，可以产生的服务证据）	预期成果 [C]（在完成项目内容[C]后，可以在若干时间内达到的改变）	备注
目标三 建立一个"陪读妈妈"社会支持网络	人：项目专家小组、服务团队、社会组织、家长、志愿者、实习生；财：约（ ）万元；物：社区会议室、社区广场、活动室、维多利超市	A：联谊活动以陪读妈妈为活动主体，旨在为其建立起新项目的具有蓬勃生机的社会支持网络 B：分别与妇联、社区、家庭、学校、社会组织等举办多次不同主题的联谊活动，建立社会链接，丰富陪读妈妈的业余生活 C："朝向社区的课后教育行动"的世界咖啡馆	6场联谊会的新闻稿、照片、签到表、满意度评估表等	该阶段服务为期6个月，预期达到：推动项目相关主题进行联谊，让70%的陪读妈妈彼此分享教育子女的经验并对群策群力为遇到困境的陪读妈妈提供帮助	
目标四 建立"我爱我家"绘本故事小剧场	人：服务团队、社区工作者、陪读妈妈、实习生、志愿者；财：约（ ）万元；物：社区会议室、活动室	以家庭为单位，引入志愿者团队力量，定期开展表演培训与排练，最终以家庭剧的方式呈现，参加社区比赛进行风采展示	表演5个绘本故事的新闻稿、照片、签到表、满意度评估表等	该阶段服务为期2个月，预期达到：提升80%陪读妈妈的家庭幸福感，同时增强社区归属感	因疫情变更为"陪读妈妈"家庭剧

续表

项目目标	投入资源（为达到项目目的而需要投放的资源）[A]	项目内容（在资源到位，项目条件[B]下，为达到项目目的的各项活动）	交付的产出（在完成项目内容[C]后，可以产生的服务证据）	预期成果（在完成项目内容[C]后，可以在若干时间内达到的改变）	备注
目标五 编辑发行《社区妇女之家》报刊	人：主编1名，负责社区刊物的策划、监督、后勤、外联等；副主编2名，负责编辑部；编辑、执行、后勤工作，记者若干名，其他工作人员有摄影师、发行工作人员，活动若干名，负责刊物编辑过程中的事宜。财：约（　）万元	运作：征稿，根据版面栏目的设置向社区居民征稿或者向整个社区居民征稿；选稿、修改、定稿、排版、校对、印刷、发行；每一期刊物可置于社区大厅、会议室、活动室、公告栏等公共区域供人翻阅，可送给本期刊物参与人员保存等	制作4期《社区妇女之家》	该阶段服务为期12个月，预期达到：用刊物记录社区陪读妈妈的成长历程，为90%陪读妈妈增能，并促进其改变	
目标六 建设社区妇女之家	人：项目专家小组、服务团队，社区工作者，实习生、社会组织、家长、志愿者；财：约（　）万元；物：社区妇女之家	A：妇女之家是基层妇联组织凝聚妇女、服务妇女的重要阵地，是妇联参与社会管理和公共服务的重要平台 B：社区妇女之家从2020年3月开始设计并布展，营造"家"的氛围	A：场地面积约20平方米，同时兼具办公、会议功能的服务阵地 B：同步建立物资管理台账	该阶段服务为期2个月，预期达到：搭建社区妇女服务阵地，围绕妇女之家功能，引入社会团组织、组建志愿者服务支持网络，为陪读妈妈提供社会支持，促进社区融入，帮助其解决陪读过程中遇到的亲职教育及家庭矛盾问题	

1. 项目启动期

通过调查问卷、焦点小组、深入访谈等方法，分析现有的服务对象，确定服务对象名单。随后，开展准备工作，包括聘请相关专家、准备启动仪式、制作项目手册、与项目相关方建立关系、举办项目说明会等。

2. 项目实施期

招募专业人士、社会组织、社区工作者、大学生，建立了一支共31人包含三个团队的志愿者队伍。第一团队为由社会工作者、心理学专家、戏剧导演、儿童服务项目负责人共8人组成的专家团队；第二团队由12名内蒙古大学社会工作专业研究生、本科生组成；第三团队由11名在社会公开招募的志愿者组成。分别对三个团队的志愿者开展志愿者培训，项目实施期间共举办10期志愿者团队建设培训，在潜移默化中凝聚了团队力量，建立了一支陪读妈妈志愿者团队，协助其完成社区注册、建立团队档案、制度及组织机构建设。

3. 项目后期

实施后，项目遇到了不可抗力——新冠肺炎疫情，使项目终止了5个月，因为疫情的特殊要求，服务人数由原来的45人减少到了20人左右。因不能巡演，个别项目目标进行了调整。虽然发生了以上意外情况，但是项目还是获得了一定的成效。

（二）项目成果

1. 建立一支陪读妈妈志愿者团队

2020年"陪读妈妈"社会工作服务项目在内蒙古自治区、呼和浩特市及某区各级妇联、某街道办事处及A社区的大力支持下顺利开展，面向某区社区居民、社区工作人员招募"陪读妈妈"社会工作服务项目志愿者，为项目持续发展培养人才团队。凡热爱志愿服务、愿意贡献自己时间与精力、希望提升亲职教育能力的人员均可报名，约30名志愿者参加了志愿者培训。

"陪读妈妈"社会工作服务项目是针对陪读妈妈开展的社区社会工作服务。建立陪读妈妈志愿者团队是项目的重要环节，为志愿者提供培训支持，使其掌握相关的社会工作理论与方法，具备基本的服务能力，通过参与后续的系列服务，不断提升服务能力，并在项目结束后可以持续为社区以及不断新增的陪读妈妈群体提供志愿服务。

首先，建立志愿者培训专家团队。培训专家来自大学与专业社工机构，涉及社会学、心理学、教育学等多学科领域，由教师、专家、社会工作者、志愿者等人员组成，从理论到实务、从项目整体设计到具体实施给予志愿者团队专业支持。

其次，开展培训调研。培训调研主要从当前志愿者的需求出发，调研内容包括陪读妈妈需求、志愿者需求，涉及志愿者服务理念、时间、能力、人员结构与数量。结合多方面的信息与内容，进行分析总结，研究并架构一个共享式的志愿者服务平台，通过志愿者团队建设培训，解决陪读妈妈需求问题，在此平台上实现志愿者与陪读妈妈的双向共享服务。

再次，开展 10 期志愿者培训，提升志愿者服务能力。从 2020 年 5 月开始陆续开展 10 期培训，在潜移默化中凝聚了团队力量，坚定了志愿者团队信心，奠定了团队发展基础。培训内容包括志愿者服务理念、沟通方法与技巧、萨提亚家庭关系处理、社区服务实践、志愿者团队制度建设，在志愿者心理素质培养、服务能力提升、家庭关系改善等方面提供了理论与实践培训。

志愿者能力的提升体现在以下几个方面。其一，提升服务意识。志愿者服务是构建和谐社区的需要，是加强社会主义精神文明建设的需要，志愿者培训让志愿者意识到提高自身素质的紧迫感。其二，提升理论水平。培训使志愿者从思想上认识到社区工作理念、国家对社区的方针政策、志愿者的权利和义务，志愿服务要遵循从理论到实践、从实践再上升到理论的规律，通过对志愿者的工作进行概括、分析、总结、提炼，以形成新的经验。其三，提升业务能力。通过培训，开阔视野、增长知识、启迪思想，从而提高辩证思维的能力，提升业务能力，提高动手能力，使志愿者在服务工作中，将各种关系处理得更协调一些，创造性工作更多一些，工作方法更科学一些，工作作风更严谨认真一些，工作质量更高一些。

最后，完成了登记注册。培训结束后，建立了一支陪读妈妈志愿者团队，项目执行团队协助志愿者团队在呼和浩特市某区 A 社区完成社区注册，建立了团队档案，同时编写了志愿者管理制度，初步设计了以志愿服务为主的社会组织建设框架。

提升了服务的质量与可持续性。志愿者培训具有很强的可持续性，这主要与服务意义、活动形式、社会工作者、活动模式等因素有关。志愿者和陪读妈妈提升了自身的能力，建立了志愿者能力持续提升的环境系统基础。

志愿者培训聚焦志愿服务理念和内容。采用符合志愿者社会心理和发展阶段的多样活动形式，如教师讲授、个人发言分享和家庭作业等形式，从而有利于提高志愿者对活动的投入度，对项目目标的实现是有利的。同时，合适的活动形式可以保证活动结束之后，服务对象仍然能够清楚记得相关的知识要点，以保证在现实生活中应用。培训团队具有专业性，能最大化地提升志愿者团队的服务质量，保证服务效果，这对项目本身的可持续性有积极的促进作用。

本项目所有的工作人员均是社会工作专业的研究生，这保证了服务的专业性，而这种专业性使得项目中的小组社会工作、个案社会工作和社区社会工作相结合的整合型的服务模式，可以最大化地发挥作用，同时也能够保证项目结束后的服务跟进，从而提升志愿者的服务能力，保证服务的可持续性。

高校社会工作专业的教师作为督导，可以给予工作人员专业的服务技巧、服务理念和情绪支持，从而有效保证服务质量。项目建立了多方合作模式，本项目是妇联、社会组织、社区共同合作的实务项目，这种合作模式可以有效提升资源的整合能力，同时无论哪一方由于某种原因撤离项目，其他服务主体仍然可以继续保持对志愿者能力提升的关注和介入，有效地提升了项目的可持续性。

总之，志愿工作是一项"任重而道远"的工作，是在不求回报的情况下，为改善社会、促进社会进步而自愿付出个人的时间和精力所做出的服务工作。志愿者培训使志愿者在实践中感受项目所带来的快乐，专家的指导和培训为志愿者提供强大的后援支持，让志愿者在为他人服务奉献的时候，也可以汲取能量，最终实现赠人玫瑰、手有余香，今后会脚踏实地、更加投入地继续开展好志愿者服务工作。

2. 编写亲职教育课程大纲

亲职教育要成为一种对陪读妈妈有意义的课程，激发主体对活动的参与积极性，必须使教学变成能产生显性成果的活动。脱离任务学习知识和技能，没有明确知识和技能的目的；脱离结果学习任务，没有凸显任务对于陪读妈妈的意义，课程对主体的吸引力降低。亲职教育课程应该是开放式的、可共同参与的现代化教育课程。

首先，明确了课程设计的意义。本课程设计思路是通过开展丰富多彩、教育性强、家长广泛参与的家庭教育主题活动，让陪读妈妈在社区有参与感，学习亲职教育相关知识，解决当下亲子关系中的问题，在孩子成长的关键时期，既突出家长的"主角"地位，也能够指导孩子。因此，开展的活动要关注家长实际需求，通过课程参与潜移默化地改变家长的错误教育行为，强调亲职教育的"当下"和"之后"与"我"的关系，这样不仅能提高课程的丰富度，也能够加深家长的参与印象。

其次，确定了课程设计的内容（见附件六）。

再次，确立了课程设计的形式。采用体验式培训方法，体验式培训重在培养陪读妈妈的思考能力。体验式培训共通的地方在于有一定计划性，强调了解需求后提供相应服务，在这个过程中来反思学科、自我、家庭、亲子关系等几个议题。所以使用体验式培训方法进行社会工作教育不仅能让陪读妈妈进入真实的社会场景中，践行课堂学到的理论知识，同时，针对社区及受益群体的共同需求，制订相应的服务计划进行实践，在培训的过程中回应社区的问题，这不仅拓展了本土性的知识，还一定程度上调和了伦理困境。

在课程中，老师需要在培训之前对理论进行介绍与梳理，让陪读妈妈对这些理论有自己的理解，同时，要使用量表对陪读妈妈进行前测，计算此时的分数；然后老师要介绍社区参与和充权，体现以社区为本的教学模式；接下来老师要了解陪读妈妈的需求，以及了解每节课作业的完成情况和亲子关系的变化情况，同时老师要关注陪读妈妈的情绪，在体验式培训中督导的作用尤为重要，需要给陪读妈妈情绪上的疏导和专业上的引导。

最后，对课程设计进行测量。对课程设计采用前后测的方式，在教学过程中，教师的角色要不断切换。而且，要注意每一个个体的独特性，教师在课程中需要有一个空间，不论是对自己还是对陪读妈妈，要不断地以新的视角来看待问题。最重要的是，在课程中，以陪读妈妈作为切入点链接社区的力量与记忆，要做好社区、课堂的反思与评估，把零散的经验性感受或思考建构或整合为理论性或知识性的成果。在课程结束时，对培训效果进行后测，通过前后两次的比较分析，做出一个评估报告，检测项目成效是否达到预期,成效如何。

总之,亲职教育需要社会力量的支持。社区作为社会的基本组成单位,能够为亲职教育提供重要的帮助和指导。在社区内建立亲职教育服务站、心理咨询中心、亲职教育培训中心等,为父母进行亲职教育提供必要的知识、技能以及情感支持。充分挖掘社区资源,利用社会团体的力量,实现资源整合,推进家庭、学校、社会亲职教育一体化建设,为亲职教育提供长效保障。同时要注意,在之后的活动开展中,要注重多主体参与,提高信息和资源的多样性,探索多元化教学模式,提升教师专业化水平;以大众传媒为媒介,大力宣传亲职教育并提供有效指导,利用报纸、杂志、广播等媒体来宣传亲职教育知识,从而唤起家长对于亲职教育的意识,让全社会都来关注亲职教育,关注孩子的成长,为孩子营造一个和谐、稳定的成长环境。

3. 构建"陪读妈妈"社会支持网络

项目实施期间,共举办六次联谊会。开展联谊会让大家感受邻里的温暖,从而感觉到身边的美好(见附件七)。

"文化衫涂鸦大赛""交流生活,互换美好""亲子DIY蛋糕""社会组织联谊会""陪读妈妈社会支持网络研讨会"等活动,让"陪读妈妈"与社区、企业、学校、妇联、社会组织、社区居民等正式资源与非正式资源建立联系,促进互助共融,旨在为基层治理中的流动人口提供社会支持网络,促进陪读群体融入社区,参与社区共建共治共享;邻里情苗壮成长,社会支持网络紧紧密密;让陪读妈妈发现自己与社会福利资源的契合点,织密社区支持网络。

在活动进行过程中,也获得了妇联与社区的积极支持,社区提供场地并协助组织活动,妇联与社区领导带头参与活动,增进社区和谐关系,使大家相互认识、了解彼此,向美好新生活前进。

联谊会使居民相互熟悉,为建立更为亲密的邻里关系奠定了基础。联谊会以丰富的目标为主题,希望陪读妈妈在陪读社区找到家的感觉,引导她们相互帮扶,促进她们自我管理、自我服务、自我发展。

除此之外,多家社会组织的风采展示使我们发现了可以通过互助来取长补短,这也是一个相互借鉴和提升自我的机会,树立了良好的社会组织形象。让陪读妈妈感受到了来自社会的支持和温暖,另外,让社区参与其中，发现与社会福利资源的契合点，搭建一个具有广泛社会影响力的公益价值传播平台，从而促进专业交流与合作，引领社会舆论，共同引起呼和浩特市公益事业对陪读妈妈群体的关注。

4. 形成一部陪读家庭舞台剧

社会组织为陪读妈妈定期开展表演培训与排练，以家庭为单位进行表演，通过角色扮演，促进孩子与家长的沟通，增强家庭凝聚力、构建亲密、和谐家庭关系，为社区文化多元化发展提供新思路，帮助陪读妈妈找到社区归属感（见附件八）。

在活动过程中，陪读妈妈经过几场排练，从最初的不熟悉到逐渐放松，大家很快地进入表演状态，从开始的胆怯、放不开到表情丰富、积极主动融入角色，每一次的尝试和突破，都给她们自身带来了成长，在专业老师指导下，陪读妈妈在一些细节中更有代入感，表演也趋于自然。通过表演，每一位陪读妈妈找到了真实的自我，细腻地处理了自己的情绪，并表达了自己现阶段的状态和对未来的期许，每一次的活动都让陪读妈妈更加投入，也吸引和鼓励了其他在家庭幕后默默奉献的陪读妈妈参与到社会活动中。

舞台剧自古就是唯美的产物，它拥有超现实主义，每一次的舞台剧都能够唤醒陪读妈妈对生活的热爱和人与人之间最大的宽容，它既是一种情绪的抒发，也承载着成长的回忆。

5. 编辑发行《社区妇女之家》刊物

项目实施期间，共发行了四期刊物。编辑并发行《社区妇女之家》刊物是希望通过刊物来记录社区陪读妈妈的成长历程，为其增能，促进其改变。《社区妇女之家》记录了项目运行情况、陪读妈妈们的培训和学习情况、子项目实施过程中的理论介绍以及每一次活动之后陪读妈妈的感受心得，通过她们的分享，可以找到项目的优势和需要改进的地方，为之后的活动指引了方向。

《社区妇女之家》用刊物记录陪读妈妈的故事，品味成长、收获幸福，是陪读时光的美好见证。在她们陪伴孩子的时候也能够看到自己的成长，并通过这种方式记录下来，与其他陪读妈妈分享，进而看到自己身上的优势和不足，促进自我提升。另外，可以招募陪读妈妈与孩子、社区居民共同成为社区刊物工作志愿者，他们根据自己的能力从事写作、采访、编辑等工作，将自己的所见所闻和感受亲自记录下来，帮助他们更加直观地看到自己的成长，以自己所长为社区刊物添砖加瓦，找到自己的价值，提升自身自信。

6. 建设社区妇女之家

社区妇女之家是基层妇联组织凝聚妇女、服务妇女的重要阵地，是基层妇联组织参与社会管理和公共服务的重要平台。作为基层妇联的组织机构，社区妇女之家在构建基层治理新格局的要求下，发挥基层妇联组织及社会力量作用，为社区妇女提供社会支持，促进家庭与社区和谐发展。

社区妇女之家从 2020 年 3 月开始设计并布展，营造"家"的氛围。场地面积约 20 平方米，兼具办公、咨询、会议一体化功能，形成社区妇联组织的服务阵地，同步建立了物资管理台账。

社区妇女之家自建成以来，围绕妇女之家功能，在社区党组织引领下，认真履行组织妇女、引导妇女、服务妇女和维护妇女儿童合法权益的职责，引入社会组织，组建志愿者服务团队，针对社区外来陪读妈妈较多的情况，为陪读妈妈提供社会支持网络，促进社区融入，帮助其解决陪读过程中遇到的亲职教育问题及家庭矛盾问题，化解社区治理中存在的外来人口问题。

六　疫情下公益项目的联动与整合

（一）危机与挑战——疫情下公益项目之困难

2020 年春节前后，新冠肺炎疫情突袭全国。疫情之下，各行各业都受到巨大影响，包括"陪读妈妈"社会工作服务项目的实施。在疫情之下，"陪读妈妈"社会工作服务项目的运营方睿联凯舟社会工作发展中心的社会活动范围受限，无法正常发挥其功能。在疫情下面临的挑战主要表现在以下三个方面。

1. 项目执行方面

以"陪读妈妈"社会工作服务项目为例，项目的活动无法正常实施。

第一，疫情防控期间，除了医疗、救灾等一些与防疫关系密切的社会组织，绝大部分社会组织的线下项目及活动暂停，所以该项目无法按计划展开。这是疫情带来的最直接的影响。疫情防控期间，社区居民居家隔离，居民在满足基本生活需求的同时，活动范围局限在家中，其中包括睿联凯舟社会工作发展中心的成员，导致线下活动无法开展，活动暂停或中止。

第二，很多项目服务方案无法通过远程或线上操作及执行，并且很多成员缺少线上开展项目活动的硬件设施设备，如电脑设备及网络质量等无法保证。同时，居家办公的工作氛围相对欠缺，网上办公效率低，且线上活动根本无法代替线下活动，活动效果较差。例如，"陪读妈妈"社会工作服务项目中，志愿者团队建设、亲职教育中的工作坊、社区联谊会中的"邻里节"，"我爱我家"舞台剧都是体验性很强的小组活动，需要小组成员互动体验，无法在线上进行。

2. 项目资金方面

以"陪读妈妈"社会工作服务项目为例，项目的资金压力剧增。

第一，受疫情防控影响，筹款活动取消，筹款机会变少。

第二，疫情防控使机构运作成本超出原有预算。项目活动虽然延期，但工作量仍存在，且仍在产生诸如员工工资、办公用房租金等综合运营成本。

第三，疫情防控期间，公众捐赠意愿降低。这主要是因为疫情发生后，各地采取限制人口流动等措施，经济近乎停摆。企业无法正常运行，企业员工也不可避免地面对工资收入减少甚至失业的危机，这在一定程度上影响了他们的捐赠意愿。

第四，现有购买方、捐助方转向疫情相关资助、捐助。受疫情影响，基金会、企业、政府部门甚至公众等纷纷转向并加大疫情相关的资助、捐助力度，从而导致社会组织资金来源减少。

3. 项目团队方面

以"陪读妈妈"社会工作服务项目为例，项目的人力资源明显不足。

第一，受疫情防控影响，睿联凯舟社会工作发展中心部分团队成员被就地隔离，有的被隔离在外地。隔离期间，线上办公或开展活动的硬件条件不足。

第二，由于防疫安全难以保障，睿联凯舟社会工作发展中心部分员工顾虑大，工作积极性下降。

第三，睿联凯舟社会工作发展中心的志愿者无法招募甚至流失。除受疫情防控要求影响，很多人也因项目活动暂停、担心感染风险、自己收入变少等不想参加志愿服务活动，从而导致一部分原有的志愿者流失，也无法招募新的志愿者。

（二）应对与调整——疫情下公益项目之实施

面对疫情带来的挑战，睿联凯舟社会工作发展中心没有被动等待，以“陪读妈妈”社会工作服务项目为例，围绕前述三个方面的挑战采取了一些积极的应对措施，具体如下。

1. 项目执行方面

结合疫情发展，重新进行项目战略定位和策略调整。分阶段开展项目服务，并调整项目开展方式。主要是调整项目的年度和月度计划。根据原计划整理出目前因疫情影响未开展的活动次数，据此调整接下来每月的活动频次等。

第一，疫情初期，该项目服务暂停，睿联凯舟社会工作发展中心员工加入防疫队伍，发挥专业性，开展与疫情相关的服务。疫情发生以来，睿联凯舟社会工作发展中心员工积极参与了疫情防控，直接参与社区防疫、开展线上心理辅导等。

第二，疫情中期，服务方式转化为“线上＋线下”结合的方式。将一些适合线上传播的课程制作成短视频进行发布，同时将教师培训、家长课堂部分调整成线上活动。

第三，疫情后期，该项目的活动得以正常开展，基本在保证项目服务质量的前提下，通过增加服务频次来开展，这一方面可以弥补项目延期造成的影响，另一方面也可以减少人力成本，同时还能保证后期开展新的项目内容。

第四，疫情中睿联凯舟社会工作发展中心加强与某街道 A 社区的协调，保持与合作伙伴的充分沟通与协调。睿联凯舟社会工作发展中心重新进行策略调整后，及时与购买方、受益方、合作方等利益相关方进行协调沟通，及时告知其项目进程和后期的项目规划，同时告知其在疫情防控期间机构为社区等所做的贡献，以争取他们的谅解和后续支持，就该项目因疫情需要调整相关事宜，签订了变更协议。

第五，疫情中睿联凯舟社会工作发展中心开启远程办公，对员工进行新技能培训。疫情发生后，除了微信群，还利用钉钉、腾讯会议等线上会议平台召开培训会议，提升员工的专业技能，使他们掌握更多新知识、新理念、新信息化手段，以便更好地开展项目活动，优化项目服务方式。

2. 项目资金方面

第一，降低运营成本。这是面对挑战最普遍和直接的应对措施，尤其是在疫情初期，对停工期间的薪酬进行重新安排等。为了保证员工的正常生活不受影响，睿联凯舟社会工作发展中心理事会决定，在整个疫情中既不延迟发放工资，也不降薪和裁员等。只落实了以下具体措施：暂停运营、削减运营支出、缩小服务规模。

第二，加强与购买方的沟通与协调，争取支持，增强合作。一方面，通过沟通，告知购买方因疫情自身受影响的相关情况，与购买方进一步沟通对原定计划因疫情而修改的事宜，并根据实际情况，及时对项目资金规划及行动安排做出调整，制订备选方案。有些项目内容在执行时因疫情需调整款项或物资使用范围等。另一方面，通过与购买方沟通，争取其支持和认可，以便不影响其后期对项目的资助。

第三，积极拓展新的筹款渠道。最突出的就是线上筹款渠道，如利用腾讯公益、有赞小程序等网络平台开展网络筹款。

3. 项目团队方面

第一，加强对员工的心理疏导和患病关怀。通过微信群、钉钉、腾讯会议等网络平台，实时沟通，进行疫情相关的公共卫生知识的宣传教育和培训，帮助员工缓解疫情带来的心理压力和紧张情绪。针对确诊的员工，及时慰问并给予支持，如捐助医药费、关心照顾家属日常生活、及时正常发放岗位工资等；员工家属确诊的，对员工表达关怀和支持，同时，在机构内部进行通报和安抚，表示支持和帮助，缓解员工情绪。

第二，完善防疫保障措施，改善员工防疫条件。一是停工期间，对员工每日出行健康情况进行备案，并为员工补充购买防疫险等。二是复工后，改善办公环境，加强健康安全管理。制定办公室门窗关闭开放规定；每日进行体温检测和定时消毒，发放口罩；实行分餐制，提倡自带餐饭；调整考勤时间；成立疫情管理领导小组，每晚登记汇总员工健康情况，实行外出行程报备制度等。

第三，开展远程办公。使用远程办公软件，如钉钉、腾讯会议、企业微信等。

第四，加强志愿者管理。根据项目实际情况，采取线上线下相结合的方式招募和选拔志愿者，如通过钉钉、微信等网络平台进行面试、培训，线下签署书面协议等。同时，为志愿者提供医用防护口罩、一次性手套、防护衣等个人防护用品，并对志愿者进行岗前培训、保险购买。

（三）联动与整合——疫情下社会组织发展之新机遇

突如其来的新冠肺炎疫情，给社会组织的生存发展和工作进展带来严峻挑战的同时，也带来了新的发展机遇。正如江苏省政府参事、中国慈善联合会副会长、爱德基金会理事长丘仲辉所言，疫情对不同领域、不同规模的社会组织都带来明显影响。在疫情防控常态化时期，社会组织应该结合自身使命、宗旨，置身社会中，发现社会难点、痛点和新需求，认真、深刻、冷静地分析所面临的挑战，携手合作，承担起社会组织在社会发展过程中应负的责任，合创更美好的未来。

1. 疫情为社会组织挖掘新需求、创新服务模式与产品提供了新契机

一方面，疫情虽然使很多社会组织的项目及活动暂时无法开展，但是也催生出很多新的需求。这些都需要社会组织发挥自己的特长，组织人力、物力，发现和及时满足社区居民生活需求，同时拓宽自我生存空间。

另一方面，根据疫情应对中存在的不足，疫情之后，政府将加大对公共卫生、应急救灾、动物保护等服务项目的采购力度，这对植根社区的社会组织来说，无疑是新的发展契机。

而要提供服务满足这些需求，社会组织首先需要对各种需求进行客观评估，然后再根据自身的资源和能力，采取相应措施。在研发新项目时，社会组织应从自身宗旨和使命出发，从自己的专业能力出发，创新发展服务模式和产品。

2. 疫情为行业内深化社会组织间的协作、加强战略协同、建立和发展区域性协作网络创造了机遇

疫情让我们看到社会组织构建联动网络的重要性和必要性。由于我国现行社会组织管理制度的局限性，我国的社会组织特别是公益慈善组织基本呈碎片化存在，一方面对项目开展造成不便，另一方面也不利于社会组

织协同应对危机。疫情防控期间出现的一些问题，就与社会组织网络体系不健全、缺少行业行为准则和约束力有关。然而，我们可以看到一些社会组织，如基金会等已经形成的一些协同体系，在疫情防控期间发挥出独特的作用，最突出的就是壹基金。面对疫情挑战，壹基金长期积累沉淀的协作机制效果得以显现。2020年1月22日，壹基金内部启动一级响应机制，其发起的驰援行动累计得到了全国798家机构超过1.5万人的参与。

由此，我们不难发现，未来社会组织必须抱团发展、携手合作，在营造良好发展环境的同时，协同应对挑战。为了进一步提升社会组织行动能力，降低运行成本，拓展行动空间，在更大程度上、更广范围内开展政社联动，推动社会整体治理能力和治理水平提升，我们必须以此为契机，建立更多的协同体系和机制，诸如区域性协同体系或组织、行业性协同体系或组织、社会组织与志愿者之间的协同体系等。

3. 疫情为社会组织在互联网公益快速发展过程中实现转型和提升，推动数字化公益发展开启了步伐加快的新篇章

疫情既改变了公众的捐赠行为，也改变了社会组织的工作行为，更改变了社会的发展形态。当线上沟通、移动办公、无人售票、预约服务等渐渐成为习惯时，面对疫情，偏于开展线下活动的社会组织也开始使用更多线上手段，尝试通过互联网来实现数字化公益。

与此同时，我们也可以看到在社会组织进行"自救"的同时，一些互联网公益机构也在为社会组织赋能，它们通过开放互联网平台，将数字化工具交给社会组织使用，并帮助社会组织通过定制化小程序服务实现筹款、项目经营、用户维护，掌握自行构建及维护自家小程序的能力等。

疫情防控期间，腾讯设立了15亿元专项"抗疫基金"和1亿美元"全球战疫基金"，除去医疗物资救助、科学研发等专项投入外，还专门为服务商、开发商设立了2亿元资金，并开放自身的技术资源与研发能力，鼓励、支持并帮助他们为政府部门、医疗机构、公益慈善机构等快速开发疫情服务小程序，解决民生和重大突发事件应对的痛点。在这笔资金的支持下，超过1000家开发机构进行了公益小程序的开发。依托小程序和企业微信两大平台，腾讯公益致力于为上千家公益组织进行定制化小程序开发提供技术和资金支撑。

因此，我们相信，公益组织在向数字化发展的进程中，会有更多的社

会组织快速行动，积极投入数字化转型，开启发展新篇章。

4. 疫情为社会组织提升能力、夯实发展基础提供了很好的窗口期

一般状态下，社会组织往往为筹款、链接资源、开展项目活动及服务奔忙，没有时间对社会组织自身的能力进行进一步打造和提升，也无法沉下心来思考关系社会组织自身发展的一些关键问题。而疫情恰恰为社会组织提供了这样一段时期，让社会组织能有相对集中的时间来发动全员思考关于使命、定位、市场等与发展息息相关的问题，同时加强专业技能培训等，从而使自身内部认同感、专业性增强，能更好地利用更多渠道和手段去链接资源、开展项目服务。

（四）未来与发展——疫情下公益项目之可持续

对社会组织来说，要想更好地推动公益项目实施和自我发展，就要学会从挑战中发现机遇，一是要树立居安思危的思想，优化资金来源和结构，积极探索多种筹资渠道；二是要学会通过互联网等新技术手段，提高运营效率和服务效率，降低管理成本，向数字化公益进军；三是要夯实基础，积极发现、挖掘并回应新社会需求，创新发展服务模式和方法；四是要加强战略协同，通过区域性协作网络发挥更大效能，实现更好发展。

同时，疫情给我们带来深刻的反思与启示，未来社会组织要想更好地实现发展，面对突发危机，仅仅依靠自身是不够的，还需要相关各方面给予支持。

1. 政府方面

出台纾困政策，减轻社会组织运营负担。比如，国家出台相应补贴措施，缓交、直接或部分减免危机期间受影响社会组织的社保、公积金，提供用工补贴、办公场所租赁补贴，增值税和所得税依法延迟缴纳或者减免等。

对受危机影响的社会组织提供金融支持。例如，降低目前的融资成本，提供一定的贷款优惠或者补贴，提升贷款便捷性，实行贷款本金延迟偿还等，还可以设立专门针对社会组织的信贷"绿色通道"。

加大政府购买支持力度。已签约并履行中的政府购买服务协议因危机而暂停的，采用内容调整、延期执行等方式处理，并及时支付合同资金；加大对社会组织的资金倾斜力度，进一步提高面向社会组织采购服务的金额和比

例；在采购项目中，加大组织运营经费支持，并提高首付款支付比例。

放宽社会组织管理。对确实因危机造成净资产低于开办资金或证书过期的社会组织，放宽监管政策。

2. 基金会方面

提高资助过程的灵活性。比如，提前释放计划内的资助资金，及时拨款，约定因危机取消项目的资金能够自行使用，简化项目申请程序等。

加大运营费用支持和非限定资金支持。这部分资金可以用于发放员工工资、改善办公环境及办公条件、支付租金或贷款等。

通过创新金融工具或设立行业性的紧急事件应对资金，对中小型社会组织提供支持。

七 反思

社区基层治理的有效治理，不仅要重视行政层面的机制，而且需要发掘流动人口群体自身的社会资源。尤其在危机管理中，行政层面的治理能力不足的矛盾更为突出，是流动人口治理的突出挑战。

长期以来，中国的基层治理都是以降低流动性为基本导向。所谓降低流动性，是指限制人口流动，以降低治理的难度。流动人口给流入地（大多数是发达城市）基层政府带来了治理挑战。一方面需要承认和借助流动人口带来的各种资源，另一方面也要降低流动性产生的风险，还要为流动人口提供有效的公共服务，这都是传统的基层治理所不具有的功能。而各地在流动人口的治理探索中，也采取了不同的机制策略，其成效差异较大。其中，广州的流动人口治理具有典型性，因为其经济结构开放性较高，对流动人口的依赖度也较高，这为内蒙古地区提供了可参考的宝贵经验。

本部分通过对呼和浩特市某街道 A 社区"陪读妈妈"社会工作服务项目的个案研究，揭示了内蒙古基层社会的流动人口治理机制。呼和浩特市某街道 A 社区分析长期以来形成的生态人文环境及经济社会结构，聚焦流动人口的"无参与—参与自我事务—参与社会治理"的参与变迁特点，从联动和资源整合出发，以优势视角发掘陪读妈妈的潜能和资源，将陪读妈妈视为基层流动人口治理和社区资源整合的重要动力，并通过积极构建多主体间沟通交流机制，深化利益融合，促进互信，达成共识，从而使非户籍常住人口理性、合理地表达自己的诉求，有效参与社会治理，为解决城市新"二元"问题做出贡献。

流动人口治理不仅对日常的经济社会影响甚大，更决定着危机管理的成败。在危机应对中，各个环节都面临超常的管理压力，这是常规的行政力量难以应对的。流动人口越多，管理的难度就越大。在这样的情形下，不同的流动人口治理机制所带来的治理成效差异就会被放大。通过对新冠肺炎疫情应对过程的考察，可以看到，联动与整合的社会治理体系能够超越行政资源的局限，政府、社区、社会组织的有效参与，为流动群体提供专业服务，解决信息传递、政策执行的诸多难题，形成高效的危机管理机制。

当然，值得讨论的是，虽然呼和浩特市某街道 A 社区这样的基层单位通过联动与整合的方式形成了较为有效的流动人口治理体系，但基层治理机制是一整套体系，城市格局、基层政府、社会群体、经济条件等因素都会影响流动人口治理机制的有效性。所以，本部分所概括的"联动与整合"是基于个案所得出的分析结论，具有启发性，但其实践的普遍性还需要更多研究予以验证。

八 结论和展望

2020 年底，"陪伴让爱掷地有声"——陪读妈妈社会工作服务项目正式结项，得益于多方的联动配合与支持，主要包括睿联凯舟社会工作发展中心同呼和浩特市某区 A 社区的主体配合、志愿者和社会工作者的协同配合及各位陪读妈妈的客体配合。下面将对项目结论和展望做进一步提炼和阐释。

（一）结论

1. 充分发掘社区内部资源

通过对六个子项目开展情况的分析，可以明显地感知到在项目运行过程中对社区资源充分认识的必要性。本项目中的社区资源是涉及多层次、多领域的资源联动，主要包括物质资源、人力资源、组织资源及文化资源。在项目运行过程中，各方主体以资源链接和整合的方式实现服务的联动和成效的达成。主要体现为以人力资源为基础，搭建以物质资源和组织资源为媒介的协同机制，从而实现文化资源统整的联动模式。

对社区资源的链接还存在延续性。在项目结项之后，睿联凯舟社会工作发展中心本着助人自助的基本原则，为陪读妈妈链接了各方资源，使陪读妈妈在以后的生活中，能够达到自助，与环境良好适应，从而获得可持续发展。

2. 重视社区活动

本项目以六大子项目为牵引方式，整合社区内陪读妈妈及相关群体，有效促进横向社会支持网络的形成。因此本项目所反映出的特色在于重视社区活动，从而使得基层治理能够在社区层面得以高效推进和落地。除此之外，对社区活动的重视更能反映出社区同居民的直接关系，使得居民对社区能够构建服务需求和期望，这对于新时代社区同人民的关系构建是十分必要和有利的举措。

3. 发掘居民资源内生力量建构社区社会支持网络

以民为本在当前的中国社区绝非空谈。本项目所体现的优势还在于在项目进行过程中，为陪读妈妈群体建立起具有蓬勃生机的社会支持网络，引导陪读妈妈及居民发扬自信、自尊、自立、自强精神，得到情感关怀与素质提升，提高陪读妈妈群体参与社区治理的积极性和自主解决社区问题的能力。陪读妈妈学习处理家庭关系的技巧，提高家庭凝聚力，从而促进社区的稳定，有利于促进家庭与社区和谐发展，构建基层治理新格局。

（二）展望

1. 研究不足之处

项目延展周期问题。本项目涉及周期为 2020 年 1 月～12 月，主要服务群体涉及社区陪读妈妈，受项目周期固定的局限，对于服务群体后续的情况存在信息收集缺失等情况。在后续的服务中还需完善服务机制，为服务群体提供更高质量、长周期的服务。

项目普及范围问题。本研究涉及的是社区陪读妈妈，对这一群体的服务更多地以需求评估为基础，因此为有效提升服务质量，还需后续对项目进一步普及，建立长效的服务机制，使福祉惠及更多的服务群体，从而促进基层治理能够真正地惠及民生。

2. 展望

"陪读妈妈"社会工作服务项目的顺利开展也在一定程度上反映出我国当前社区治理的成效，也希望以此项目为契机，能够实现社区治理的更好发展。正如习近平总书记所言："让老百姓过上好日子是我们一切工作的出发点和落脚点。"① 新时代，社区治理早已突破以往传统的"管理为主"的运行模式，更多地强调同社会组织、社会工作者等多元主体进行联动，从而促进社区整体环境的优化和高质量服务的提供。希望"人民就是江山"能够在基层社区日臻落到实处，人民福祉在服务中能够日臻实现。

2019 年内蒙古自治区妇联推出"陪伴让爱掷地有声"——陪读妈妈社会工作服务项目，并于 2020 年落地于呼和浩特市某街道 A 社区。项目成立以来，由专业社会工作者、志愿者、高校专家等组成的志愿者队伍，针对陪读妈妈这一群体在社区开展了包括志愿者培训、亲职教育、社区联谊、家庭剧场等内容的活动。通过为陪读妈妈建立社会支持网络，为社区外来陪读人口的有效治理提供有益探索。通过研讨会，探讨项目可持续发展、陪读妈妈未来发展之路，强化对陪读妈妈的社会资源整合，建立可持续发展的社会支持网络，推动志愿行动向社区服务延伸，成为推进基层治理现代化的重要力量。在提供社会服务的过程中，社会工作者必须将专业理念和方法与社区建设和社会治理实践更好地结合起来，既具有专业前瞻性又脚踏实地提供社会服务，用工作效果赢得政府和社会的更多承认，推动社会工作扎实且实质性地有序发展。

---

① 中共中央宣传部编《习近平总书记系列重要讲话读本》，学习出版社、人民出版社，2014。

| 第九章 |

结　语

　　基层治理的不断创新，是我国全面深化改革的重要任务，不仅关乎政府提供优质公共服务以满足人民群众日益增长的物质文化需求的基本职责，而且关乎转变政府职能、激发社会活力、构建新型政社关系的国家治理现代化重大使命。本书《社会联动与基层治理——内蒙古自治区社会治理创新》重点着眼于内蒙古自治区，聚焦"改革创新基层治理，提高治理能力"的有益探索和实践，聚焦联动与整合的力量，将这些创新性探索和实践在本书中一一呈现，希望广大社区工作者、社会工作者等能从中有所受益，以此为构建基层治理新格局贡献绵薄之力。

　　本书试图从理论篇、方法篇、案例篇三个角度总结当下基层治理创新的成果与挑战。

一　理论篇

　　本篇以社区基层治理为主线，对联动治理的多维机制与路径、社区资源整合的机制建构、国内外政府基层治理下的联动与整合的经验进行了深入的理论探讨、路径探索。联动和整合是社会联动的一种重要的方式，主要聚焦在整合社区内外多元主体，多维度、多层次社区资源，协同、协商的治理体系上。

　　（一）联动与整合：社会联动专业化的重要方法，基层治理体系的再造

　　当下中国的基层治理已经进入了"专业化"阶段，即社会组织依靠自

身的专业技能、组织团队、参与式方法与创意参与社区治理，使中国的社区治理实现向借助社会组织的专业化治理转变。社会组织与社会工作者的参与，打破政府一元主导的局面，形成政府、社会和居民良性互动的社会联动社区治理的新格局。专业化治理阶段的社区治理格局囊括更加多元的治理主体的社会联动。社会联动是在政府、社会组织、居民、社会工作者、企业，甚至是市场力量共同参与下，形成的社区治理的综合体系和有机治理系统。

（二）联动与整合：统筹社区公共资源，发挥社会联动的最大优势

联动与整合推动社区治理的重要支点便是缔结社会关系。社会联动模式在亲子、公益、环保、养老和社区营造五个领域内，会更加容易缔结居民间、居民与自组织间、自组织与自组织间、社区与社区外各参与治理主体间的社会关系。第一，依靠社会联动激活居民。用居民的参与智慧，提升居民的参与技能，发挥居民作为社区治理主体的作用。第二，依靠社会联动培育社区自组织。通过社区自组织的力量，挖掘居民领袖，发动社区志愿者，形成社区治理的合力。第三，依靠社会联动链接驻区单位。社会联动的重要功能便是链接社区治理的资源。社会联动系统本身便是一个资源联合体，同时社会联动系统的各主体，成为社会联动的重要合作伙伴，为社区治理提供力所能及的人力、物力资源，这是社会联动最大优势所在。

（三）联动与整合：推动社区基层治理可持续发展

可持续发展的基本原则中，"政府主导、市场调节"的要求实际上就是在强调政府、企业、社会组织、公众这几个主体和政策、市场机制等要素的联动。对基层治理来说，联动与整合缺一不可。联动与整合是相依相存的关系。只有通过多元主体的联动，资源整合才能发挥最大功能和价值，资源整合的目的才能得以实现；只有进行资源整合，合理匹配社区需求和社区资源，多元主体的联动才具有实质意义，才能实现真正的联动治理效果。在社区治理中，必须把联动和整合作为一个有机整体的两个互为支撑的重要部分，同时推进，这样才能真正实现可持续发展。总而言之，在联动与整合之下，中国的社区治理开始走向多元主体共同参与的真正的"治理"阶段。

二 方法篇

方法篇以内蒙古自治区为主，基于社区治理与社会联动、社会组织等关系，对基层治理在不同维度上的创新进行了深入探究和分析，得出以下结论。

（一）联动与整合：创新社区组织和社区治理结构，激活基层治理运行机制

通过社区组织创新和社区治理结构创新，实现社区服务体系与社区公共服务体系相互衔接；实现社区服务体系与社区公共服务体系之间、社区居民自治与业主自治之间的互联互动；进一步增强社区民主自治功能，发挥社区居民会议常务会、社区议事协商会、社区事务听证会等社区民主制度的作用，扩大居民参与范围，提高社区党组织、社区居委会、社区服务站等社区组织对居民服务需求的回应能力；推进社区业主自治，开展社区业主大会法人制度试点，依法维护社区居民的共同利益，进一步提高社区自我管理、自我服务、自我发展能力；积极发展社区非营利组织，激发社区社会组织、社区志愿者组织、驻社区单位等参与社区建设和社区服务的积极性。

（二）联动与整合：加快社区服务市场化，推进新型社区服务供给模式

社区服务市场化是一个复杂的系统工程，涉及政府、社区、社会组织、市场、企业、居民等与社区服务供给和需求相关的方方面面。目前，内蒙古推进社区服务市场化的条件已经逐渐成熟，应该进一步加快社区服务改革创新步伐，在制度设计方面，推进社区服务市场化改革，完善新型社区服务供给模式的制度设计；在改革力度方面，进一步扩大政府购买公共服务的内容和范围，完善新型社区服务下的供给模式；在政策法律配套方面，应加强社区服务市场化的相关制度建设，建立和完善社区服务质量标准、服务评价、监督和问责等相关制度和政策，提高政府"掌舵"的能力，增加制度供给，使社区服务市场化在比较配套和完善的制度环境下有序运行。

（三）联动与整合：加快推进智慧社区建设，构建社区居民需求—回应机制

内蒙古在对社区居民服务需求进行科学分类的基础上，通过政府、社会组织、企业和个人成为社区服务提供主体，构建与社区服务相对应的需求—回应机制，实现对社区居民服务需求的全方位回应。

（四）联动与整合：重视社区规划，为科学的社区治理奠定基础

根据内蒙古人口规模快速扩大、居民对社区服务设施需求升级和需求多样化、区域之间和城乡之间发展不平衡以及社区基层服务设施供给短缺等情况，应借鉴世界城市发展经验，重视社区规划，在社区服务设施建设中构建多元投入机制，形成多元供给格局，努力提高社区服务设施供给水平。

三　案例篇

（一）联动与整合，社会工作服务项目中的实践研究的探索

通过对社会工作服务案例的分析，整合了社会工作的理论和方法，把联动与整合的方法和理念带入项目的设计、监测、评估等阶段中，到实践中去检验与反思，进行行动研究。

（二）联动与整合，加强社会组织的素质和能力建设

首先，要提高社会组织的专项服务能力。其次，加强社会组织在项目管理能力、人力资源管理能力、财务管理能力等方面的能力建设。再次，社会组织需要提升对社区需求的洞察力，在充分挖掘社区需求的基础上，更能做到为民办"实事"、办"好事"。最后，社会组织在评估主体参与上，评估工作的开展离不开政府的监察，政府应该完善相应的评估监察机制以及明确监察人员，以保证评估工作开展的公正性。完善评估程序，要制定涵盖前测、中测、后测的全套评估体系，在评估方式上，定量评估和定性评估相结合，使评估结果更加客观、更具科学性。

（三）联动与整合，加大政府财政购买社区服务力度

不论是中央层级，还是各市区政府层级，都应该加大财政对城市社区服务购买的力度，从而满足社区居民多元化的社区服务需求。除了专项资金以及上级部门的拨款外，基层政府还可以通过地区创收来推动当地城市社区服务购买的发展，从而保障项目的可持续发展。政府购买城市社区服务没有财政支持，评估工作也难以开展，加大对评估工作的财政投入力度，是保障其有效运行的基础条件。政府应加强与基金会之间的协同合作，通过基金会的部分支持，共同加大城市社区服务购买力度。地方性创收不足的基层政府加强与基金会的合作，既能减轻政府的财政负担，也能促进社区服务购买的可持续发展。

（四）联动与整合，提出了社区流动人口服务建设的新方法

以和谐社区为目标，更新流动人口服务管理的理念和方式，管理理念从歧视转向平等，管理方式从管制转向服务，寓管理于服务之中，从流动人口义务本位转向流动人口权利本位。改善社区流动人口服务的体制格局，优化组织协调框架，将流动人口服务管理的重心放在基层社区，实行服务、管理、教育、维权"四位一体"的全程服务的综合治理。

（五）联动与整合，提升基层治理危机应对能力

现代社会中，危机管理的主体层级逐渐上移，国家化的治理系统扮演着越来越重要的角色。同时，基层治理的危机管理职责在风险社会的应对中也同步增长。特别是在重大事件中，危机的影响极为广泛，需要将联动和整合的方式作为危机应对的基础，基层治理多方、多层次联动整合的作用得以彰显。2008 年的汶川地震，在初期的灾害应对中，基层组织发挥了更为直接、快速的作用，在 2020 年的新冠肺炎疫情防控中，上级的统筹很重要，但基层组织的执行也具有关键性作用。本书也关注到了这一现象，并试图通过对新冠肺炎疫情防控期间基层组织，包括基层政府与各种社会团体的运行逻辑进行分析，来提升基层治理危机应对能力。

在此需要说明的是，本书中我们的一系列探索和实践在出版时可能已经"过时"，希望读者朋友们明鉴。同时，我们也相信联动与整合一定是基层治理中永不过时的基调，围绕这两个基调，我们必将在基层治理的创新之路上探索出更多、更有效的治理机制和治理模式。

附　录

附件一　访谈对象构成及访谈提纲

访谈对象构成

涉及领域	访谈人数	访谈对象编号
A 社区	2 人	A1：社区负责人 L
		A2：社区居民服务中心主任 H
C 社会组织成员	2 人	C1：中心主任 L
		C2：中心员工 M
社会工作者	2 人	S1：专业社工 W
		S2：助理社工 L
政府部门人员	3 人	Z1："三社联动"工作领导小组社会组织部成员 Y
		Z2："三社联动"工作领导小组社会工作部成员 S
		Z3："三社联动"工作领导小组社区部成员 Q
服务对象	4 人	L1 女：志愿者 Z
		L2 男：服务对象 N
		L3 男：社区活动参与者 X
		L4 女：A 社区居民 L

访谈提纲

一　社区居民的访谈内容

（一）个人基本情况（性别；年龄；民族；身体条件；心理状态和自

我感觉）

（二）个人家庭及经济情况（家庭成员；代际关系；收支来源；收支水平）

（三）是否参加过在社区里举办的（C 社会组织、社工会提供帮助的）"三社联动"相关活动，和社区、社会组织及社工有无打交道的经历？

（四）在您参加（包括听说的）"三社联动"活动里，有哪些服务内容，分别是针对哪里开展的，您对这些活动的态度如何，在服务前后您的各方面有没有改变？

（五）您参加的志愿队会主动进行社区服务吗？

（六）志愿服务培训形式；志愿服务事项。

（七）您对于"三社联动"是否认可，所有的活动是否都可以接受，是否满意，您认为还有什么改进空间呢？

二 政府部门的访谈内容

（一）我旗"三社联动"推进期间政府部门有介入吗？何种形式？

（二）在协调"三社联动"过程中给予哪些具体支持？

（三）针对 A 社区与 C 社会组织的"三社联动"项目投入了哪些？

（四）针对 A 社区与 C 社会组织的"三社联动"项目是否有监督？形式有哪些？

（五）针对 A 社区和 C 社会组织的"三社联动"项目有没有能力提升的一些途径？形式是什么？

三 "三社"成员的访谈内容：

（一）"三社联动"的主要硬件设施有哪些？有哪些专业设备？

（二）"三社联动"的软件体系有哪些？具体的组织、人员、资金配置和宣传如何体现？

（三）"三社联动"过程中有没有相互沟通？具体操作过程包括哪些？

（四）"三社联动"过程中成员流动性大不大？薪资待遇如何？个人感觉如何？

（五）在"三社联动"中有没有涉及具体的"互联网＋"技术？主要体现在哪些方面？

（六）听说很重视志愿者建设，可否详细说明一下具体操作流程和经验？

（七）如何在"三社联动"服务中体现专业性，保证服务质量？

（八）"三社联动"项目中涉及的服务有哪些？有无困难？

附件二　开放式编码—主轴式编码

主范畴	概念	具体定义
社区居民基本情况	年龄构成	以老人为主，与子女长期分居，与外界联系较少
	民族构成	以汉族为主体，蒙古族群体占少数，有蒙汉混居的家庭
	身体条件	身患慢性病及并发症，对恢复健康的需求较大，少有疑难杂症
	自我认可度	基本保持乐观，存在短期失落、孤独的心理现象
	收支来源	退休金及政府养老金补贴，子女定期汇款。支出大部分用于日常生活和孙辈补贴
	收支水平	视个人情况不同，340～5000元不等。支出远少于收入，无大量开支
	家庭关系	夫妻关系淡漠，与同辈联系少，和子女定期来往，和孙辈关系疏远
社区居民需求评估	服务开展范围	主要针对A社区居民，对有参加活动意愿的居民重点建立稳固的服务关系
	服务内容	针对慢性病防治、民族团结、家庭关系改善和志愿者培育的讲座活动和社会工作外展服务
	态度反馈	普遍反映良好，对活动充满期待感，对生活有了新的期盼
	服务前后变化	从不理解不参与变为主动参加和期望参加，对专业知识的掌握更多，有明显的接受服务意愿
	服务认可度	普遍认可，认为服务前后整体氛围有很大改善
	服务接受范围	可以接受，但存在对某些活动的顾虑，服务面向普遍群体
	服务满意度	基本满意，存在个别对服务无感的现象
	改进空间	增加活动场次和满足个人需求的服务，建立固定小组

续表

主范畴	概念	具体定义
政府介入机制	组织领导	政府统领，民政局主导，其他部门积极响应。成立"三社联动"工作领导小组
	权责分配	三个部门分别负责管理信息流通、资料审核、政策宣传及定期评估
	资金审批	先由社会组织申报，通过审批后再由财政局给予相应补贴，强调政府购买服务
	技术运用	智慧平台技术，智能审批及管理技术，公众号及互联网平台宣传技术
政府监督机制	审批检验	一般针对社会组织的运营资质和服务质量展开验收，每年一次，视情况评优或取消资格
	资格认证	针对社区、社会工作者和社会组织是否定期更新资料，是否有承接"三社联动"项目的资格
	实地走访	对社区和社会组织进行实地走访和项目验收，听取其在服务执行过程中的困难
	行政督导	借鉴社会工作评估的专业机制，不定期进行随机督导，从行政层面对服务提供监督
	居民回访	对社区居民进行随机的回访，询问服务的真实性和有效性
政府提升机制	年检培训	针对年检系统操作及相关内容填写进行规范，并对其中问题进行解读
	社会组织创新发展	从国内邀请专家有效针对"三社联动"期间社会组织发展经验进行分享
	社工人才储备	定期组织有社会工作发展意愿的服务人员开展社会工作专业知识培训
	社工素质拓展	就社会工作在国内外发展的新动向和新理念定期组织学习，从而提升社工专业知识技能
	公文写作培训	针对社区工作体系复杂、涉及部门较多的情况，组织公文写作培训，提升"三社联动"项目成员技能
	党建活动	面向社区，有效促进"三社联动"长期发展
"三社联动"硬件设施	办公设施	A社区有固定的办公所在地。C社会组织有专门的机构所在地，由社会组织和社工进行日常办公
	活动场地	在A社区门前有小广场，还有带有多媒体的会议室和辅导室，各小区也有足够的空地可以进行活动
	文娱场所	A社区有功能齐全的棋牌室、排练厅及乒乓球室，可供居民日常活动
	有效资源	A社区有独立的卫生中心。C社会组织有完备的助餐食堂，也成为对A社区居民提供服务的场所

续表

主范畴	概念	具体定义
"三社联动" 软件设施	组织架构	日常独立与活动联合并行，社区主导前期准备，社会组织协调服务进程，社会工作者严把服务质量
	人员分配	A 社区组织领导者 8 人，工作人员 56 人。C 社会组织员工 6 人，社工 3 人。活动中适当调遣社区人员辅助
	资金调配	主要用于社会组织用品采购及社会工作者服务费用，有明确的资金使用明细，及时公开，严格把关
	宣传机制	A 社区负责活动前后期宣传，C 社会组织负责服务成果展示。社会工作者协调其他成员进行实时宣传
随联随动	信息传递方式	通过微信群和及时的总结会议进行信息交换和传递，打破信息障碍和部门隔阂
	服务互学性	"三社"在整体服务中就彼此的先进工作经验互相学习，也会针对专业和政策的知识进行互学
	互评互监性	在服务过程中建立互评机制，对彼此的工作相互监督，从多方建议中获得发展
	联动认同感	通过日常互动提升"三社"对整体服务的认同感，提升联动热情，提高联动质量
	成员流动性	"三社"成员流动性较小，尤其体现在社会工作者端，很少有人中途退出
相对独立	薪资待遇	A 社区 3000 元至以上不等。C 社会组织薪资水平 2500 元左右，社会工作者视情况波动较大
	社区稳定性	A 社区相对稳定，除同 C 社会组织及社会工作者有项目外还有其他服务项目，主要负责协调及提供信息
	社会组织 独立运营性	每月有运营成本汇总，除"三社联动"外还有营利性质的助餐服务
	社会工作专业性	从属 C 社会组织，强调对机构负责，小组工作理论、社区工作理论使用频率大于个案工作理论，遵从案主自决原则
	自我效能感	A 社区维稳，自我效能感偏低。C 社会组织成员及其社会工作者成为"红坎肩"代名词，自我效能感高
	自评监督机制	各自召开总结会议，对成员的行为做到及时监督和自评
互促共进	能力提升	定期组织团建党建等，以互动来促进能力提升
	现场评估	"三社"成员针对现场活动共同参与督导评估，达到经验共享、居民共治
	民主推进	召开民主推进会，使社区边缘群体有效参与到日常建设中，组建老年志愿者队

主范畴	概念	具体定义
互促共进	月度总结	召开月度总结会议，针对存在的问题及时整理，对下一步工作进行任务部署
	社工223	社会工作者牵头组建社区志愿者和义工团队，为"三社联动"提供稳定的人才力量
志愿者分类	夕阳色老年志愿队	主要面向社区内的低龄老年人开展培训，组建志愿者团队重点辅助社区日常活动及高龄老人服务
	小小志愿者	针对社区内的儿童青少年，利用假期组建志愿者团队进行社区建设
	辅助志愿者	带有义工性质，针对所有年龄段居民开展志愿者培训服务
志愿者培育	培育形式	由社会工作者牵头定期培训，进行相应的考核后给予证书
	涉及事项	"三社联动"项目辅助人员，社区日常志愿活动的参与者
	自我效能感	普遍反响较高，志愿者和受服务者获得获得感及幸福感，实现双赢
	知名度	普及范围广，尤其体现在夕阳色老年志愿队，多次被新闻媒体宣传
信息化	电子登记	对A社区内老年人进行重点登记，建立电子健康卡，并联系社区卫生中心定期进行健康检查
	电子医疗辅助	A社区卫生中心有先进的电子医疗辅助器械，例如智能针灸仪器，可供社区居民使用
智能化	智能助餐	C社会组织的主要服务亮点，可采用互联网订餐的形式为老年人提供经济快捷的餐饮服务
	智慧平台	政府官方针对"三社联动"建设的远程互动平台，主要用于信息共享及服务宣传
	智能防丢	针对老年人开发的一种智能仪器，通过远程呼叫和位置共享及时使社区掌握老年人的动态
服务群体	居民反哺	通过"三社联动"的服务使得居民能够在社区建设中有效反哺人员及服务的不足
	群体多元	活动的直接受益群体为老年人，间接受益群体涉及社区多数群体，促进社区整体氛围改善
服务内容	活动普及	活动普遍涉及日常生活的各方面，贴近居民日常需求，实用性较高
	场次场域	每月有固定场次的活动及外展调查，场域限制在A社区范围内，提高活动普及度和知名度
	专业照料	针对存在生活困难的孤寡老人，社会工作者、志愿者及社区卫生中心定期进行专门照料，提升老年人服务质量

附件三　主轴式编码—选择性编码

核心范畴	主范畴	具体关系
社区居民	社区居民基本情况	社区居民基本情况决定其接受服务的权限和力度
	社区居民需求评估	社区居民普遍对服务充满期待,有长期接受服务的意愿
"社政交互"	政府介入机制	政府部门通过组建领导机制、深化权责分配及落实资金介入"三社联动"
	政府监督机制	政府通过督导、实地走访、资质审核等监督机制促进"三社联动"良性运行
	政府提升机制	政府为"三社联动"各端口提升创新能力开展各类会议活动
	"三社联动"硬件设施	是活动得以开展的基本条件,包括活动场地及可利用资源
	"三社联动"软件设施	是指除硬件设施外使服务得以更好推进的保障资源
	随联随动	"三社联动"中三个端口就服务、信息、评价机制进行互联互享的过程
	相对独立	"三社联动"三个端口在待遇、发展特征及日常运营中彼此独立的特征
	互促共进	"三社联动"三个端口在既得经验上相互学习所取得的产物
志愿者协同	志愿者分类	对志愿者构成属性及服务范围进行分类的过程
	志愿者培育	对志愿者培育中的具体举措及社会影响进行汇总
"互联网+"	信息化	"三社联动"中出现的电子技术的表现,主要有登记信息及医疗辅助
	智能化	"三社联动"中智能化仪器及方法的使用,包括助餐、信息共享及防丢装置
生活质量	服务群体	服务涉及群体多元,且存在居民反哺现象,切实保障居民生活质量
	服务内容	服务广泛适用于居民,活动普及和场次场域均有利于居民生活

附件四　呼和浩特市"陪读妈妈"调查问卷

问卷编号 | **2** | **0** | **2** | **0** | | |

陪伴让爱掷地有声

——呼和浩特市陪读妈妈调查问卷

尊敬的妈妈：

您好！我是呼和浩特市睿联凯舟社会工作发展中心的访问员，正在进行陪读妈妈家庭和社区生活状况调查。通过了解您的生活现状和期待，我们希望精准了解您的日常生活困难和家庭社区服务需求，以此为基础，为您提供切实可行的家庭和社区服务，问卷为匿名，所有信息将严格保密，希望能够得到您理解和支持。

呼和浩特市睿联凯舟社会工作发展中心

二〇二〇年一月

访问地点：呼和浩特市 街道社区

填写说明：

■ 单选题：在答案中选择一个选项并用圆圈〇标注。

■ 可多选题：在一个或以上的选项用圆圈〇标注。

■ 所有"其他"项，在问卷空白处给予尽可能详细的说明。

A 模块　基本信息

A1　您的出生年份是＿＿＿＿＿＿年。

A2　您的文化程度：

1 未读过书　　　　　　　　　2 小学

3 初中　　　　　　　　　　　4 中专/高中

5 大专/大学及以上　　　　　　6 其他

A3　您是哪个民族？

1 汉族　　　　　　　　　　　2 ＿＿＿＿＿族（请写出少数民族名称）

A4　您目前的婚姻状况属于下列哪种情况？

1 有配偶同住　　　　　　　　2 有配偶不同住

3 丧偶　　　　　　　　　　　4 离婚

5 其他

A5　您目前的房屋为：

1 自有，＿＿＿＿＿平方米　　2 租住，＿＿＿＿＿平方米

3 住亲朋好友的房子，＿＿＿＿＿平方米

A6　您目前的工作状况：

1 全职陪读　　　　　　　　　2 打零工/兼职

3 全职工作

A7　您家庭目前的收入水平（元/月）：

1　1000 以下　　　　　　　　2　1000～3000

3　3000～6000　　　　　　　4　6000～10000

5　10000 及以上

A8　您老家到目前居住地的交通时间是多少？（按最常用的交通工具计算）

　　1 6 小时之内　　　　　　　2 6～12 小时

　　3 12～24 小时　　　　　　 4 24 小时及以上

A9　您到目前的居住地陪读多久了？

1 半年之内　　　　　　　　　2 半年到一年

3 一年到三年　　　　　　　　4 三年以上

A10　您目前日常照顾几个孩子？

1 一个　　　　　　　　　　　2 二个

3 三个　　　　　　　　　　　4 四个及以上

A11　您照顾的孩子年龄分别为：

1 岁　　　　　　　　　　　　2 岁

3 岁　　　　　　　　　　　　4 岁

5 岁

A12　您陪读的孩子在读什么阶段的学校：（多个孩子可多选）

1 幼儿园　　　　　　　　　　2 小学

3 初中　　　　　　　　　　　4 职高/高中

5 大专/大学

A13　请问您孩子现在上学的距离有多远？

1 一公里以内　　　　　　　　2 二公里到五公里

3 五公里以上

A14　请问您每天需要接送孩子上下学吗？

1 每天接送　　　　　　　　　2 偶尔接送

3 不接送，孩子自己上下学

B 模块　日常生活

B1　请问您每天的生活中最常做的是哪三项？

1 工作赚钱　　　　　　　　　2 家务做饭

3 辅导孩子学习　　　　　　　4 看电视看手机

5 与孩子聊天/陪孩子玩耍　　6 外出娱乐休闲

7 其他

B2　请问您如何安排闲暇时间？（可多选）

1 看电视玩手机　　　　　　　2 与人聊天

3 逛街购物　　　　　　　　　4 运动健身

5 打麻将/扑克　　　　　　　 6 跳舞唱歌

7 乐器演奏　　　　　　　　　8 其他

B3　和陪读之前相比，您感觉生活最大的改变在于？（可多选）

1 收入减少　　　　　　　　　2 住房面积减少

3 夫妻两地分居　　　　　　　4 社会参与减少

5 没什么改变

B4　陪读过程中，您和孩子的关系怎么样？

1 很不融洽　　　　　　　　　2 不太融洽

3 比较融洽　　　　　　　　　4 很融洽

B5　陪读过程中，您和孩子爸爸的关系怎么样？

1 很不融洽　　　　　　　　　2 不太融洽

3 比较融洽　　　　　　　　　4 很融洽

B6　陪读过程中，您有没有和当地人建立起日常联系的关系？（可多选）

1 社区邻居　　　　　　　　　2 其他陪读妈妈

3 工作同事　　　　　　　　　4 社区工作人员

5 政府人员　　　　　　　　　6 商业服务人员

7 没有建立关系　　　　　　　8 其他

B7　目前您的家庭有哪些方面的困扰？（可多选）

1 经济来源　　　　　　　　　2 夫妻关系

3 子女教育　　　　　　　　　4 居住环境

5 老人关系　　　　　　　　　6 社区融入

7 孩子生活　　　　　　　　　8 没有困扰

9 其他

B8　当您遇到困难时，您会从哪些来源得到帮助？（可多选）

1 自己解决　　　　　　　　　2 直系亲属

3 亲朋好友　　　　　　　　　4 邻居

5 社区　　　　　　　　　　　6 政府

7 妇联　　　　　　　　　　　8 社会组织

9 宗教团体　　　　　　　　　10 其他

B9　您在日常生活中，有参与社区或邻里组织的活动吗？

1 经常参与　　　　　　　　　2 偶尔参与

3 没参与过

C 模块　服务需求

C1　如果本社区或者社会组织提供下列服务，您认为现在自己需要这些服务吗？

服务项目	需求栏	服务内容
工作介绍服务	1 需要　2 不需要	提供长期或短期工作介绍，保证工作合法权益
知识技能培训	1 需要　2 不需要	提供人际交往、生活技能、现代化知识的讲解培训
政策讲解服务	1 需要　2 不需要	提供针对女性和外来人员的本地福利政策讲解
亲职教育学习	1 需要　2 不需要	亲职教育，加强与孩子沟通，学习教育理念和方法
健康饮食讲座	1 需要　2 不需要	有关家庭和个人健康的讲座，开展烹饪美食的学习

续表

服务项目	需求栏	服务内容
社区妇女联谊	1 需要 2 不需要	举办主题联谊活动，丰富业余生活，加强支持网络
文化娱乐活动	1 需要 2 不需要	棋牌活动、看书读报、唱歌跳舞、保健操社区活动
陪读妈妈刊物	1 需要 2 不需要	刊物记录陪读妈妈故事，收集成功案例鼓舞人心
心理慰藉辅导	1 需要 2 不需要	专业人士提供陪读妈妈的压力缓解服务，疏导心理困扰
家庭矛盾调解	1 需要 2 不需要	专业人士提供家庭关系和家庭矛盾的调解服务
法律咨询服务	1 需要 2 不需要	专业律师提供您所关心的法律问题讲解和法律援助
其他服务	1 需要 2 不需要	注明：

C2 针对上述服务，您愿意并会付出一定的时间参与吗？

1 愿意挤出时间参与　　　　2 有时间/需求就参与

3 偶尔参与　　　　　　　　4 不会参与

C3 阻碍您参与社区活动或社区服务的最大障碍在于？

1 没时间　　　　　　　　　2 缺乏能力

3 缺乏信心　　　　　　　　4 不感兴趣

5 不习惯参与　　　　　　　6 没有障碍

C4 您是否愿意当一名志愿者参与上述活动和服务的组织和实施环节？

1 愿意　　　　　　　　　　2 不愿意

3 看情况而定

C5 对于您在陪读生活中所遇到的困境，以及您所期望在哪方面做出改变，希望您能畅所欲言，提出您的想法和意见，我们一定会认真考虑：

访问时间　　年　月　日

访问员签名

核查员签名

附件五　子项目一的相关内容

一　"陪读妈妈"社区志愿者服务团队登记申请表

"陪读妈妈"社区志愿者服务团队登记申请表

登记时间	2020 年 10 月	注册资金		无
住　　所	呼和浩特市回民区阿吉拉沁社区			
网站地址		电子邮箱		
申报工作负责人		办公电话		
		移动电话		
团队人员数量	10 人	专职□		兼职☑
党员人数	1 人			
刊物	名　称	刊　号		属内刊
	发　行范　围	发　行数　量		属公开刊　物
内设机构	"陪读妈妈"社区志愿者服务团队内设服务部、宣传部、财务部三个部门，每个部门各有负责人 1 名			
办公室设施				
社区意见				日期：
主管单位意见				日期：

二 "陪读妈妈"社区志愿者服务团队的队服

三 新闻稿

"有清晰的自我界限，才有安全感"

——"陪读妈妈"志愿者培训第十期举办

2020年10月21日，"陪读妈妈"志愿者培训最后一期（第十期）在呼和浩特市某区A社区举办。

当天来到现场的陪读妈妈，发现多了几个新的面孔，原来是开学后刚刚来到社区的陪读妈妈，新来的陪读妈妈在其他陪读妈妈的带领下参加了本次培训。虽然有一段时间没有见面了，但是大家依然像老朋友一样相互问候，在愉快的氛围中，吕霄红老师开始了本次志愿者自我成长课程的培训。

此次培训从一段家庭故事开始，由此引出了当天的主题——清晰的自我界限。现场参训人员积极参与互动、发言，整场培训深入浅出、生动形象，参训人员边听边记、聚精会神、受益匪浅。

此次培训内容聚焦在自我界限清晰地厘清上。

自我界限是指在人际关系中，个体清楚地知道自己和他人的责任和权力范围，既保护自己的个人空间不受侵犯，也不侵犯他人的个人空间。

从心理发展上看，自我界限是逐渐形成的。胎儿在母亲体内，他感觉到他和母亲是一体的，母亲就是他，他就是母亲的一部分。随着孩子慢慢长大，与母亲的心理距离也就越来越远。成长的过程，也就是与母亲在心理上分离的过程。分得越开，也就意味着成长得越好。而遗憾的是，好多人在成长的过程中，与母亲之间的界限并不清晰。

自我界限清晰意味着，一个人与他人接近，但没有近到他失去自己的程度，也没有近到把别人当成了自己的一部分的程度，他还是他，别人还是别人；与此同时，他也不会离别人太远，不会远到丧失爱自己想爱的人的能力和可能性，在他真正需要的时候，他会从别人那里获得不虚假的安全感与温情。

在培训过程中，老师与陪读妈妈互拟现场情景，换位思考，全体人员在老师的带动下，身临其境地进行自我反省，更加明确了以后如何面对自己的孩子与家庭。

世界上只有三种事：自己的事，别人的事，上天的事。自我界限清晰的人对自己的事尽力、对别人的事尊重、对上天的事顺从。

因此建立清晰的自我界限，正是建立自我价值的感觉，同时也是一个人唤醒自我、认识自我、活出自我的保证。

附件六　子项目二的相关内容

陪伴，让爱掷地有声——
"陪读妈妈"社会工作服务项目
亲职教育教学大纲

目　录

一　课程简介

本课程为"陪伴，让爱掷地有声——'陪读妈妈'社会工作服务项目"子项目二的核心内容。

（一）亲职教育的历史沿革

亲职教育为西方诸国 20 世纪 30 年代所倡导，这种教育在德国称为"双亲"教育（Elternbildung，美国称之为"Parental Education"），俄罗斯学者称之为"家长教育"或"家长的教育"，我国台湾学者将其中译为"亲职教育"，其含义为对家长进行的如何成为一个合格称职的好家长的专门化教育。

（二）亲职教育的概念界定

正如 1993 年出版的我国台湾大学曾嫦嫦所著的《亲职教育》一书所云，亲职教育是从家庭教育演变而来的新概念，简而言之，亲职教育就是"怎样为人父母"的教育，使为人父母者明了如何尽父母职责的教育。

（三）亲职教育的范围

亲职教育归属成人教育的范围，因为父母都已成年。此外，家庭作为社会的细胞，由社会来教育家长，所以亲职教育有时又被列为社会教育的范畴。德国教育会议则称之为"生活援助"（Lebeshilfe）的对象，也涵盖备婚的男女。为此，德国设立母亲学校、双亲学校、夫妇研习会；日本设立亲子剧场、公民馆；美国设双亲研习机构，研制"父母行为量表"来测量父母的亲职教育水平等。

我国自改革开放以后，家长学校如雨后春笋般蓬勃发展，极大促进亲职教育的素质水平提升。尤其我国学校教育、家庭教育和社会教育三位一体相结合的亲职教育体系正在形成特色，为当今世界各国教学者所赞赏，符合教育起始于家庭、形成于学校、完成于社会的终身教育的走向规律。

国内外亲职教育理论研究现状表明，亲职教育与家庭教育水平呈正相关，亲职教育被称为家庭教育的主导教育，它涵盖父母的自身教育与父母对子女教育两大范畴的教育素质内容，它是立足于亲子关系基础上的对家

长实施的家长职能与本分的教育

（四）亲职教育是终生功课

因为在家庭每一个阶段，亲子关系面临的挑战不同，亲职教育水平要求亦不同。社会发展速度加快，家庭教育常处于焦虑与矛盾之中，既想依恋传统又欲追新，如何处置，只有接受亲职教育，使之明了追新求异并非丢掉传统，只是学会根据时空改变需求、做出调整的本领。

当今许多家庭教育的困惑迫切需要亲职教育的推行，真正从根本上提升家长的亲职教育素质水平，这也是当前我国推行素质教育中一个重要课题。通过该课程的学习，期待亲职教育的落实在于学习者愿意面对亲职教育的挑战，明了处理亲子关系中亲职教育水平的主导地位，明了任何教育过程学习者都是接受人格先于接受观点的规律，如何使子女先接受你这双亲的人格，而后接受你的成龙成凤的教诲高见。

（五）亲职教育和家庭教育的异同

1. 相通之处

在教育体制上，二者均不属于正规教育。换句话说，它们都是非正规的教育。

在教育内容上，二者均系实际生活的需要，使教育与生活打成一片，此种教育针对生活而发，也以生活印证教育。

在教育目标上，二者都是促进孩童着眼于为人之道、处世之术及做事之方的习得。为人之道，首在诚实不欺、心平气和及勤俭刻苦；处世之术，首在平凡、平淡及平实；做事之方，首在忍耐、负责及气度。

在教育功能上，二者对个人一生的前途有决定性的作用，对社会的进步繁荣有深远的影响，与国家的长治久安有密切的关联。

在教育使命上，二者致力于培养家庭中的好子女，使其成为社会上的好公民，负起齐家报国的责任。

2. 不同之处

在教育重心上，亲职教育采用孩童中心的立场，对父母施教宜顾及孩童的生活需要及困难；家庭教育采用父母中心的立场，以成人眼光、期望来施教。

在教育原理上，亲职教育注重亲情的交融与内心的感动；家庭教育注重伦理的启迪与精神的感召。

在教育模式上，亲职教育采用辅导的方式，注重鼓励与引导；家庭教育采用训导的方式，注重训诲与管理。

在教育气氛上，亲职教育强调民主，但不流于放任态度；家庭教育偏重权威，而易趋于严格管教。

在教育方法上，亲职教育运用多重角色，透过亲情交流，试图使父母与子女之间彼此沟通和了解，减除代沟的存在；家庭教育利用身教和管教交互作用，企盼使子女依父母单一标准的价值行事。

从上述所罗列共同特征的要项与析出相辨之异的要点来看，亲职教育是家庭教育的内涵，也是其精神支柱，进一步地说，亲职教育是家庭教育的精髓，也是其内在基础，二者有着密切的关系。因此，加强与推动家庭教育的改进，从贯彻亲职教育的推行入门，才是根本的正途。

就此观点而言，亲职教育可以说是一种新型的家庭教育，即现代家庭的新观念与学理。但这并不意味着它有新的教育目标与内容，而是指父母教养子女在观念上、态度上与方法上的革新。确切地说，它是加重父母教养子女的职责，体认父母多元角色的教育功能，指出父母教育子女的根基在于亲情流露的至诚指导，而不在于伦理常规的训诫管理。这完全是一种发乎情、出于爱、导之以理、化之以礼，既符合民主原则，又配合辅导原理而施行的现代家庭教育。

二 教学实施目标

（一）在学校

1. 学校设有专门的父母接待室
2. 学校定期举行家长开放日
3. 学校编写家教指导手册，对父母进行简单的教子技术指导
4. 学校通过举办晚会，让父母了解学校的方方面面
5. 学校开办父母学习班

（二）在社区

各社区图书馆经常举办以下活动。

1. 亲职教育讲座

2. 亲职教育方面的图书借阅

3. 影视欣赏

4. 举办亲职教育研讨会或团体讨论

5. 提供亲职教育服务

（三）在企业

1. 经济支持——给学校提供经费或设备

2. 建设"家庭友好型"企业

3. 帮助和鼓励企业员工积极参与子女的家庭教育和学校教育

4. 鼓励企业定有"弹性上下班"的政策，允许有子女的员工根据自己的需要选择上下班时间，以便有效地配合子女的学校教育活动。

（四）亲职教育专家

1. 由学者专家或社会团体主持或推动亲职教育活动，如研讨会、讨论会、座谈会、演讲会，或在某一特定时期给父母提出及时的教子指导和建议等。

2. 由教育专家编写育儿手册、教子指南等书籍。

3. 由专家推动制订亲职教育训练方案，如父母效能训练、有效教养系统训练等。

（五）可参照的服务项目

1. 父母效能训练

主要包含三方面内容：第一，积极倾听；第二，使用"我—信息"技巧；第三，积极沟通。

2. 加强家庭计划（SFP）

第一，整个家庭的参与，而不仅仅是父母亲或孩子。其中，针对父母的教育主要是通过父母技能培训来实现。

第二，该课程教父母如何慢慢减少物质奖励，寻找自然的更好一些的奖励方式，维持子女良好的行为变化。

3. 学龄前儿童的家庭指导计划（Home Instruction Program For Preschool Youngsters，HIPPY）

HIPPY 计划是在对学前儿童进行全面综合的发育评价之后，根据学前儿童的发育特点、性格特征、家庭保育情况，由专家制订出一套针对性极强的发展方案，内容涵盖智力开发、儿童成长阶段标志动作的出现、心理变化特征等，父母按照制定的方法和措施去执行，从而实现儿童的潜能开发与个性化培养。

三 课程教学目标和内容

（一） 亲职教育的目标

1. 为父母提供有关子女身心发展需求的知识

2. 引导父母改变不当的教养方式

3. 教导父母学习有效的亲子沟通方法

4. 协助父母培养子女良好行为习惯

5. 协助父母教导子女提高学习成就、发展潜能

6. 帮助有特殊障碍子女的父母克服教养困难

（二） 亲职教育的内容

亲职教育的内容主要包括：第一，父母团体教育；第二，与父母亲单独面谈或讨论；第三，通过参与幼儿园、学校活动来教育父母；第四，通过指导父母如何观察子女来教育；第五，使用特殊的策略和手段，如安排阅读和做报告。

（三） 亲职教育的方式

三种基本的亲职教育方法：

1. 大众媒体：新媒体、自媒体、网络、电视、宣传手册、面对大众的公开演讲等。

2. 个体咨询：通过健康服务机构、学校和社会公益组织向单个的父母亲分别进行的亲职教育。

3. 小组讨论："父母小组""父母学习小组""母亲学习小组"

（四） 亲职教育的方法

1. 行为矫正法（Behavior Modification）

行为矫正法运用在亲职教育上的行为改变技术的策略主要有：第一，正强化法（Positive Reinforcement）；第二，负强化与惩罚（Negative Reinforcement & Punishment）；第三，隔离法（Time – Out）；第四，代币法

（Token Economy）；第五，社会技巧训练法（Social Skills Training），该方法源于行为主义的原理，是一套以改变、修正、调整或消除个人的不良行为，并建立积极的或被人接受的行为的心理学方法。

2. 有效教养系统训练（Systematic Training for Effective Parenting，STEP）

有效教养系统训练是丁克迈耶（Dinkmeyer）等在 1980 年创立并推广的一套循序渐进地协助父母强化教养子女能力的亲职教育模式。STEP 是一套协助父母增强教养能力的方案，多以团体方式进行，通常十个人为一组，进行 STEP 相关的学习活动与演练。

该模式的主要策略与方法有三种。

第一，建立积极的亲子关系。良好的亲子关系需要四个主要条件：相互尊重、共同娱乐、鼓励、相互表达爱。

第二，检查子女不良行为的目标并协助子女改变错误的目标。要改善子女的不良行为必须先检查子女不良行为的目标所在，然后帮助他们将错误的目标改正。

第三，有效的亲子沟通。要求父母做到积极倾听、兼顾语言与非语言的沟通、鼓励子女独立解决问题以及表达自己对子女的看法与情感。

（五）亲职教育的评估

1. 评估

社会上有专门的评估公司，一些大学、学者、民间组织及项目自身也积极参与亲职教育效果的研究与评估。

2. 成效

比较国内外研究文献，可以看出国外亲职教育在改善父母教养态度、教养行为以及改善儿童问题行为等方面均取得了一定的效果。

如，"难以置信的几年父母"项目有效减少了父母过度严厉、忽视、教养不统一等不当的育儿方法，增加了积极的养育策略；"Triple - P 教养"项目，则以归因培训和愤怒管理的特色举措，短期内有效地减少了虐待幼儿的发生率并改善了亲子之间的养育关系与氛围。

这些项目在预防低效教养、虐待及促进幼儿学习与发展等方面发挥了重要作用，大大降低了社会成本。

四 教学安排

（一）课程教材

《亲职教育 ABC》

作者：施欣欣等。

出版社：中国纺织出版社。

（二）教材简介

全书共分六章：亲职教育的意义；父母的信念、情绪、行为对子女的影响；子女不适应行为的特征与辅导；建立亲子正向关系的要素；训练称职父母的架构与方法；建立有效的家庭互动。全书通过阐析社会对亲子关系的影响，并论述培养称职父母的方法，以达成教育身心健全子女的任务。本书对于子女不适应行为，例如逃家、逃学、过分依赖、偏激习癖、药物滥用、未婚怀孕等皆有深入的探讨及应对方法。

（三）教学安排

第一章　亲职教育的意义

　　　　第一节　亲职教育的意义与基本概念

　　　　第二节　亲职教育的目的、功能与内容

　　　　第三节　亲职教育在护理实务中的应用

第二章　父母的信念、情绪、行为对子女的影响

　　　　第一节　父母亲在家庭中的角色与功能

　　　　第二节　称职父母应具备的条件

　　　　第三节　父母的信念、情绪、行为对子女成长的影响

第三章　子女不适应行为的特征与辅导

　　　　第一节　子女不适应行为的定义

　　　　第二节　子女不适应行为的形成因素

　　　　第三节　不适应行为的特征与种类

　　　　第四节　协助处理子女不适应行为的方法

第四章　建立亲子正向关系的要素

　　　　第一节　良好亲子关系的特色

　　　　第二节　建立亲子正向关系的要素

附件七　子项目三的相关内容

第一期新闻稿

文明志愿在行动 邻里和谐一家亲

—— "我的 T 恤我做主——文化衫涂鸦大赛" 在呼和浩特市某区 A 社区举办

2020 年 8 月 1 日上午，由内蒙古妇联、呼和浩特市妇联主办，睿联凯舟社会工作发展中心承办，回民区妇联、环河街街道党工委、呼和浩特市某区 A 社区协办的 "我的 T 恤我做主——文化衫涂鸦大赛" 在呼和浩特市某区 A 社区举办。

时值周末，某区妇联副主席郭建军、某街道党群活动中心主任麻昕燕、睿联凯舟社会工作发展中心理事长吕霄红等相关人员来到呼和浩特市某区 A 社区，与陪读妈妈们、社区家庭、妇女之家的专业社工及志愿者共同参与了此次活动。

活动前期准备，陪读妈妈们早早来到活动现场，为涂鸦做准备工作。

塑形操开场，陪读妈妈们展现新时代女性风采。

热烈的暖场节目之后，某街道党群活动中心主任麻昕燕致辞，代表社区欢迎居民群众共度 "邻里节"，增进邻里关系，营造社区温暖。

孩子们上场了！

趣味游戏——袋鼠蹦吸引了在场所有的孩子，他们纷纷走上舞台，将脚套在袋子里，孩子们争先恐后地模仿着袋鼠蹦跳到指定地点。有趣的游戏使现场气氛立马活跃了起来，而志愿者们则在一旁暖心地保护着孩子们的安全。

涂鸦环节开始了！

全家齐上阵

在妈妈的指导下画出底色

这涂的是什么？

瞧这爷孙俩

志愿者帮助指导

主持人出手了

郭副主席也进入了角色

描绘心中的团队

社工、志愿者忙碌的身影

幼儿园才艺表演来助阵

金色港湾展红幼儿园的小朋友们带来了舞蹈、相声、绕口令等文艺节目，"全民"参与其中！

感谢本次活动赞助单位

感谢本次活动赞助商，不仅提供了礼品"养乐多"饮品，还为小朋友们讲解了肠道保护的相关知识。

活动反馈

社区大家庭，邻里一家亲。邻里关系是社会关系的重要组成部分，承载着情感沟通、社会支持的功能。

本次"邻里节"活动中，外来陪读家庭、社区居民、驻区单位、社会工作者、志愿服务者欢聚一堂，开展了趣味游戏、亲子涂鸦 POLO 文化衫制作等活动，更好地让居民体会到社区大家庭的幸福感，进一步增强了居民群众对社区的认同感、归属感。

第三期新闻稿

陪伴让爱掷地有声——"陪读妈妈"社会工作服务项目联谊会
——建立陪读家庭社会支持 促进互助共融

2020 年 8 月 20 日，陪伴让爱掷地有声——"陪读妈妈"社会工作服务项目第三期联谊会在呼和浩特市某区 A 社区举办。社区党总支、社会组织、陪读妈妈及志愿者团队参加此次活动。

本期联谊会旨在为基层治理中的流动人口提供社会支持网络，促进陪读群体社区融入，参与社区共建共治共享。联谊会在欢笑声中拉开序幕，社区党总支书记白杨表达了支持与感谢。

在项目介绍环节中，睿联凯舟社会工作发展中心理事长吕霄红介绍了"陪读妈妈"社会工作服务项目执行情况，回顾了陪读妈妈志愿者团队建设、教材编制、家庭剧场、社区报刊出版等项目成果。重点介绍了正式和非正式社会支持网络理论。

社会组织风采展示环节中，呼和浩特市蓝丝带家庭综合服务中心、红十字会仁爱妈妈志愿服务工作队、快乐星孤独症儿童训练中心、十方缘老人心灵呵护中心等 7 家来自青少年、养老、助残等服务领域的机构的负责人展示了各自的服务优势，让陪读妈妈们对社会组织有了更加全面的了解，也为日后互助合作奠定了良好基础。

在互动交流环节中，陪读妈妈表达了自己在项目服务中的收获，还分享了各自陪读生活中的需求，与在场的社会组织代表沟通交流，初步达成了今后的互助共识。

此次联谊会以丰富陪读妈妈社会支持网络为目标，希望陪读妈妈在陪读期间找到家的感觉，引导她们相互帮扶，促进她们自我管理、自我服务、自我发展。除此之外，多家社会组织的风采展示使我们发现了彼此互助的共同点，取长补短，这也是一个相互借鉴和提升自我的机会，树立了良好的社会组织形象。

附件八　子项目四的相关内容

一　家庭舞台剧剧本

《乘风破浪的陪读妈妈》

项目名称：陪伴让爱掷地有声——"陪读妈妈"社会工作服务

执行单位：呼和浩特市睿联凯舟社会工作发展中心

总编导：陈乌云娜

演员：呼和浩特市某区 A 社区陪读妈妈

时间：2020 年 10 月

乘风破浪的陪读妈妈

序幕

陪读妈妈舞蹈

郝姐闹铃响起：哎哟哟，到时间了哈！

猫猫：没练完呢！

另一个姐姐：不行了，我也得回家做饭。你不用回去做饭吗？

猫猫：我们家嫌我做得难吃，都是他爸在做。

郝姐：幸福的女人。

姐姐们陆陆续续走散。

暗灯。

第一场

拥挤的公共厨房，很多妈妈在忙碌地做菜。

李彤边唱歌，边炖东西。

依依妈拿着菜走进厨房，跟各位妈妈打招呼。

依依妈想过去放东西，可李彤挡在前面她没法过去。

依依妈：大姐，我是新来的，我的厨位在里面，麻烦您侧一侧身子呗。

李彤旁若无人，依旧哼着曲子。

依依妈：您这……

李彤：我女儿马上出国了，我得给补补。医生说了补品得慢火熬着，不能离开人。

依依妈：我只是让您让一下，您……

李彤：不能离开人。

依依妈：您……

猫猫走过来：来，你把东西给我吧，我帮你放。

依依妈：可我还得煮饭。

郝姐：嗨，我们家煮的饭够一栋楼的妈妈们吃的，你就别煮了。

依依妈：这可怎么好？

郝姐：客气啥，咱也算"同行"。

依依妈：郝姐，谢谢你。可……

郝姐：我做了很多菜，孩子他爸不回来，够咱们姐几个吃的。依依妈，今天就当我们这些人给你来了个欢迎仪式，欢迎你光荣成为一名全职陪读妈妈。

大家乐呵。

依依妈：谢谢你们。

暗场。

第二场

潮湿的走廊，一束光打进来。

依依妈拿着手机悄悄走出来：妈，我出来打电话，孩子写作业呢，嗯，这边安顿好了，你和爸不用来。

回头看到李彤坐在地上用洗衣盆洗东西，依依妈声音高了一些说道：

这些陪读妈妈都很友善。当然也有个别的。

李彤低头搓衣服。

B 出门看到依依妈打招呼：依依妈，听说你们从 XX 来的，就你自己啊？

猫猫也走出来：女儿成绩咋样？

依依妈脸上显现出骄傲的神情："在我们当地考了前十进来的。"

猫猫：真厉害。

依依妈又落寞：不过听说他们学校都是各个地方成绩好的孩子，不知道会不会跟不上。

郝姐（手头一个工作）：放宽心，我算是总结出经验了，你越追得紧，孩子就越反弹。

A：敢情你家女儿学习好，不像我家那熊儿子，三天不打上房揭瓦。

猫猫：这次是女子单打还是男女混合打？

A：他爹说了，他已然放弃，让我以后都单打。

大家笑。

郝姐：男孩淘点挺好啊。

A：要不咱俩换换？

猫猫：你就嘴硬，要真换，你才舍不得。

A：你舍得？你家也是儿子，你换不换？

猫猫：我家儿子属于散养，天天就知道轰我出去跳舞。

郝姐：那还不是担心你自己在家无聊。

猫猫：他哪儿有那么高的情商，他跟我说妈，你去跳舞吧，要不去遛遛你女儿，你看你女儿都委屈了，妈，别老盯着我。我呀，顺坡下驴，眼不见心不烦。

A：还是女儿好，你看郝姐还有依依妈。

依依妈：哎，儿子女儿都一样。该操心的地方一样没少。

猫猫：依依妈，家里就孩子爸一个人，不担心啊？

依依妈：他不赞成来这儿读书。

B：那你这样？

依依妈：我觉得孩子的未来更重要。

A：那也别冷战，打个电话，说几句好话。夫妻没有过不去的坎儿。

猫猫：就是。哄儿下就好了。

依依：哪儿那么容易，大不了我自己供孩子读书。

B：这事儿上可别赌气。我当年差点因为赌气，跟我老公离婚。

猫猫：呦呦，还有这八卦，赶紧说说。

B：嗨，都是年轻时犯糊涂。

A：说说呗，让我们八卦一下。

大家笑。

B：当年啊，差点离婚。你们也知道我老家在东北，在这儿人生地不熟。生完孩子，我就没再出去工作，可他不理解我。觉得我唠叨，觉得我吹毛求疵，我就觉得委屈，想着我为你牺牲这么多，你不感激也就罢了，还数落我，一气之下我就带着孩子回东北了。

A：啊？你还真回去了？

B：票买了，回去之前我就想着那几年太苦，补偿一下自己，我就带着儿子在咱们这儿最贵的酒店住了一晚，我记得当时花了我2000呢。

郝姐：你可真下得了手。

B：那不生气嘛。

猫猫：然后呢？

B：当天晚上我就带着儿子在高档酒店的餐厅点了一份最贵的牛排。然后回家了。

A：没钱了？

B：不是，我们家全部家当在我身上。

A：那为啥回家了？

B：吃饭的时候我儿子说了一句：这么好吃的菜，要是爸爸在就好了

大家沉默。

B：所以依依妈，我说啊，千万别赌气，有啥事儿别搁置太久。

依依妈点头。

依依妈：觉得我们女人真惨。

猫猫：我觉得做女人挺好。

依依妈：我就是心疼我那工作。

依依妈低下头。

依依妈：这几天，除了给孩子做饭，接送孩子，其他时间感觉好

空虚。

郝姐若有所思。

猫猫看着郝姐和依依妈。

猫猫：嗨，咱们陪读妈妈也是职业，有时间就去跟我们跳跳操、做做志愿者吧。

郝姐：对，只怕到时候你的时间都不够用。

依依妈：也是，什么也比不上孩子重要。

依依妈转头看到李彤。

李彤洗完一堆东西，把别人之前晾的东西全部扔在地上。

依依妈看到，喊道：你怎么这么霸道？

李彤：我女儿要出国了，出国前得把东西都清理一遍。得洗得干干净净的。

走过去看到自己给女儿洗的东西被踩在脚下，生气地推开李彤，李彤被推倒，依依妈说：你凭什么把别人的东西扔到地上？

其余人过来捡起地上的东西，拉开依依妈，扶起李彤。李彤木讷地捡起衣服。

依依妈：你们怎么总让着她？她有没有一点公德心？

大家欲言又止。

这时一个女孩走出来。

是李彤的女儿，李晓。

李晓扶起李彤站起来，把她搀扶回家。

李晓：阿姨，我替我母亲向您道歉。她现在大部分时间都不是很清醒。

依依妈这才看向大家，发现大家都低下头。依依妈想说什么，但是不知道说什么合适。

猫猫：李晓的妈妈是被人骗了之后变成这样的。

郝姐：是啊，可恨的是那些骗子。

依依妈：怎么回事？

李晓：我父亲在我很小的时候就没了，我和母亲一直相依为命。望女成凤是我母亲最大的期望。我也一直没有让她失望。直到高考结束，我本来考进了本地一所大学，但是我母亲觉得出国会更有发展，就把家里值钱的东西全卖了，还跟所有亲戚借了钱。可惜，被中介给骗了。别说出国了，连读大学都成了困难。

所有母亲都沉默。

依依妈：孩子，那你？

李晓：我现在读大二，还得谢谢当时帮助我们的妇联的阿姨们，还有猫猫阿姨、郝阿姨、王阿姨这样千千万万的阿姨，妇联的阿姨，她们给我提供读书的机会，本来她们想让我母亲住在医院，但是我想自己照顾她，而且她也离不开我，还有志愿者阿姨们，不但没有为难生病的妈妈，还在我上课的时候帮忙照顾我妈妈，一直包容和接纳我和我母亲。

依依妈过去：孩子，你太不容易了。

李晓：阿姨，谢谢您的理解。

依依妈：以后有啥事儿找我。

猫猫：还有我们。

郝姐：我们是一家人。

猫猫：对，我们是一家人。

大家一起：陪读妈妈，你们是最棒的！

长度：15 分钟

二　新闻稿

陪读妈妈第二场舞台剧
——《乘风破浪的陪读妈妈》

2020 年 10 月 29 日下午，陪读妈妈在呼和浩特市某区 A 社区温暖的排练厅迎来了第二场舞台剧活动。此次活动指导老师陈乌云娜为陪读妈妈带来了专门为她们量身定制的家庭舞台剧本——《乘风破浪的陪读妈妈》。

陪读妈妈拿到剧本后，迫不及待地开始读起剧本来，其中一位陪读妈妈还大声地感叹道："这不就是我们自己的故事吗！"其他陪读妈妈连忙应声附和。

在读剧本的同时，指导老师陈乌云娜也开始为每一位陪读妈妈讲解、阐述每个角色的情感状态。每位陪读妈妈拿到属于自己的角色后，努力进

入剧中角色的状态。等她们详细了解剧本之后，指导老师陈乌云娜带领陪读妈妈进行台词的对话表演。

　　熟悉台词后，指导老师陈乌云娜现场搭建了虚拟舞台，让陪读妈妈尽量在脱离剧本的情况下，附加自己理解的角色状态进行自由表演。刚开始，大家还无法进入角色，有笑场的、有不知道自己站位的、有跟不上表演节奏的……在多次反复排练和老师的指导下，各位陪读妈妈的表演状态越来越好。

　　在活动结束时，指导老师陈乌云娜为了让各位陪读妈妈更好地进入角色，提出了下一场表演活动需要带上道具、服装和简单化妆用品等建议，陪读妈妈听后也都积极主动表示可以提供什么样的道具。下一场活动有了新道具的加持，更加有助于陪读妈妈的角色代入和表现，这些细致入微的活动安排，也让大家对于下一场活动的成功举办更加有了信心。

附件九　研讨会

"朝向社区的课后教育行动"

——"世界咖啡馆"

　　11 月 16 日，由自治区妇联、呼和浩特市妇联、呼和浩特市睿联凯舟社会工作发展中心共同举办的"陪伴让爱掷地有声——'陪读妈妈'社会工作服务项目"研讨会在呼和浩特市某区 A 社区召开。

　　本次研讨会邀请了社区领导、社会工作者、高校学者、陪读妈妈、志愿者等项目相关方，针对"朝向社区的课后教育行动"这一主题展开深入交流。会上，不同专业背景、不同职务、不同需求的代表，从多维角度展开分议题，深入探讨项目中社会支持网络可持续发展之路。

研讨会上，大家竞相发言，各抒己见，气氛热烈。

此次会议在呼和浩特市睿联凯舟社会工作发展中心理事长吕霄红做项目汇报中拉开了帷幕。随后，呼和浩特市睿联凯舟社会工作发展中心副理事长刘强以"社会支持网络概念界定"为题，进行了精彩翔实的讲解。

在会议第三项议程中，参会人员分为三组，共同针对小组议题进行探讨，发挥集体力量，开始了精彩纷呈的交流发言。经过激烈的讨论以及专家的补充建议，各小组都有了初步的探讨结果，大家将白纸贴在墙上展示交流成果，各小组相互参观，还为其他小组补充新的意见并写在白纸上。

会议最后，呼和浩特市睿联凯舟社会工作发展中心副理事长刘强做会议议题总结，呼和浩特市睿联凯舟社会工作发展中心理事长吕霄红做最后总结。

本次研讨会采用"世界咖啡馆"模式，形式新颖，给予在场人员充分的发言机会，会议现场气氛非常热烈。街道办事处党工委书记张金科说道："通过'陪读妈妈'这个项目，陪读家长这一群体能够很好地凝聚在一起，共同开展社会志愿服务活动，这也是非常有意义的。接下来，我们要努力让'陪读妈妈'这一公益项目继续在社区扎根，在传递公益正能量的同时，更好地服务社区居民及陪读家长群体。"参会人员也纷纷表示，本次研讨会让大家在分享从"陪读妈妈"社会工作服务项目中学到的知识的同时，也为大家搭建了沟通思想、分享心得、交流经验、探索做法的平台，并希望睿联凯舟社会工作服务中心各项公益项目在今后越办越好，取

得更大的成绩。

自 2019 年自治区妇联推出陪伴让爱掷地有声——"陪读妈妈"社会工作服务项目，并于 2020 年落地于呼和浩特市某区 A 社区以来，由专业社工、社区居民、高校学者等组成的志愿者队伍，针对陪读妈妈这一群体在社区开展了包括志愿者培训、亲职教育、社区联谊、家庭剧场等内容的活动。通过为陪读妈妈建立社会支持网络，为社区外来陪读人口的有效治理提供有益探索。

通过研讨会，探讨项目可持续发展和陪读妈妈未来发展之路，强化对陪读妈妈的社会服务支持，建立可持续发展的社会支持网络，推动志愿行动向社区服务延伸，成为推进基层治理能力现代化的重要力量。

附件十　子项目六的相关内容

呼和浩特市某区 A 社区妇女之家建设

在呼和浩特市妇联、某区妇联、某街道办的大力支持下，呼和浩特市某区 A 社区妇女之家经过精心准备，于 2020 年 5 月底正式投入使用。

妇女之家位于社区党群活动中心二楼，面积约 20 平方米，集办公、接待、咨询等功能于一体。

社区妇女之家自成立以来，围绕妇女之家功能，在社区党组织引领下，履行组织妇女、引导妇女、服务妇女和维护妇女儿童合法权益的职责，引入社会组织，组建志愿者服务团队，针对社区外来陪读人员较多的情况，为陪读群体提供社会工作支持网络，促进社区融入，帮助其解决陪读过程中遇到的亲职教育问题及家庭矛盾问题，化解社区治理中存在的外来人口问题。

"陪读妈妈"社会工作服务项目作为社区妇女之家的一个服务品牌，项目执行方积极努力，布展营造社区妇女之家良好氛围，举办亲职教育工作坊、志愿者团队建设培训、联谊会、家庭剧场表演等活动，教育引导妇女发扬自尊、自信、自立、自强精神，为社区妇女提供社会支持，促进社区家庭与社区和谐发展，构建基层治理新格局。

在妇联组织党建方面，完成社区党建室宣传设计，包括"三社联动"

模式设计、"党建与妇联建设"双建模式设计，明确了工作思路，奠定了发展基础。

参考文献

奥斯特罗姆，埃莉诺，2000，《公共事物的治理之道》，上海三联书店。

巴尼，杰伊·B.、克拉克，德文·N.2011，《资源基础理论——创建并保持竞争优势》，格致出版社。

包志勤，1999，《社会工作：社区发展的新要素》，《华东理工大学学报》（社会科学版）第 4 期。

博克斯，理查德·C.，2005，《公民治理：引领 21 世纪的美国社区》，孙柏瑛等译，中国人民大学出版社。

卜万红，2007，《论现代城市社区的基本功能》，《上海城市管理职业技术学院学报》第 2 期。

蔡常青、吕霄红、朱檬，2021，《边疆民族地区市域社会治理的创新探索：来自阿拉善左旗的调研与思考》，内蒙古人民出版社。

蔡志海，2001，《社区意识与我国的社区资源动员》，《兰州学刊》第 1 期。

曹翠翠，2011，《社区工作本土化探析》，硕士学位论文，山东理工大学。

曹海军，2017，《"三社联动"的社区治理与服务创新——基于治理结构与运行机制的探索》，《行政论坛》第 2 期。

陈斌，2020，《协同治理视角下"三社联动"机制的建构与完善》，《湖北行政学院学报》第 3 期。

陈辉，2010，《新中国成立 60 年来城市基层治理结构与变迁》，《政治学研究》第 1 期。

陈家建、钱晨，2021，《流动人口的"组织性嵌入"与基层危机管理——对广州 Y 街道的疫情应对机制研究》，《中国农业大学学报》（社会科学版）第 2 期。

陈家喜，2015，《反思中国城市社区治理结构——基于合作治理的理论视角》，《武汉大学学报》（哲学社会科学版）第1期，第71~76页。

陈柳钦，2009，《论现代城市社区的内涵、特性与功能》，《武汉科技大学学报》第2期。

陈荣卓、刘亚楠，2019，《城市社区治理信息化的技术偏好与适应性变革——基于"第三批全国社区治理与服务创新实验区"的多案例分析》，《社会主义研究》第4期。

陈伟东，2004，《社区自治》，中国社会科学出版社。

丁海江、向洪，2016，《少数民族流动人口城市融入的路径研究——以重庆市社会工作介入为例》，《中南民族大学学报》（人文社会科学版）第6期。

丁煜，2008，《流动人口社会管理体制转型的政策思路——从流动人口的结构性变迁谈起》，《南京人口管理干部学院学报》第4期。

丁元竹，2009，《社区的基本理论与方法》，北京师范大学出版社。

杜佳慧，2018，《资源整合：社区治理与服务机制创新》，硕士学位论文，华中师范大学。

范小西，2009，《当代西方基层社会治理新理论及对我国社区建设的启示》，《晋阳学刊》第5期。

方舒，2020，《协同治理视角下"三社联动"的实践反思与理论重构》，《甘肃社会科学》第2期。

费孝通，2005，《费孝通九十新语》，重庆出版社。

风笑天，2009，《社会学研究方法》（第三版），中国人民大学出版社。

冯晓英，2008，《改革开放以来北京市流动人口管理制度变迁评述》，《北京社会科学》第5期。

伏燕、刘兰华，2016，《社会组织在创新社会治理体系中的功能及其实现路径》，《现代管理科学》第7期。

付云，2011，《社区资源开发与利用的SWOT分析——贵州麻江女校个案研究》，《广西教育》。

甘文华，2015，《优化南京市域治理体系新方略研究》，《中共南京市委党校学报》第1期。

高春凤，2011，《城市流动人口的参与式社区管理》，《理论导刊》第4期。

高春凤，2011，《自组织理论视角下的城市社区文化建设》，《经济研究导刊》第 25 期。

格拉泽、施特劳斯，2001，《质性研究入门：扎根理论研究方法》，涛石文化出版社。

郭剑鸣，2009，《我国行政体制、政府职能和管理方式"三位一体"改革的进展与展望——"政府职能转变与管理方式创新"研讨会综述》，《中国行政管理》第 11 期。

郭荣茂、杨贵华，2009，《城市社区资源整合中的自组织能力建设——上海大宁路街道社区资源整合调查》，《上海城市管理职业技术学院学报》第 3 期。

郝程，2015，《互动共治：外来居民对当地事务的参与》，硕士学位论文，华中师范大学。

何欣峰，2014，《社区社会组织有效参与基层社会治理的途径分析》，《中国行政管理》第 12 期。

贺雪峰、刘岳，2010，《基层治理中的"不出事逻辑"》，《学术研究》第 6 期。

胡位钧，2005，《社区：新的公共空间及其可能——一个街道社区的共同体生活再造》，《上海大学学报》（社会科学版）第 5 期。

胡晓明、高荣，2015，《基层社会治理中的公民参与机制创新》，《人民论坛》第 11 期。

胡雅倩，2020，《基于云服务的智慧社区集成应用平台的研究与实现》，硕士学位论文，武汉邮电科学研究院。

黄锐，2007，《社会资本理论综述》，《首都经济贸易大学学报》第 6 期。

黄晓春，2017，《中国社会组织成长条件的再思考——一个总体性理论视角》，《社会学研究》第 1 期。

黄宗智，2008，《集权的简约治理——中国以准官员和纠纷解决为主的半正式基层行政》，《开放时代》第 2 期。

贾兴伟，2018，《论社区营造中的资源整合与利用》，硕士学位论文，青岛大学。

贾秀兰，2006，《论社区转型与社区运行机制的重建》，《四川大学学报》（哲学社会科学版）第 6 期。

江立华，2009，《社区工作》，华中科技大学出版社。

焦亦民，2013，《当前中国城市基层治理问题及对策研究》，《中国行政管理》第 3 期。

卡麦兹，凯西，2009，《建构扎根理论：质性研究实践指南》，重庆出版社。

孔嫒，2011，《城市"新二元结构"从分割到融合的新政治经济学分析》，博士学位论文，复旦大学。

李曷伟、雷杰，2007，《"社区建设"概念的逻辑分析及社区社会工作介入的方向》，《学习与实践》第 12 期。

李超、孟庆国等，2016，《农村公共物品供给评价与基层治理满意度——基于贫困、一般、小康、富裕四类农户的比较分析》，《农村经济管理学报》第 3 期。

李福岭，2011，《社区教育资源整合研究》，硕士学位论文，华东师范大学。

李辉，2008，《社会报酬与中国城市社区的积极分子》，《社会》第 1 期。

李辉、任晓春，2010，《善治视野下的协同治理研究》，《科学与管理》第 6 期。

李力、张国桐，2007，《浅析城市社区资源的整合》，《理论界》第 8 期。

李立纲，2001，《社区资源的获得》，《学术探索》第 6 期。

李立纲、谷禾，2001，《城市居民社区资源共享研究》，《云南社会科学》第 5 期。

李娜娜，2017，《社区治理中的居民参与研究及社会工作介入》，硕士学位论文，杭州师范大学。

李培林、李强、马戎，2008，《社会学与中国社会》，社会科学文献出版社。

李佩芬，2016，《浅析"三社"联动中的"三社"定位及联动方式——以乐和社工机构的社区老年服务为例》，《教育现代化》第 40 期。

李强、王莹，2015，《社会治理与基层社区治理论纲》，《新视野》第 6 期。

李胜，2016，《大数据时代的国家社会管理现代化：模式变革与战略应对》，《广西社会科学》第 1 期。

李世红，2006，《浅析社区资源的整合》，《科技情报开发与经济》第 3 期。

李图强，2010，《以优势视角设计：社会工作者如何进行社区工作与社区发展实践》，《社会工作理论探索》第 8 期。

李威利，2018，《联动式治理：关联主义理论视野下的基层自治》，《河南社会科学》第 10 期。

李伟梁，2010，《社区资源整合略论》，《重庆邮电大学学报》（社会科学版）第 4 期。

李文良，2003，《中国政府职能转变问题报告》，中国发展出版社。

李无言、文博华，2014，《浅谈城市社区资源的整合与利用——以呼和浩特市 XK 社区为例》，《新西部》（理论版）第 12 期。

李晓凤，2002，《"社区建设"概念下的社区工作理论与实践分析》，《科技进步与对策》第 11 期。

李友梅，2012，《中国社会管理新格局下遭遇的问题——一种基于中观机制分析的视角》，《学术月刊》第 7 期。

李友梅，2017，《中国社会治理的新内涵与新作为》，《社会学研究》第 6 期。

廉书义，2003，《坚持四个创新 整合民政工作》，《中国民政》第 12 期，第 48 页。

廉书义，2006，《青岛市市南区 构建居家养老体系 推进养老服务社会化》，《社会福利》第 3 期。

廖桂莲、何静，2007，《社区资源管理研究综述》，《高教论坛》第 6 期。

廖敏，2017，《"三社联动"养老服务模式探析》，《长沙民政职业技术学院学报》第 3 期。

林洁，2007，《加强城市文明社区建设思考》，《理论探索》第 2 期。

林闻刚，2002，《社区资源的开发与整合》，《中国社会保障》第 9 期。

刘百秀，2020，《社区资源整合的四大攻略》，《中国社会工作》第 21 期。

刘华安，2014，《社会资本与农村社区治理现代化研究——以浙江宁波为例》，《中共宁波市委党校学报》第 5 期。

刘建军、朱道雷、李威利，2018，《联动的力量：基层治理创新——以杭州市上城区为研究对象》，格致出版社。

刘鹏飞，2019，《秦皇岛市海港区智慧社区建设研究》，硕士学位论文，燕山大学。

刘强、吕霄红，2019，《社区评估实务模式：资源与需求评估》，社会科学文献出版社。

刘泉、钱征寒、黄丁芳、郑婷，2020，《美第奇效应与触发未知创新的智慧社区》,《城市发展研究》第 8 期。

刘伟红,2008,《政府与社区协同管理模式——城市社区管理体制变革走势分析》,《江南社会学院学报》第 1 期。

刘晓霞、王兴中,2008,《城市社区的社区资源公正配置研究》,《人文地理》第 2 期。

刘祖云,2004,《历史与逻辑视野中的"服务型政府"——基于张康之教授社会治理模式分析框架的思考》,《南京社会科学》第 9 期。

路风,1989,《单位:一种特殊的社会组织形式》,《中国社会科学》第 1 期。

吕霄红、杨志民、齐权平,2019,《"三社联动"社区实务模式:以呼和浩特市为例》,社会科学文献出版。

罗曼,2015,《强化抑或禁锢——随迁型陪读现象的社会性别视角分析》,《山西师大学报》(社会科学版)第 6 期。

罗学莉、朱媛媛,2016,《社区资源整合策略案例分析——以 F 社区为例》,《人民论坛》第 3 期。

马宝娟,2008,《用科学发展观统领和谐社区建设——以大连市西岗区社区建设为例》,《辽宁师范大学学报》(社会科学版)第 1 期。

马改丽,2020,《大力发展社区社会组织促进基层社会治理创新——以石家庄市裕华区为例》,《中共石家庄市委党校学报》。

马海燕.2009,《浅析城市社区资源的整合》,《北京政法职业学院学报》第 2 期。

帕特南,罗伯特·D.,2015,《使民主运转起来:现代意大利的公民传统》,中国人民大学出版社。

潘绥铭、姚星亮、黄盈盈,2010,《论定性调查的人数问题:是"代表性"还是"代表什么"的问题——"最大差异的信息饱和法"及其方法论意义》,《社会科学研究》第 3 期。

潘涛,2009,《公共治理理念下的城市社区自治》,《中共山西省直机关党校学报》第 6 期。

潘享清,2016,《现代国家治理体系中的几个核心要素》,《中国行政管理》第 5 期。

潘小娟,2004,《中国基层社会重构——社区治理研究》,中国法制出版社。

潘欣汝，2019，《智慧社区视角下基层社区治理困境与对策研究》，硕士学位论文，上海交通大学。

彭珊，2019，《新时代的社区治理之路》，《人民论坛》第 27 期。

蒲振雷，2008，《新时期城市社区资源研究》，《湖南工业职业技术学院学报》第 3 期，第 34～36 页。

齐恩乐、文晓灵，2015，《智慧型街道（社区）应急管理模式创新——以北京市两个街道的创新实践为例》，《新视野》第 5 期。

钱俊伟，2016，《大数据时代下的基层社会治理——以大连市港湾街道为例》，硕士学位论文，东北财经大学。

强锦敏，2003，《浅论城市社区资源的整合利用》，《实事求是》第 5 期。

秦晖，2003，《传统十论——本土社会的制度文化与其变革》，复旦大学出版社。

邱柏生，2006，《论社区资源类型及其整合方式》，《探索与争鸣》第 6 期。

桑德斯，1998，《社区论》，黎明文化事业公司。

邵甜甜，2006，《论和谐社会构建下的社区治理》，《四川行政学院学报》第 2 期。

申可君，2013，《城市社区建设中的居民参与研究》，硕士学位论文，华中师范大学。

施旦旦、侯利文，2020，《"联动式"社会治理共同体如何缔造——海宁经验分析与反思》，《中国民政》第 12 期。

石萍，2014，《大数据时代创新政府社会管理》，《东方企业文化》第 19 期。

史云贵、屠火明，2010，《基层社会合作治理：完善中国特色公民治理的可行性路径探析》，《社会科学研究》第 3 期。

斯托克，格里，1999，《作为理论的治理：五个论点》，《国际社会科学》（中文版）第 2 期。

宋雪峰，2009，《社区资源整合视阈下的政府行为》，《政治学与公共管理》第 6 期。

孙立平，2004，《失衡——断裂社会的运行逻辑》，社会科学文献出版社。

孙涛，2018，《新加坡推进城市治理现代化的经验及其中国借鉴》，《改革与战略》第 7 期。

孙晓莉，2001，《政府的角色定位与强政府能力》，《教学与研究》第 7 期。

唐有财、王天夫，2017，《社区认同、骨干动员和组织赋权：社区参与式治理的实现路径》，《中国行政管理》第 1 期。

滕尼斯，1999，《共同体与社会》，商务印书馆。

田培杰，2014，《协同治理概念考辨》，《上海大学学报》（社会科学版）第 1 期。

王彩云，2016，《市民化进程中流动人口的公共参与研究》，硕士学位论文，华中农业大学。

王长江，2019，《新公共服务理论视角下华阴市智慧社区服务存在的问题与对策研究》，硕士学位论文，西北大学。

王辰瑶，2020，《防疫观察在线实践项目是如何开展的?》，《中国记者》第 3 期。

王迪，2020，《智慧社区发展的未来趋势：从设计本位到生活本位》，《福建论坛》（人文社会科学版）第 8 期。

王国勤，2015，《基层治理中的政治信任重建》，《江西师范大学学报》第 6 期。

王建军，2007，《论政府与民间组织关系的重构》，《中国行政管理》第 6 期。

王轲，2019，《中国城市社区治理创新的特征、动因及趋势》，《城市问题》第 3 期。

王宽，2021，《"三社联动"机制参与社区治理分析》，《产业与科技论坛》第 3 期。

王胜利，2005，《论社区防范的三大核心内容》，硕士学位论文，中国政法大学。

王思斌，2006，《社会工作概论》，高等教育出版社。

王思斌，2015，《如何理解"三社"联动》，《中国社会工作》第 13 期。

王思斌，2017，《"三社联动"实践与社会治理创新和社区建设》，《清华社会学评论》第 1 期。

王思斌，2019，《优势主导的"三社"联动模式》，《中国社会工作》第 9 期。

王文龙，2012，《中国陪读现象的流变及其社会学解读》，《南京社会科学》第 10 期。

王晓慧，2011，《农村中小学陪读现象的类型、成因及解决对策》，《教育理论与实践》第 8 期，第 24～25 页。

王晓松，2021，《协同治理趋势下"三社联动"的现状与新探索》，《中国管理信息化》第 3 期。

王晓征，2014，《农村社区建设和发展中的资源整合研究》，硕士学位论文，华中师范大学。

王阳，2017，《党建协同、组织互嵌与人口流入型地区治理——以上海市奉贤区高桥社区为例》，《上海城市管理》第 5 期。

王珍宝，2003，《当前我国城市社区参与研究述评》，《社会》第 9 期。

韦伯，2005，《韦伯作品集Ⅶ：社会学的基本概念》，广西师范大学出版社。

韦克难，2003，《论社区自治》，《四川大学学报》（哲学社会科学版）第 5 期。

魏艳，2015，《大数据时代社会治理创新策略》，《中国管理信息化》第 22 期。

魏雨嫣，2017，《社区社会工作的资源链接与整合研究》，硕士学位论文，南京师范大学。

文军，2012，《从单一被动到多元联动——中国城市网格化社会管理模式的构建与完善》，《学习与探索》第 2 期。

吴刚，2001，《现代社会组织结构观与城市社区建设》，《北京行政学院学报》第 1 期。

吴光芸、杨龙，2006，《超越集体行动的困境：社会资本与制度分析》，《东南学术》第 3 期。

吴先举，2003，《社区建设——重建社会资本的理想路径选择》，《唯实》第 11 期。

吴小青、黎春娴，2019，《"三社联动 +"助力乡村振兴的实践与思考——以实施乡村振兴战略为背景》，《闽南师范大学学报》（哲学社会科学版）第 4 期，第 16～21 页。

向德平，2010，《发展型社会政策及其在中国的构建》，《河北学刊》第 4 期。

向德平、申可君，2013，《社区自治与基层社会治理模式的重构》，《甘肃社会科学》第 2 期。

熊小宇，2012，《城市社区功能演变背景下的人力资源配置研究》，硕士学位论文，浙江大学。

徐宏炜，2014，《智慧社区建设背景下的基层社会治理研究——以江苏路街道为例》，硕士学位论文，上海交通大学。

徐玲、钟兴菊，2018，《社会资本视角下"社工＋义工"联动实践的探讨》，《科学经济社会》第 3 期。

徐选国、徐永祥，2016，《基层社会治理中的"三社联动"：内涵、机制及其实践逻辑——基于深圳市 H 社区的探索》，《社会科学》第 7 期。

徐艺华，2019，《资产为本视角下社区老年自组织的资源整合研究》，硕士学位论文，西华大学。

徐永祥，2009，《社区工作》（第一版），高等教育出版社。

徐永祥、曹国慧，2016，《"三社联动"的历史实践与概念辨析》，《云南师范大学学报》（哲学社会科学版）第 2 期。

徐勇，2001，《论城市社区建设中的社区居民自治》，《华中师范大学学报》（人文社会科学版）第 3 期。

徐勇、吕楠，2014，《热话题与冷思考——关于国家治理体系和治理能力现代化的对话》，《当代世界与社会主义》第 1 期。

晏冲，2013，《社会工作介入城市社区资源整合与利用研究——基于"公益 ATM"项目的实证研究》，硕士学位论文，华中农业大学。

杨贵华，2010，《社区共同体的资源整合及其能力建设——社区自组织能力建设路径研究》，《社会科学》第 1 期。

杨剑、黄建，2016，《治理视阈下中国行业协会商会之功能研究》，《技术经济与管理研究》第 3 期。

杨婕，2020，《社区养老服务中"三社联动"机制问题研究》，《经济研究导刊》第 33 期。

杨团，2000，《中国的社区化社会保障与非营利组织》，《管理世界》第 2 期。

杨志民、余炘伦、邹秉英、吕霄红，2019，《"三社联动"政策下的地方社区实践：以呼和浩特市为例》，社会科学文献出版社。

叶敏、马流辉、罗煊，2012，《驱逐小生产者：农业组织化经营的治理动力》，《开放时代》第 6 期。

叶南客、陈金城，2010，《我国"三社联动"的模式选择与策略研究》，《南京社会科学》第 12 期。

叶至诚，2010，《社区工作与社区发展》，秀威资讯科技股份有限公司。

于艳红，2007，《构建和谐社区的现实思考》．《新长征》第 11 期。

俞可平，1998，《治理与善治》，社会科学文献出版社。

俞可平，2002，《全球治理引论》，《马克思主义与现实》第 1 期。

袁方成、耿静，2012，《从政府主导到社会主导：城市基层治理单元的再造——以新加坡社区发展为参照》，《城市观察》第 6 期。

袁方成、袁青、宋江帆，2013，《国家整合与社会融合：城乡基层治理发展趋向与对策》，《国家行政学院学报》第 3 期。

苑雪，2013，《大数据时代网络社会管理中的政府行为模式创新》，《广东行政学院学报》第 4 期。

张翠婷，2017，《从"社区发展"到"社区营造"的实务路径探索》，硕士学位论文，华南理工大学。

张凡，2020，《当前国内社会服务管理与社会政策的深度解读》，《经济管理文摘》。

张飞波，2019，《协同治理视角下兰州市开展"三社联动"的问题与对策研究——以正宁路社区为例》，硕士学位论文，兰州大学。

张康之，2009，《论新型治理模式中的社会自治》，《南京社会科学》第 9 期。

张康之、张乾友，2011，《民主的没落与公共性的扩散》，《社会科学研究》第 2 期。

张轲，2013，《城市社区工作的资源整合与利用——以武汉市桥西社区为例》，硕士学位论文，华中师范大学。

张莉、风笑天，2000，《转型时期我国第三部门的兴起及其社会功能》，《社会科学》第 9 期。

张萍，2001，《新时期社区建设与城市规划法制保障》，《城市规划》第 6 期。

张振洋、王哲，2016，《有领导的合作治理：中国特色的社区合作治理及其转型——以上海市 G 社区环境综合整治工作为例》，《社会主义研究》第 1 期，第 75 ~ 84 页。

赵明慧、李诗陶、李京桐，2020，《人口老龄化与社区养老现状剖析及创新研究》，《美与时代》（城市版）第 7 期。

赵廷彦，2008，《重建社区社会资本的路径选择》，《辽宁大学学报》（哲学社会科学版）第 3 期。

赵欣，2012，《认知性社会资本、结构性社会资本与城市基层治理》，《商业时代》第 12 期。

钟亭华，2004，《社会转型时期城市社区整合机制问题研究》，《江汉论坛》第 3 期，第 118～122 页。

周昌祥，2014，《创新基层社会治理的有效方式——以服务为本的社区社会工作》，《社会工作》。

周庆智，2015，《基层治理创新模式的质疑与辨析——基于东西部基层治理实践的比较分析》，《华中师范大学学报》（人文社会科学版）第 2 期。

周挺，2012，《乡村参与式治理与基层党建工作创新探析》，《福建论坛》第 11 期。

周学馨，2012，《我国流动人口治理及机制研究》，《行政管理改革》第 1 期。

朱纪华，2010，《协同治理：新时期我国公共管理范式的创新与路径》，《上海市经济管理干部学院学报》第 1 期。

朱盼玲，2018，《非户籍常住人口参与社会治理的障碍因素及优化路径》，《延边党校学报》。

朱天义，2014，《社会资本理论及其在中国的适用性研究》，硕士学位论文，华中师范大学。

朱懿、韩勇，2020，《我国智慧社区建设及其优化对策》，《领导科学》第 2 期。

宗国忠，2004，《整合社区资源开发社区产业》，《中国民政》第 2 期。

左璐璐，2016，《协同治理视角下"三社联动"机制研究》，硕士学位论文，华中师范大学。

Alter, George C. 2013. "Generation to Generation Life Course, Family, and Community." *Social Science History*.

Beninger, S., and Francis, June N. P. 2022. "Resources for Business Resilience in a COVID – 19 World: A Community-Centric Approach." *Business*

Horizons 65.

Bourdieu, Perrre, and Wacquant, L. J. D. 1992. *An Invitation to Reflexive Sociology*. Chicago: University of Chicago Press.

Cooper, Terry L., Bryer, Thomas A., and Meek, Jack W. 2006. "Citizen-Centered Collaborative Public Management." *Public Administration Review* 66: 76 –88.

Gill, J., and Butler Richard J. 2003. "Managing Instability in Cross-Cultural Alliances." *Long Range Planning* 36, 543 – 563.

Himmelman, A. T. 2002. *Collaboration for a Change: Definitions, Decision-Making Models, Roles, and Collaboration Process Guide*. Minne-apolis Himmelman Consulting.

Katsumi, Nasu, Kana, Sato, and Hiroki, Fukahori. 2020. "Rebuilding and Guiding a Care Community: A Grounded Theory of End-of-Life Nursing Care Practice in Long-Term Care Settings." *Journal of Advanced Nursing* 76 (4).

Ko, Michelle, and Ponce, Ninez A. 2013. "Community Residential Segregation and the Local supply of Federally Qualified Health Centers." *Health Sercices Research* 48 (1).

Marie, O'Neill, Assumpta, Ryan, Anne, Tracey, and Liz, Laird. 2020. "'You're at Their Mercy': Older Peoples' Experiences of Moving from Home to a Care Home: A Grounded Theory Study." *International Journal of Older People Nursing* 15 (2).

McCloskey, J., ToUestrup, K., and Sanders M. 2011. "Community Integration Approach to Social Determinants of Health in New Mexico." *Family & Community Health* 34 (1S).

Zun, Leslie, S. 2021. *Kimberly Nordstrom. Michael P. Wilson. Behavioral Emergencies for Healthcare Providers*. Springer Nature Switzerland AG.

后　记

　　党的十八大以来，习近平同志从党和国家事业发展全局和战略的高度，就推进国家治理体系和治理能力现代化提出一系列新理念、新思想、新战略，为我们加快推进社会治理现代化提供了行动指南。当前我国改革已经进入攻坚期和深水区，社会管理领域面临一系列新情况和新问题，迫切需要通过深化改革，实现从传统社会管理向现代社会治理转变。创新社会治理，根本就在于创新社会治理体制，打造共建共治共享的社会治理格局。只有坚持以人民利益为根本、以问题为导向，通过创新联动机制与资源整合模式，充分汇聚和发挥多元主体的力量，最大化地挖掘和优化配置社区资源，完善党建引领、政府主导、社会协同、公众参与、法治保障的体制机制，实现政府治理和社会调节、居民自治良性互动，推进社会治理精细化，才能最终推动新时代基层社会治理创新，持续提升治理效能，真正实现经济发展与社会稳定有机融合。

　　2019 年，睿联凯舟社会工作发展中心出版了《三社联动下社区实务模式——以呼和浩特市为例》等著作，围绕对内蒙古自治区呼和浩特市基层治理的实践探索，对所进行的本土社区治理实务进行了第一次系统研究。此次，在前述研究的基础上，我们汇集内蒙古大学、内蒙古工业大学和内蒙古师范大学的人才力量，将目光聚焦于整个内蒙古自治区，围绕我们在内蒙古自治区基层社会治理领域生动的实践探索，基于联动与整合两个维度，将我们多年的探索经验和实务操作呈现在本书中，一是为了做一个阶段性总结与分析，二是为了进一步推动我们在这块有着浓厚多元文化内涵和治理智慧的田野中的创新实践。参加本书撰写的团队成员有：内蒙古大学的余炘伦、刘强、连雪君、杨红博士等。因为他们辛勤的投入和严谨踏实的治学态度，本书才得以顺利完成，在此对他们表示感谢。

在本书案例篇的编写过程中，呼和浩特市睿联凯舟社会工作发展中心的同人从"陪读妈妈"社会工作服务项目的实施、评估，到最后成果的提炼给予了笔者莫大的支持和帮助，没有他们对基础资料细致、系统的梳理，就不会呈现案例清晰的复盘和提升的历程，睿联凯舟社会工作发展中心团队成员有：张丽娟、刘鑫、阮艳荣、孙博文、张璐。还有积极参与该项目服务并做出了突出贡献的睿联凯舟社会工作发展中心专家团队：刘亚男、朱烨、孔娜、陈乌云娜等。睿联凯舟社会工作发展中心团队对公益事业的那份情怀和正能量，深深地感染着我，赋予我写作源源不断的动力，在此，诚挚地感谢你们，让我们未来在公益之路上相伴同行。

此外，内蒙古大学民族学与社会学学院的研究生和本科生们，也承担了不少资料收集整理及辅助性的研究工作，为本书的撰写提供了巨大的便利。研究生团队成员有：2018 级的王平、徐扬、朱敏、王宇蒙，2019 级的刘嘉怡；澳大利亚悉尼大学市场营销研究生于恺舟。本科生团队成员有：民族学与社会学学院 2018 级的罗美娟、郭弈杉，2020 级都丽娜；经济管理学院 2019 级张乐乐；物理科学与技术学院 2020 级马亦滢等。在稿件后期的修改中，2020 级研究生潘文杰、李学梅、王丽茹，付出了大量时间和精力。在此，向他们表示衷心的感谢！感谢你们耐心、细致的努力和付出！

本书的出版，要感谢内蒙古大学铸牢中华民族共同体意识研究培育基地的资助，特别感谢内蒙古大学民族学与社会学学院的阿拉坦宝力格院长和杨常宝副院长在本书编纂期间给予的鼓励和支持。同时，还要感谢社会科学文献出版社的鼎力相助，本书编辑付出了大量的心血，对他们的感谢是难以言表的。需要特别说明的是，本书中引用、借鉴、参考了很多认识的或不认识的学者的研究成果，在此表示深深的谢意！

喜迎二十大，在以共建共治共享为导向，推进全域社会治理的当下，我们将不遗余力地继续在这片广袤的土地上开展更为丰富、更为广阔的创新实践与探索，为推动基层社会治理创新、推进国家治理体系和治理能力现代化贡献力量。

内蒙古大学

吕霄红

2021 年 7 月 2 日

图书在版编目（CIP）数据

社会联动与基层治理：内蒙古自治区的社会治理创
新／吕霄红著. -- 北京：社会科学文献出版社，
2022.10
ISBN 978 - 7 -5228 -0452 - 1

Ⅰ.①社… Ⅱ.①吕… Ⅲ.①社会管理 - 研究 - 内蒙
古 Ⅳ.①D672.6

中国版本图书馆 CIP 数据核字（2022）第 194903 号

社会联动与基层治理
—— 内蒙古自治区的社会治理创新

著　　者／吕霄红

出 版 人／王利民
责任编辑／孟宁宁
文稿编辑／杨　莉
责任印制／王京美

出　　版／社会科学文献出版社·群学出版分社　（010）59366453
　　　　　地址：北京市北三环中路甲29号院华龙大厦　邮编：100029
　　　　　网址：www.ssap.com.cn
发　　行／社会科学文献出版社　（010）59367028
印　　装／三河市尚艺印装有限公司

规　　格／开 本：787mm×1092mm　1/16
　　　　　印 张：16.5　字 数：266千字
版　　次／2022 年 10 月第 1 版　2022 年 10 月第 1 次印刷
书　　号／ISBN 978 - 7 - 5228 - 0452 - 1
定　　价／108.00 元

读者服务电话：4008918866